◇普通高等学校通识课系列规划教材

大学生就业指导

Da Xuesheng Jiuye Zhidao

主　编　张美华　杨复伟
副主编　高　莉　李　毅　周　艳　李　英

重庆大学出版社

内容提要

本书通过职业概述、自我探索、自我管理、职业环境、职业规划与目标策略、就业政策与就业权益、就业前的准备、大学生求职指导等方面的介绍，旨在激发大学生职业发展的自主意识，主动规划未来发展，掌握自我探索、环境探索、职业规划与自我管理，并立足大学生活，把大学生活与职业发展联系起来，主动提高毕业生的就业能力与管理能力，使毕业生了解当前的就业形势和就业政策，明确职业目标，做好求职前的各项准备，提高求职应聘能力和职业发展能力，增强心理调适能力和就业权益自我保护能力，进而有效地管理求职过程，实现顺利就业，为学生成长成才提供全方位指导。

本书可作为高校就业指导类课程的教材，也可供从事就业指导工作的教师及社会相关人士参考。

图书在版编目(CIP)数据

大学生就业指导 / 张美华，杨复伟主编. — 重庆 ：重庆大学出版社，2020.8(2024.12 重印)

普通高等学校通识课系列规划教材

ISBN 978-7-5689-2145-9

Ⅰ. ①大… Ⅱ. ①张… ②杨… Ⅲ. ①大学生—就业—高等学校—教材 Ⅳ. ①G647.38

中国版本图书馆 CIP 数据核字(2020)第 092093 号

大学生就业指导

主　编　张美华　杨复伟

副主编　高　莉　李　毅　周　艳　李　英

责任编辑：邱　瑶　顾丽萍　　版式设计：顾丽萍

责任校对：关德强　　　　　　责任印制：张　策

*

重庆大学出版社出版发行

出版人：陈晓阳

社址：重庆市沙坪坝区大学城西路 21 号

邮编：401331

电话：(023)88617190　88617185(中小学)

传真：(023)88617186　88617166

网址：http://www.cqup.com.cn

邮箱：fxk@cqup.com.cn (营销中心)

全国新华书店经销

重庆永驰印务有限公司印刷

*

开本：787mm×1092mm　1/16　印张：12.75　字数：288 千

2020 年 8 月第 1 版　　2024 年 12 月第 3 次印刷

印数：6 601—8 950

ISBN 978-7-5689-2145-9　定价：39.00 元

前　言

当今世界知识更迭与产业升级的速度前所未有，随着时代的发展和科技的进步，人工智能逐渐取代一些传统岗位和职业，使大多数职业人不能在一个岗位上从一而终，需要与时俱进，持续培养与提升自己的职业竞争力，而这种竞争力无法被人工智能取代，它有别于通常的专业知识与技能，是一种非专业的要素，使人们能够在职业生涯中适应跨岗位、跨职业甚至跨行业的成长需求。如何培养大学生在未来职业发展过程中可持续的竞争力，以适应社会发展需求、企业发展需求以及大学生自身的成长需求，非专业能力系列课程应运而生。

非专业能力系列课程在多年的教学实践、理论研究和企业调研的基础上进行研究开发，按照学生在大学不同阶段的发展需求来设计，相互之间有机衔接、密切联系，分阶段循序渐进、系统塑造，使学生顺利实现由校园人到职业人的转变。

非专业能力系列课程注重学生社会技能的培养，着力改变学生的心智模式，引导学生个性的充分发展，使学生作为一个健康和完整的个体，与环境和谐共存，去追寻职业发展的成功与人生的幸福。因此，学生不仅能在课程中感受到学习的快乐，更能感受到心灵的成长，这种成长帮助学生将关注的焦点从“环境的不利，他人的缺失”转移到“我能做什么”上面来，积极的心智模式为学生的专业能力培养与职业发展提供了坚实的基础。在此基础上培养学生具备处理人际关系能力、公共关系能力、组织协调能力、交流合作能力、适应能力以及社会责任感等。

非专业能力系列课程注重方法技能的培养，培养学生职业发展的自主意识，主动规划未来发展，掌握自我探索、环境探索、职业规划与自我管理的能力，独立思考的能力，获取新知识新技能的能力，解决问题的能力，创新能力等。这些能力是学生在职业生涯中不断获取新知识与技能、掌握新方法，将专业技能得到有效运用的重要基础，提升学生的职业竞争力，踏上职场后能有效缩短职业适应期，成为高职商、高情商的职业人，从而实现稳定就业，提升就业质量。

本书是在课程试点的过程中逐步编写形成讲义，并在教学过程中不断完善后正式出版，旨在规范和加强课程的建设。本书遵循以学生学习与发展成果为中心的原则，立足可读性与指导性，注重理论与实践相结合、普遍性与特殊性相结合、理论指导与技术指导相结合，体现了系统性、有效性和实用性等特点。本书可作为高校就业指导类课程的教材，也可供从事就业指导工作的教师及社会相关人士参考。

本书由张美华担任第一主编，杨复伟担任第二主编，高莉、李毅、周艳、李英担任副主编，各章节的编写工作由武汉工程科技学院人文学院思想政治教育教研室授课教师合力完成。具体分工如下：第一章，叶舜；第二章，周艳；第三章，张美华；第四章，程林；第五章，李毅；第六章，高莉、韩云珍；第七章，李英；第八章，杨复伟、张美华。统稿由张美华、杨复伟承担，高莉、李毅、周艳、李英协助。

本书从创意、构思、写作直到出版，得到了诸多领导和老师的帮助和指导，在此表示诚挚的谢意！此外，在写作过程中参考和借鉴了学术界同人的成果和观点，限于篇幅未能一一列出，在此表示诚挚的敬意和感谢！

由于编者水平有限，书中难免有不足之处，诚请读者批评指正，以便再版时更正。

编　者

2020 年 4 月

目录 / CONTENTS

第一章　职业概述

［学习目标］

1. 了解什么是职业以及职业的特点及分类。

2. 理解职业对人才素质的要求。

3. 掌握职业发展的趋势。

［案例导入］

东汉三国时期，群雄逐鹿，人杰辈出。与绝大多数怀才不遇者相反，长期隐居南阳草庐的诸葛亮一出山就投靠了当时最为势单力薄的刘备集团并终生为其奔走效力。在为刘备集团做出杰出贡献的基础上，诸葛亮实现了个人事业的成功——这归根结底取决于诸葛亮近乎圆满的职业规划。

首先，诸葛亮的个人职业发展定位非常清晰。诸葛亮自幼胸怀大志，始终以春秋战国时期两位著名的最高参谋管仲、乐毅为个人楷模，立誓要成为他所处时代杰出的“谋略大师”，为光复汉室贡献力量；同时，诸葛亮也非常清楚，他自己长期积累的才干已具备了实现职业目标的可能。

其次，从应聘对象选择上看，诸葛亮也独具慧眼：曹操已经统一了半个中国，实力雄厚，最有资格挑战全国统治权；孙权只求偏安自保；而势力最为弱小的刘备集团却具备快速成长、与曹操和孙权三足鼎立乃至在此基础上一统天下的可能性。

原因在于：第一，刘备始终坚持光复汉室的理想并在全国赢得了相当一批支持者——这与诸葛亮的个人价值观吻合；第二，刘备品性坚韧顽强，敢于与任何强大的敌人对抗；第三，刘备待人宽厚谦和，团队凝聚力超强；第四，刘备是汉朝皇族后裔，具备名正言顺继承“大统”的资格。以上条件恰恰是刘备增值潜力最大的资源且其他诸侯很难模仿、替代。此外，还有一个非常重要的原因：赤壁之战前夕，曹操和孙权两大集团都已人才济济、颇具规模，诸葛亮若去投奔，最多也只能成为一名“中层管理人员”；而刘备集团当时主要由一些武将构成，高级参谋人才奇缺，诸葛亮完全有可能被破格提拔进入最高领导层。

再次，在应聘准备和应聘实施方面，诸葛亮更是做得登峰造极。

在个人推销方面，诸葛亮通过躬耕陇亩给外界留下踏实肯干的印象；同时，他还自作了一篇《梁甫吟》，含蓄地表明心志；此外，诸葛亮在与外人言谈中每每自比管仲、乐毅，一方面宣传了个人的卓越才华，另一方面也表明了他对“和谐双赢”的君臣关系的向往。诸葛亮个人才能和求职意向等重要信息最终通过各种渠道传递到了刘备那里。

在应聘临场发挥方面,诸葛亮在完全私密性的"隆中对"时,通过逻辑严谨的精彩表述充分展现了个人对国内军事、政治形势以及刘备集团未来发展战略的全面深入思考,令刘备对这个27岁的年轻人大为叹服。此后,刘备始终待诸葛亮为上宾,全部重大决策都要与其共同协商探讨,甚至在临终之时还有托孤让位之举;诸葛亮也始终对刘备忠诚一心,鞠躬尽瘁。深厚的君臣情谊是刘备集团后来事业蓬勃发展,最终与曹操、孙权三足鼎立的重要因素,并传为千古佳话。

诸葛亮是昔日乱世中的一个孤儿,若非正确的职业规划,很可能就淹没在历史的尘埃之中,永不为人所知。但积极进取且颇有心计的诸葛亮通过在职业选择上的完美谋划,彻底改变了自己的命运。

古人云:"有志者立长志,无志者常立志。"有志向能够成就事业的人,必定能够树立一个长期奋斗的目标,并为之奋斗努力;反之,碌碌无为的人,则是不断地立志,又不断地放弃志愿。赫尔曼·黑塞说:"生命究竟有没有意义并非我的责任,但怎样安排此生却是我的责任。"每个有追求的人都会考虑:我打算怎样度过自己的人生?也许个人选择有所不同,但最终目标都是希望能以自己主动选择的方式生活,因此,选择、规划和努力在个体生涯中是迫切需要的。职业作为影响个体生涯和生活方式最重要的因素,其选择和发展值得每个人去重视和探索。

第一节　职业的内涵及功能

社会的职业,随着社会生产和社会需求的发展日趋多样化,经过无数次的分化和组合,形成了现代社会数以千计的职业类别。也正是这些数以千计的职业,为人们提供了生存的基本条件,而且也为每个人提供施展才华的舞台和体现自身价值的途径。

求职择业,是人生必经的一个门槛。走进求职门槛的大学生,首先应该了解社会职业的一些基本知识。职业决定人生,改变命运,是人类社会发展到一定阶段的产物,是人的一种社会活动和生活方式,是一种经济行为,也是人们从社会中谋取多种利益的资源,对每个人都极为重要。

一、职业的内涵

在现实生活中,人们必须在一定的工作岗位上实现就业,但人们对"职业"一词却有不同的理解。职业选择对每个人来说都十分重要。而正确的择业必须建立在理性的思考和正确的理论指导基础上。因此,需要深刻把握职业的内涵,对职业的确切含义,不同的人有不同的认识。

美国学者舒尔兹认为,职业是一个人为了不断取得个人收入而连续从事的、具有市场价值的特殊活动,这种活动决定着从业者的社会地位。我们认为职业是参与社会分工,利用专门的知识和技能,为社会创造物质财富和精神财富,获取合理报酬,作为物质生活来源,并满足精神需求的工作。

我国的有些学者从“职业”一词的词义上进行了分析,认为“职”指职业、职责,包括权利和义务的意思;“业”指行业、事业,包含独立工作、从事事业的意思。这种观点认为职业的内涵是“职责和义务”。职业的外延包括3个方面的内容:有工作、有收入、有工作时间的限度。

由此可见,职业是人们通过专门技术劳动而取得个人收入、履行社会义务并取得社会地位的一种重要的社会现象。职业存在于社会分工中,在不同性质的岗位上,人们从事的工作在目标、内容、方式和场所上有很大的区别。一定社会分工或社会角色的持续实现,就形成了职业。

二、职业的特性

通过对职业范畴的分析,职业具有以下5个特点。

(一)社会性

职业充分体现了社会分工,是社会生产力发展的产物,每一种职业都体现了社会分工的细化,体现了对社会生产和社会进步的积极作用。社会成员在一定的社会岗位上为社会整体做贡献,社会整体也以全体成员的劳动成果而获得持续的发展和进步。

(二)基础性

职业是个人、社会存在和发展的基础,因为职业为人们解决了生活所需的经济来源。人们为了生存,必须从事职业活动,人们的各种社会活动和人文活动,也多数建立在职业的基础上,有了职业生活,才有了其他一切社会生活的基础。

(三)经济性

在承担职业角色并完成工作任务之后,劳动者会从中索取报酬,获得收入。一方面,社会、企业以及用人单位向劳动者支付报酬;另一方面,劳动者以此维持家庭生活,这是保持整个社会稳定的基础。

(四)技术性

任何一个职业岗位都有相应的职业要求,能胜任和承担岗位工作的人,除了达到该岗位的职业道德、责任义务和服务要求外,还要达到相应的技术水平。例如,所有的岗位对学历证书、职业资格证书、专业技术考核证书、上岗培训合格证、专业工作年限等都有明确的要求,只有达到了这些要求才可以上岗。

(五)差异性

不同职业之间,可能有着巨大的差异,这些差异包括职业劳动的内容、职业的社会心理、从业者个人行为模式等。一般来说,人类社会作为一个有机整体,必然存在分工,有着多种多样的职业。古人云三百六十行,现代社会则有着多达几千上万种职业,各类职业大相径庭。职业的这种差异导致了不同职业者的不同社会人格,以及人在职业转换中的矛盾和困难。而随着劳动分工的细化、技术的进步、经济结构的变动和社会发展,新职业不断出现,其数量大于被淘汰的旧职业。当今社会职业差异还在继续增大。

三、职业的功能

职业的功能主要是指职业活动与职业角色对人和社会的作用与影响。概括起来包含以下 3 个方面。

(一)职业是谋生的需要

职业生活是构成人生的重要组成部分,人们的职业生活首先必须通过参加社会劳动来获得生存必需的生活资料。人们为了获取一定的报酬以作为生活资料的来源的那一部分劳动称为职业劳动。人们通过劳动换取相应的报酬,满足谋生的需要,同时积累相应的个人财富。

(二)职业满足人的精神需要,促进个性的健康发展

马斯洛需求层次理论把人的需要分为 5 个层次。职业除满足个人生活生理、健康需求这两种基本的物质需求外,对实现个人地位、权势、成就、尊重这些精神需求的意义更为重大。职业劳动本身是按照一定的社会规范和内在规律运行的,每种职业都有其独特的活动内容和要求,对从业者的生理和心理必然会产生重大的影响。当这种工作能使个人的才干得到发挥、个性得到不断发展时,它就成为促进个性健康发展的途径。

(三)职业是社会存在和发展的动力

职业分工及其结构是社会经济制度与结构的重要组成部分,是社会经济发展水平的反映。人们通过职业劳动,创造社会财富,为社会的存在和发展提供物质基础。职业的社会活动包括改善职业的向上流动、与社会经济结构相联系的职业结构变动、不同职业之间的矛盾冲突及解决等,这些构成了推动社会发展和进步的动力。

拓展阅读

21 世纪的热门职业

什么是热门职业?不同的人有不同的理解。从人们普遍的认识看,热门职业一般有以下几个特点:一是需求紧缺的职业;二是人们最想从事的职业;三是社会声望高的职业。需要注意的是,热门职业并不是一成不变的,随着社会的发展和时间的推移,"热门职业"也会变成"冷门职业"。职业中的热门和冷门在一定的条件下会相互转化。

我国的人事管理机构根据全国各类专业协会的有关统计资料,对我国未来急需人才进行了分析和预测。分析结果认为,我国 21 世纪的主导职业包括:会计类、计算机技术类、计算机软件开发类、环境保护类、中医和健康医学类、咨询服务类、保险类、法律类、老年医学类、家庭护理和服务类、市场营销类、生物化学和生物技术类、心理学类、旅游类、人力资源

类。这16个职业的基本情况及相关专业如下。

1. 会计类。随着社会经济的发展和财务管理的规范化，社会上各类企事业单位对会计的需求也大大提高，会计也成为各行业中的一个热门行业，社会地位和收入也较高。该行业的从业者应具有助理会计师、会计师和高级会计师等不同职称或专业资格认证，一般需要具有会计、财经、统计学等专业的学历或学位，并通过国家各等级的会计师资格考试，获得会计师上岗的各种资格证书。

2. 计算机技术类。随着计算机技术的发展和广泛应用，计算机硬件、软件的开发、应用和维护成为社会各行业工作的重要组成部分，并配置部分计算机技术人员从事计算机软硬件方面的安装、调试和维护工作。因此，各行业（如银行、医院、政府部门、企业等）对计算机技术方面的专业人才的需求也越来越大，待遇也比较优厚，这些行业需要的专业人才包括计算机硬件工程师、程序员、网络管理员、系统维护专家及数据库管理人员等，这些专业人员一般需要获得计算机、信息技术、电子技术或相关专业的学历或学位。

3. 计算机软件开发类。计算机技术的普及促进了计算机软件业的飞速发展，软件开发成为计算机行业的重要开发领域，软件设计专家成为软件开发业热门人才。软件开发专家主要从事操作系统、开发工具、应用软件等计算机软件的开发工作，要求具有计算机软件或相关专业的学历或学位，并具有一定的软件开发经验。这项职业在未来相当长的时间里，将成为社会上高技术和高待遇的职业。

4. 环境保护类。随着环境污染的加重和国家与公众环保意识的增强，社会对环境保护类专业人才的需求将呈直线上升趋势。环境保护具体包括环境监测、环境质量评价、环境治理（环境工程）和环境卫生等方面的工作，需要环境科学、地理学、生物学、环境化学、环境工程学等方面的专业人才。

5. 中医和健康医学类。改革开放以来，我国的人均收入和生活水平有了大幅提高，人们对自己的生活状态和健康状况越来越关注，健康医学应运而生。由于西医对一些疑难病症的疗效不大，而中医在辨证治疗和整体治疗方面具有独到之处，而且与当今的生物制药领域有密切的关系，因此，社会对中医师和健康医学人才的需求量将逐渐增加。

6. 咨询服务类。当今的社会是一个信息膨胀的社会，信息获取已经成为科学技术发展和商业运作的关键环节。社会分工的精细化和专门化促进了信息咨询和相关咨询行业的发展，并成为社会发展和进步的一个主导职业。目前社会上的咨询行业有企业咨询、心理咨询、信息咨询（包括各种信息服务咨询）、教育咨询等。从事咨询业需要具有教育学、心理学、管理学、信息科学、经济学等专业的学历或学位。

7. 保险类。社会经济结构的变化和各种不可预期的因素给人们的工作和生活增添了很多不确定的因素，这就需要有完善的社会保障体系。社会保障体系不断完善促进了保险业的发展，保险业的发展将人们生活中的不确定因素造成的损失降低到最小的限度。社会对保险业务员、管理人员、精算师和索赔估价员的需求不断提高，待遇也高于一般的职业。一般从事保险业的人员需要具有保险、金融、经济类、管理类等专业的学历或学位。

8. 法律类。随着社会的发展和进步，法律法规也不断健全和完善，国家颁布的各种法律法规将越来越多、越来越详细，一般的老百姓对众多的法律条文不可能了解得很清楚，从事司法工作的政府机构(如法院、检察院)也需要高素质、高学历的法律人才。同时，为了更好地开展法律咨询和处理各种刑事和民事案件，律师在社会上的需求量将越来越大，律师行业将成为一个高智力、高社会地位和高收入的职业。从事律师行业需要具有法律或其他相关专业领域的学历或学位，并获得律师资格证书。

9. 老年医学类。人口老龄化是全世界和我国面临的一个严峻问题。随之而来的就是老年人的医疗、社会保障、心理问题等一系列社会问题，如何解决这样一个庞大群体上述方面的需求成为一个重要的、亟待解决的问题。其中老年医疗和保健是最突出的一个问题，从事老年医学方面职业的社会需求也将大大提高。社会急需医学、老年医学、健康保健和护理等方面的专业人才，从事老年人医疗保健事业。

10. 家庭护理和服务类。社会生活和工作节奏的加快使家庭成员的压力加大，照顾病人、老人和孩子成为人们的沉重负担，家庭护理的需求也因此大大提高。相关的热门人才为幼儿教师和家庭服务人员，这类人员通常不需要很高的学历。但是，对这个行业的管理者，则是需要具备社会服务、管理学等方面的学历或学位的专门人才。

11. 专业公关类。公关和企业形象设计对一个公司或企业的发展至关重要，公关行业因此成为极有发展前景的职业，该职业的从业者一般需要获得公共关系学、社会服务类、经济贸易类、管理类等专业的学历或学位，并具有相关的工作经验。

12. 市场营销类。市场营销是企业产品销售公关非常重要的一个环节，在当今和未来社会发展中，产品的独立承销商和销售网络的建立将成为企业运作的主要形式。这些承销商和销售网络同时负责公司的广告宣传和相应的技术或销售服务。证券及金融业、通信、医疗器械、计算机与网络设备、一般的商业机构(如商场)等均需要市场营销方面的人才。从事这方面的人员一般需要具有市场营销学、管理学、经济类等专业的学历或学位。

13. 生物化学和生物技术类。生物化学和生物技术是近些年科学研究与生物技术开发的一个热门领域，该领域在生物制药、保健品开发、治疗疑难病症的药品的研制、人工蛋白质的合成等方面有巨大的发展潜力。目前的新药主要是生物化学家与生物技术专家开发出来的，并对治疗和预防疾病起到了主要的作用。该领域的从业者一般需要具有生物化学、生物技术、生物医学、分子生物学等专业的学历或学位。

14. 心理学类。我国已经将心理学列为 21 世纪重点发展的十几个学科之一。自 1997 年起，教育部在北京师范大学、浙江大学、华东师范大学等重点院校建立了心理学理论基础研究人才培养基地。此后，在心理学领域的投入力度逐年加大，心理学也逐渐成为一个受国家和社会关注的专业，在社会各行业中的需求量也不断提高。如从事市场研究、人力资源开发、心理咨询与心理治疗、学习障碍的矫正、教育、心理学研究、人机交互作用的研究等，均需要大量的心理学人才。在中国,心理学作为一个新兴的学科,也得到国家政府部门、社会各行业的广泛关注和重视,并在社会的各领域中得到广泛应用。从事心理学方面的职业需要获得心理学或应用心理学专业的学历或学位。

15. 旅游类。人们收入和生活质量的提高,针对户外娱乐、休闲和旅游活动在经济和时间上的投入也逐渐增加,并促使旅游业迅速发展。旅游业是投入少、收益高的行业,获取的利润较为丰厚,在21世纪旅游业将迅速发展。人们在旅游方面的消费会大幅度提高,对旅游代理公司的需求也将大幅度增加,并带动相关产业迅速发展。如航空公司、出租车公司、客轮公司、宾馆和餐饮业等。旅游业的发展将促进社会经济的全面发展,旅游业也将成为国家重点开发的产业之一。该职业的从业者一般需要具有旅游管理或管理学、地理学或相关专业的学位或学历。

16. 人力资源类。未来社会的竞争是人才的竞争,谁拥有人才谁将在激烈的竞争中拥有立足之地。在近几年的发展中,无论是政府机构还是企业,都建立了专门负责招聘人才的人事机构或人力资源部。其职能已不再是传统的人才档案管理,其主要的职能是招聘和培训员工,使人尽其才,物尽其用,最大限度地开发人力资源的潜力,创造最大的经济效益和社会效益。人力资源管理也因此备受企事业单位的重视,并成为政府机构和企业的重要职能机构。如人力资源和社会保障部考试中心有专门负责公务员和企业人力资源开发方面的中心,在国内的企事业单位人才选拔和安置方面做了大量的工作,开发了一系列人才选拔方面的工具。在国内新兴的大型企业和国外的大公司中也都设有专门的人力资源部,负责企业和公司的各级人才的选拔和员工培训。如国内北大方正和联想公司,国外的IBM、NOKIA、MOTOROLA等著名公司均有专门的人力资源部门和人力资源专家。未来,社会对人力资源专家的需求也将不断增大。从事这方面职业需要具有人力资源管理、心理学、管理学等专业的学历或学位。

第二节 职业的分类

所谓职业分类,是指采用一定的标准和方法,依据一定的分类原则,对从业人员所从事的各种专门化的社会职业所进行的全面、系统的划分和归类。

原始社会,为了生存,人们最早的劳动都是简单劳动。随着人类的不断进化和劳动工具的不断改善,社会分工不断发展而形成专门的职业。随着生产力的发展,社会分工越来越细,职业也就越来越多。老的职业不断消失,新的职业不断涌现。社会分工是职业分类的依据。在分工体系的每一个环节上,劳动对象、劳动工具以及劳动的支出形式都各有特殊性,这种特殊性决定了各种职业之间的区别。

一、我国现行的职业分类

《中华人民共和国职业分类大典》是我国第一部对职业进行科学分类的权威性文献。由于它的编制与国家标准《职业分类与代码》(GB/T 6565—2015)的修订同步进行,相互完全兼容,因此,它本身也就代表了国家标准。《中华人民共和国职业分类大典》在广泛借鉴国际先进经验(特别是《国际标准职业分类》)和深入分析我国社会职业构成的基础上,突破了过去以行业管理机构为主体,以归口部门、单位甚至用工形式来划分职业的传统模式,采用了以从业人员工作性质的同一性作为职业划分标准的新原则,并对各个职业的定义、工作活动的内容和形式以及工作活动的范围等做了具体描述,体现了职业活动本身固有的社会性、目的性、规范性、稳定性和群体性等特征。《中华人民共和国职业分类大典》科学地、客观地、全面地反映了当前我国社会的职业构成,填补了我国长期以来在国家统一职业分类领域存在的空白,具有深远的意义。

《中华人民共和国职业分类大典》把我国职业划分为由大到小、由粗到细的 4 个层次:大类(8 个)、中类(66 个)、小类(413 个)、细类(1838 个)。细类为最小类别,亦即职业。8 个大类分别是:第一大类:国家机关、党群组织、企业、事业单位负责人,其中包括 5 个中类,16 个小类,25 个细类;第二大类:专业技术人员,其中包括 14 个中类,115 个小类,379 个细类;第三大类:办事人员和有关人员,其中包括 4 个中类,12 个小类,45 个细类;第四大类:商业、服务业人员,其中包括 8 个中类,43 个小类,147 个细类;第五大类:农、林、牧、渔、水利业生产人员,其中包括 6 个中类,30 个小类,121 个细类;第六大类:生产、运输设备操作人员及有关人员,其中包括 27 个中类,195 个小类,1119 个细类;第七大类:军人,其中包括 1 个中类,1 个小类,1 个细类;第八大类:不便分类的其他从业人员,其中包括 1 个中类,1 个小类,1 个细类。

从职业结构看,职业的分布有 3 个特点:第一,技术型和技能型职业占主导。占实际职业总量的 60.88% 的职业分布在"生产、运输设备操作人员及有关人员"这一大类,它们分属我国工业生产的各个主要领域。从这类职业的工作内容分析,其特点是以技术型和技能型操作为主。第二,第三产业职业比重较小,仅占实际职业总量的 8% 左右。三大产业中的职业分布,以第二产业的职业比重最大。第三,知识型与高新技术型职业较少。现有职业结构中,属于知识型与高新技术型的职业数量不超过总量的 3%。

二、社会职业

目前,我国的社会职业可以分为 16 个部门,主要分为农林牧渔业、采掘业、制造业、电力煤气和自来水业、建筑业、地质勘查和水利管理业、交通运输仓储和邮电通信业、批发零售贸易和餐饮业、房地产业、社会服务业、卫生体育和社会福利业、教育文化艺术和广播电影电视业、科学研究和技术服务业、国家机关、党政机关和社会团体及其他,共计 16 个部门。

国民经济的16个部门，可以概括为三大产业。

第一产业具体是指农、林、牧、渔业。第一产业主要是从事初级产品的生产，在整个国民经济中处于基础地位，其产品除了直接为人们消费外，也是第二产业进行生产的原材料。

第二产业主要是对农业等初级产品进行多种层次的加工，为社会提供各种生产资料和生活资料。具体是指在国民经济中居于核心、骨干地位的制造业、采掘业、建筑业等生产领域。第二产业具有吸纳大量的劳动力、提供大量工作岗位的功能。

第三产业在整个国民经济中担当完成流通、提供服务和社会管理的职能。从全世界的发展趋势来看，第三产业的比重增加迅速，在经济发达国家从事第三产业的人员已经占全部从业人员的一半以上。

社会中的职业另一个具体的表现形式为企业，可以分为经营、管理、技术、操作4个类别。企业的类别分为7种：国有企业、集体企业、私营企业、乡镇企业、外资企业、合资企业、股份制企业。此外，还有事业单位、政府机关、社会团体、自主劳动单位等形式的存在。

三、职业发展的趋势

职业自从产生以来，就随着社会生产的进步和社会分工的发展而不断地发生变化，总体分为以下几个趋势：一是社会职业的种类越来越多；二是行业变化的速度越来越快；三是由单一、基础型向跨专业、复合型转化；四是由封闭型向开放型转化；五是由传统工艺型向信息化、智能化转化；六是由服务型职业向知识技能型发展。

当前，大学生在就业的时候，出现了前所未有的新状况：一是劳动岗位中体脑融合且体力劳动所占的比例越来越小；二是与传统专业绝对对口的专业越来越少；三是劳动岗位的地域空间越来越小，行业特征已经不像过去那么鲜明；四是岗位所需的职业知识和技能更新周期缩短，符合程度提高。由此可见，未来宽口径复合型和通用型专业的大学生的择业余地较大，用人单位对大学生的非专业综合素质的要求空前提高。

四、当前社会的热门职业

当前，我国经济得到了长足的发展，职业作为经济社会发展的产物，已经发生了很大的变化。一大批新兴行业不断涌现，为大学生创造了大量的就业机会。当前的热门专业呈现了不同的特征。热门专业主要是以当前人才紧缺的程度来判断。在当前经济发展过程中，由于产业结构的调整或者出现了重大的经济发展契机，会使某些行业出现人才紧缺的情况，从而带动某些职业成为热门职业。据相关统计，当前和今后几年急需的人才主要是以电子信息技术、智能制造、生物工程、航天技术、海洋利用和新能源为代表的高新技术人才。

收入水平高也是热门职业的重要特征之一。人们在选择职业的时候，往往很重视收入的高低。此外，从当前招聘市场上的供需状况来看，计算机、通信、机械、建筑、管理是目前市场上需求量较大的专业。

第三节　职业素质的培养

在一个人的职业发展过程中，职业素养直接关系到将来的成就。职业素养是个很大的概念，专业是第一位的，但是除了专业，敬业和道德是必备的，体现在职场上就是职业素养，体现在生活中就是个人素质或者道德修养。职业素养是指职业内在的规范和要求，是在从事职业的过程中表现出来的综合品质，包含职业道德、职业技能、职业行为、职业作风和职业意识等方面 。

一、职业素养的内涵

什么是职业素养？很多企业界人士认为，职业素养至少包含两个重要因素：敬业精神及合作态度。敬业精神就是在工作中要将自己作为公司的一部分，不管做什么工作一定要做到最好，发挥出实力，对一些细小的错误一定要及时更正。敬业不仅是吃苦耐劳，更重要的是"用心"做好公司分配的每一份工作。态度是职业素养的核心，负责、积极、自信等态度是成功的关键因素。职业素养是人类在社会活动中需要遵守的行为规范。个体行为的总和构成了自身的职业素养，职业素养是内涵，个体行为是外在表象。所以，良好的职业素养是一个人职业生涯成功的关键因素。

职业素养概括地说包含以下 4 个方面：一是职业道德；二是职业思想；三是职业行为习惯；四是职业技能。前三项是职业素养的根基，而职业技能是支撑职业人生的表象内容。

在衡量一个人的时候，企业通常将两者的比例以 6.5∶3.5 进行划分。

前三项属世界观、价值观、人生观范畴的产物，从出生到退休或至死亡逐步形成，逐渐完善。后一项是通过学习、培训获得的。例如计算机、英语、建筑等技能，可以通过 3 年左右的时间掌握入门技术，在实践运用中日渐成熟而成专家。

用大树理论可以比较直观地描述两者的关系。每个人都是一棵树，根系是一个人的职业素养，枝、干、叶是其显现出来的职业素养的表象，要想枝繁叶茂，必须根系发达。

二、大学生职业素养的养成

近几年，大学毕业生的就业已经成为比较重要的社会问题，也可以说是一个难题。对于很多毕业生来说，不说找到好工作，即便找到一份工作就已经比较困难了。高校把毕业生的就业率作为考查学校教育成果的一大指标，毕业生的就业率直接影响学校的声誉，同时也会影响学校的招生及培养计划。而从社会的角度来看，很多企业又在叹息"招不到合适的人选"。事实表明，这种现象的存在与学生的职业素养难以满足企业的要求有关。"满足社会需要"是高等教育的目的之一，既然社会需要具有较高职业素养的毕业生，那么高校教育应该把培养大学生的职业素养作为其重要目标之一。同时，高校也不是关起门来办教育，社会、企业也应该尽力与高校合作,共同培养大学生的职业素养。

(一)职业素养及其在工作中的地位

中国知网将职业素养定义为:职业素养是指职业内在的规范和要求,是在职业过程中表现出来的综合品质,包含职业道德、职业技能、职业行为、职业作风和职业意识等方面。

那么,职业素养在工作中的地位如何呢?

《一生成就看职商》的作者吴甘霖回首自己从职场惨败者到走上成功之道的过程,再总结比尔·盖茨、李嘉诚、牛根生等著名人物的成功史,并进一步分析所看到的众多职场人士的成功与失败,得到了一个宝贵的理念:一个人的能力和专业知识固然重要,但是,在职场要成功,最关键的并不在于他的能力与专业知识,而在于他所具有的职业素养。一个人在职场中能否成功取决于其"职商"。在实际工作中,每一位职业人既需要知识,但更需要智慧,而最终起到关键作用的就是素养。缺少这些关键的素养,一个人将一生庸庸碌碌,与成功无缘;拥有这些素养,会少走很多弯路。

前面提到,很多企业之所以招不到满意的人选是由于找不到具备良好职业素养的毕业生,可见,企业已经把职业素养作为选择人才的重要指标。如成都大翰咨询公司在招聘新人时,要综合考察毕业生的 5 个方面:专业素质、职业素养、协作能力、心理素质和身体素质。其中,身体素质是最基本的,好身体是工作的物质基础;职业素养、协作能力和心理素质是必需的;而专业素质则是锦上添花的。职业素养可以通过个体在工作中的行为来表现,而这些行为以个体的知识、技能、价值观、态度、意志等为基础。良好的职业素养是个人事业成功的基础,是大学生进入企业的"金钥匙"。

(二)大学生职业素养的构成

"素质冰山"理论认为,个体的素质就像水中漂浮的一座冰山,水上部分的知识、技能仅仅代表表层的特征,不能区分绩效优劣;水下部分的动机、特质、态度、责任心才是决定人的行为的关键因素,可以鉴别绩效优秀者和一般者。可以把大学生的职业素养看成一座冰山:冰山浮在水面以上的只有 1/8,它代表大学生的形象、资质、知识、职业行为和职业技能等方面,是人们看得见的、显性的职业素养,这些可以通过各种学历证书、职业证书来证明,或者通过专业考试来验证;而冰山隐藏在水面以下的部分占整体的 7/8,它代表大学生的职业意识、职业道德、职业作风和职业态度等方面,是人们看不见的、隐性的职业素养。显性职业素养和隐性职业素养共同构成了大学生所应具备的全部职业素养。由此可见,大部分的职业素养是人们看不见的,但正是这 7/8 的隐性职业素养决定、支撑着外在的显性职业素养,显性职业素养是隐性职业素养的外在表现。因此,大学生职业素养的培养应该着眼于整座"冰山",以培养显性职业素养为基础,重点培养隐性职业素养。当然,这个培养过程不是学校、学生、企业哪一方能够单独完成的,而应该由三方共同协作,实现"三方共赢"。

(三)大学生职业素养的自我培养

①要培养职业意识。雷恩·吉尔森说:"一个人花在影响自己未来命运的工作选择上的

精力,竟比花在购买穿了一年就会扔掉的衣服上的心思要少得多,这是一件多么奇怪的事情,尤其是当他未来的幸福和富足要全部依赖于这份工作时。"很多高中毕业生在跨进大学校门之时就认为已经完成了学习任务,可以在大学里尽情地"享受"了。这正是他们在就业时感到压力的根源。清华大学的樊富珉教授认为,中国有69% ~80%的大学生对未来职业没有规划,就业时容易感到压力。中国社会调查所最近完成的一项在校大学生心理健康状况调查显示,75%的大学生认为压力主要来源于社会就业;50%的大学生对自己毕业后的发展前途感到迷茫,没有目标;41.7%的大学生表示目前没考虑太多;只有8.3%的大学生对自己的未来有明确的目标并且充满信心。培养职业意识就是要对自己的未来有规划。因此,大学期间,每个大学生应明确我是一个什么样的人?我将来想做什么?我能做什么?环境能支持我做什么?着重解决一个问题,就是认识自己的个性特征,包括自己的气质、性格、能力,以及自己的个性倾向,包括兴趣、动机、需要、价值观等。据此来确定自己的个性是否与理想的职业相符,对自己的优势和不足有一个比较客观的认识,结合环境如市场需要、社会资源等确定自己的发展方向和行业选择范围,明确职业发展目标。

②配合学校的培养任务,完成知识、技能等显性职业素养的培养。职业行为和职业技能等显性职业素养比较容易通过教育和培训获得。学校的教学及各专业的培养方案是针对社会需要和专业需要所制订的,旨在使学生获得系统化的基础知识及专业知识,加强学生对专业的认知和知识的运用,并使学生获得学习能力,培养学习习惯。因此,大学生应该积极配合学校的培养计划,认真完成学习任务,尽可能地利用学校的教育资源,获得知识和技能,作为将来职业需要的储备。

③有意识地培养职业道德、职业态度、职业作风等方面的隐性素养。隐性职业素养是大学生职业素养的核心内容。核心职业素养体现在很多方面,如独立性、责任心、敬业精神、团队意识、职业操守等。事实表明,很多大学生在这些方面存在不足。有记者调查发现,缺乏独立性、会抢风头、不愿下基层吃苦等表现容易断送大学生的前程。如在厦门博格管理咨询公司郑甫弘进行的一次招聘中,一位来自上海某名牌大学的女生在中文笔试和外语口试中都很优秀,但最后一轮面试被淘汰。他说:"我最后不经意地问她,你可能被安排在大客户经理助理的岗位,但你的户口能否进深圳还需再争取,你愿意吗?"结果,她犹豫片刻回答说:"先回去和父母商量再决定。"缺乏独立性使她失掉了工作机会。而喜欢抢风头的人被认为没有团队合作精神,用人单位也不喜欢。如今,很多大学生生长在"6+1"的独生子女家庭,因此在独立性、承担责任、与人分享等方面都做得不够好,相反他们爱出风头,容易受伤。因此,大学生应该有意识地在学校的学习和生活中主动培养独立性,学会分享、感恩,勇于承担责任,不要把错误和责任都归咎于他人。自己摔倒了不能怪路不好,要先检讨自己,承认自己的错误和不足。

大学生职业素养的自我培养应该加强自我修养,在思想、情操、意志、体魄等方面进行自我锻炼。同时,还要培养良好的心理素质,增强应对压力和挫折的能力,善于从逆境中寻找转机。

(四)高校对大学生职业素养的教育对策

为了培养大学生的职业素养,高校应该从以下几个方面着手以满足社会需要:首先,将大学生职业素养的培养纳入大学生培养的系统工程,使高中毕业生在进入大学校门的那一天起,就明白高校与社会的关系、学习与职业的关系、自己与职业的关系。全面培养大学生的显性职业素养和隐性职业素养,并把隐性职业素养的培养作为重点。其次,成立相关的职能部门协助大学生职业素养的培养。如以就业指导部门为基础成立大学生职业发展中心,并开设相应的课程,及时向大学生提供职业教育和实际的职业指导;最好配合提供相关的社会资源。最后,深入了解大学生需要,改进教学方法,提升大学生对专业学习的兴趣,满足大学生对本专业各门课程的求知需求,尽可能向大学生提供正确、新颖的学科信息。

(五)社会资源与大学生职业素养的培养

大学生职业素养的培养不能仅仅依靠学校和学生本身,社会资源的支持也很重要。很多企业都想直接"使用"毕业生,但是发现很困难。企业界也逐渐认识到,要想获得较好职业素养的大学毕业生,企业也应该参与大学生的培养。可以通过以下方式来进行。

①企业与学校联合培养大学生,提供实习基地以及科研实验基地。

②企业家、专业人士走进高校,直接提供实践知识、宣传企业文化。

③完善社会培训机制,并走入高校对大学生进行专业的入职培训以及职业素质拓展训练等。

大学生职业素养的培养是目前高等教育的重要任务之一,而这一任务的进行,需要大学生、高校及社会3方面的协同配合才能有效。

大学期间是每一位未来的职业人个人价值观、知识技能、身心状态等素质发展的关键时期,有针对性地打造并培养必要的职业素质是十分重要的。

延伸案例

四只毛毛虫的故事

毛毛虫都喜欢吃苹果,有四只要好的毛毛虫都长大了,各自去森林里找苹果吃。

1. 第一只毛毛虫

第一只毛毛虫跋山涉水,终于来到一棵苹果树下。它根本就不知道这是一棵苹果树,也不知树上长满了红红的可口的苹果。当它看到其他的毛毛虫往上爬时,稀里糊涂地就跟着往上爬。没有目的,不知终点,更不知自己到底想要哪一颗苹果,也没想过怎么样去摘取苹果。它最后的结局是什么呢? 也许找到了一颗大苹果,幸福地生活着;也可能在树叶中迷了路,过着悲惨的生活。不过可以确定的是,大部分的毛毛虫都是这样活着的,没想过什么是生命的意义,为什么而活着。

这只毫无目标,一生盲目,没有自己人生规划的糊涂虫,不知道自己想要什么。遗憾的是，我们大部分人都像第一只毛毛虫那样活着。

2. 第二只毛毛虫

第二只毛毛虫也爬到了苹果树下。它知道这是一棵苹果树，也确定它的生存目标就是找到一个苹果。问题是它并不知道大苹果会长在什么地方？但它猜想：大苹果应该长在大枝叶上吧！于是它就慢慢地往上爬，遇到分枝的时候，就选择较粗的树枝继续爬。于是它就按这个标准一直往上爬，最后终于找到了一颗苹果。这只毛毛虫刚想高兴地扑上去大吃一顿，但是放眼一看，它发现这颗苹果是全树最小的一颗，上面还有许多更大的苹果。更令它泄气的是，要是它上一次选择另外一个分枝，它就能得到一个大得多的苹果。

这只毛毛虫虽然知道自己想要什么，但是它不知道该怎么去得到苹果，它做出了一些看似正确却使它渐渐远离正确的选择。而曾几何时，正确的选择离它又是那么近。

3. 第三只毛毛虫

第三只毛毛虫也到了一棵苹果树下。这只毛毛虫知道自己想要的就是大苹果，并且研制了一副望远镜，还没有开始爬时就先利用望远镜搜寻了一番，找到了一颗很大的苹果。同时，它发现当从下往上找路时，会遇到很多分枝，有各种不同的爬法；但若从上往下找路时，却只有一种爬法。它很细心地从苹果的位置，由上往下反推至目前所处的位置，记下这条确定的路径。于是，它开始往上爬了，当遇到分枝时，它一点也不慌张，因为它知道该往哪个分枝爬，而不必跟着一大堆毛毛虫去挤破头。比如说，如果它的目标是一颗名叫“教授”的苹果，应该爬“深造”这个分枝；如果目标是“老板”，应该爬“创业”这个分枝。最后，这只毛毛虫应该会有一个很好的结局，因为它已经有自己的计划。但是真实的情况往往是，因为毛毛虫的爬行相当缓慢，当它抵达时，苹果不是被别的毛毛虫捷足先登，就是已熟透而烂掉了。

这只毛毛虫有非常清晰的职业规划，也总是能做出正确的选择，但是，它的目标过于远大，而自己的行动过于缓慢，成功对它来说遥不可及。机会、成功不等人。同样，我们的生命也极其有限，单凭我们个人的力量，也许一生勤奋，也未必能找到自己的苹果。如果制订一个适合自己的计划，并且充分借助外界的力量，借助许许多多的望远镜（在我们的现实生活中可以理解为找个贵人帮自己），也许第三只毛毛虫的命运会好很多。

4. 第四只毛毛虫

第四只毛毛虫可不是一只普通的毛毛虫，它做事有自己的规划。它知道自己要什么苹果，也知道苹果将怎么长大。因此当它戴着望远镜观察苹果时，它的目标并不是一颗大苹果，而是一朵含苞待放的苹果花。它计算着自己的行程，估计当它到达的时候，这朵花正好长成一个成熟的大苹果，它就能得到自己满意的苹果。最后它如愿以偿，得到了一颗又大又甜的苹果，从此过着幸福快乐的日子。

这只毛毛虫不仅知道自己想要什么，也知道如何去得到自己的苹果，以及得到苹果应该需要什么条件，然后制订清晰又实际的计划，在望远镜的指引下，一步步实现自己的理想。

其实我们就是毛毛虫，而苹果就是我们的人生目标——职业成功。爬树的过程就是我们职业生涯的道路。毕业后，我们都得爬上人生这棵苹果树去寻找未来，完全没有规划的职业生涯注定是要失败的。

现代社会，规划决定命运。有什么样的规划就有什么样的人生。人的生命非常有限，越早规划你的人生，你就能越早成功。要想得到自己喜欢的苹果，想改变自己的人生，就要先从改变自己开始，做好自己的职业生涯规划，做第四只毛毛虫。

知识链接

优秀员工必备的职业素养

一、像老板一样专注

①作为一名一流的员工，不要只停留在"为了工作而工作，单纯为了赚钱而工作"等层面。而应该站在老板的立场，用老板的标准要求自己，像老板那样专注工作，以实现自己的职场梦想与远大抱负。

②以老板的心态对待工作。

③不做雇员，要做就做企业的主人。

④第一时间维护企业的形象。

二、学会迅速适应环境

在就业形势越来越严峻、竞争越来越激烈的当今社会，不能迅速适应环境已经成了个人素质中的一块短板，这也是无法顺利工作的一种表现。相反，善于适应环境却是一种能力的象征，具备这种能力的人，手中也握有了一个可以纵横职场的筹码。

①不适应者将被淘汰出局。

②善于适应是一种能力。

③适应有时是一场严峻的考验。

④做职场中的"变色龙"。

三、化工作压力为动力

压力是工作中的一种常态，对待压力，不可回避，要以积极的态度去疏导、去化解，并将压力转化为自己前进的动力。人们最出色的工作往往是在高压的情况下做出的，思想上的压力，甚至肉体上的痛苦都可能成为取得巨大成就的兴奋剂。

①别让压力毁了你。

②行动起来，什么压力都能化解。

四、善于表现自己

在职场中，默默无闻是一种缺乏竞争力的表现，而那些善于表现自己的员工，却能够获得更多的自我展示机会。那些善于表现自己的员工是最具竞争力的员工，他们往往能够迅速脱颖而出。

①善于表现的人才有竞争力。

②把握一切能够表现自己的机会。

③善于表现而非刻意表现。

五、低调做人，高调做事

工作中，学会低调做人，你将一次比一次稳健；善于高调做事，你将一次比一次优秀。在“低调做人”中修炼自己，在“高调做事”中展示自己，这种恰到好处的低调与高调，可以说是一种进可攻、退可守，看似平淡、实则高深的处世谋略。

①低调做人，赢得好人缘。

②做事要适当高调。

六、设立工作目标，按计划执行

在工作中，首先应该明确了解自己想要什么，然后再去努力追求。一个人如果没有明确的目标，就像船没有罗盘一样。每一份富有成效的工作，都需要明确的目标去指引。缺乏明确目标的人，其工作必将庸庸碌碌。坚定而明确的目标是专注工作的一个重要原则。

①目标是一道分水岭。

②工作前先把目标设定好。

③确立有效的工作目标。

④目标多了等于没有目标。

七、做一个时间管理高手

时间对每一位职场人士都是公平的，每个人都拥有相同的时间，但是在同样的时间内，有人表现平平，有人则取得了卓著的工作业绩。造成这种反差的根源在于每个人对时间管理和使用的效率存在巨大的差异。因此，要想在职场中具备不凡的竞争能力，应该先将自己培养成一个时间管理高手。

①谁善于管理时间，谁就能赢。

②学会统筹安排。

③把你的手表调快 10 分钟。

八、自动自发，主动就是提高效率

自动自发的员工，善于随时准备把握机会，永远保持率先主动的精神，并展现超乎他人要求的工作表现。他们头脑中时刻灌输着“主动就是效率，主动、主动、再主动”的工作理念，同时他们也拥有“为了完成任务，能够打破一切常规”的魄力与判断力。显然，这类员工才能在职场中笑到最后。

①不要只做老板交代的事。

②工作中没有“分外事”。

③不是“要我做”，而是“我要做”。

④想做“毛遂”就得自荐。

九、服从第一

服从上级的指令是员工的天职,“无条件服从”是沃尔玛集团要求每一位员工都必须奉行的行为准则。

①像士兵那样去服从。

②不可擅自歪曲更改上级的决定。

③多从上级的角度考虑问题。

十、勇于承担责任

德国大众汽车公司认为:“没有人能够想当然地‘保有’一份好工作,而要靠自己的责任感去争取一份好工作。”世界上也许没有哪个国家的人能比德国人更有责任感了,而他们的企业首先强调的还是责任,他们认为没有比员工的责任心所产生的力量更能使企业具有竞争力。显然,那些具有强烈责任感的员工才能在职场中具备更强的竞争力。

工作就是一种责任,企业青睐具备强烈责任心的员工。

互动体验

结合自身实际和经验,根据近5年来热门职业的需求情况,利用SWOT分析法拟定一份未来5年的职业规划。

附:职业规划十句话

1. 无论你现在或将来从事的职业是什么,请切记要对职业负责。
2. 和谐融洽的人际关系非常重要。
3. 要优化你的交际技能。
4. 要善于发现变化并适应变化。
5. 要灵活。未来时代的工作者们可能需要经常转换职业角色。
6. 要善于学用新技术。
7. 要舍得花钱花时间学习各种指南性知识。
8. 摒弃各种错误观念。
9. 选择就业单位时事前应多做摸底研究。
10. 要不断开拓进取,不断开发新技能。

本章小结

对大学生而言,具备良好的职业素养,就具备了入职的敲门砖。大学生的就业能力在很大程度上取决于自身职业素养的高低。职业素养越高,获得成功的概率越大。大学生应该在广泛认知职业的特点、内涵以及职业的发展趋势的基础上,树立正确的职业生涯规划,加强自身能力与素质的综合提升。

思考题

1. 什么是职业？职业有哪些特点？
2. 如何理解当前职业发展的趋势？
3. 大学生可以通过哪些途径提高综合职业素质？

作 业

大学生与职业人的根本区别有哪些？为什么？
初入职场应注意哪些问题？

第二章　自我探索

［学习目标］

1. 学会自我认识、自我分析的方法。

2. 在理解性格、兴趣、能力、价值观内涵的基础上，了解其对职业选择的影响，从而对职业选择进行正确定位。

［案例导入］

在古希腊神话故事《俄狄浦斯王》中有这样一个故事：有一个狮身人面的女妖斯芬克斯，她每天坐在忒拜城堡附近的悬崖上向路人提出一个谜语——什么动物早晨四条腿走路，中午两条腿走路，晚上三条腿走路，腿最多时最无能？过路人必须猜中，如果猜不中，就要被她吃掉。无数人为此丧生。最后，一个叫俄狄浦斯的青年猜到了答案，谜底就是人。

两千多年前，古希腊哲学家说过：人最熟悉的莫过于自己，最陌生的也莫过于自己，最亲近的是自己，最疏远的也是自己。古人如此，今人莫不如是。一个人如果能够清楚地认识自己，准确地评价自己，制订确实可行的行动目标并采取有效的行动，充分发挥自己的长处和优势，最终将获得成功；反之，则会影响个人的发展。

本章将引导大家在认识自我的基础上进而认识自己的性格、兴趣、能力、价值观，帮助我们在纷繁的世界里保持一份方向感和控制感，不迷失自我。

第一节　自我认识方法概述

"认识你自己"，这是几千年前镌刻在古希腊阿波罗庙宇上的一句话，作为神对人的忠告，这被当时的哲学家认为代表了人类的最高智慧。在我国春秋战国时期，著名的军事家孙武把"知己知彼，百战不殆"作为一条军事箴言写入《孙子兵法》，以传后世。可见，正确认识自己是多么重要。怎样才能更好地认识自己呢？自我认识需要掌握一定的方法，常用的有以下 6 种。

一、橱窗分析法

橱窗分析法是美国心理学家乔瑟夫·勒夫和哈里·英格拉姆提出的自我认识的窗口理论，认为人对自己的认识是一个不断探索的过程，并借助直角坐标的不同象限来表示人的自我的不同部分，以别人知道或不知道为横坐标，以自己知道或不知道为纵坐标，将人的自我分为 4 个区：公开区、盲目区、隐秘区和未知区，这 4 个区的自我又叫公开我、隐私我、潜在我、背脊我。橱窗分析法就是借助乔哈里视窗理论对自我进行分析的一种常用方法，如图 2.1所示。

橱窗 1：为自己知道、别人知道的部分，称为“公开我”，属于个人展现在外、无所隐藏的部分。

橱窗 2：为自己知道、别人不知道的部分，称为“隐私我”，属于个人内在的私有秘密部分。

橱窗 3：为自己不知道、别人也不知道的部分，称为“潜在我”，是有待开发的部分。

橱窗 4：为自己不知道、别人知道的部分，称为“背脊我”，犹如一个人的背部，自己看不到，别人却看得很清楚。

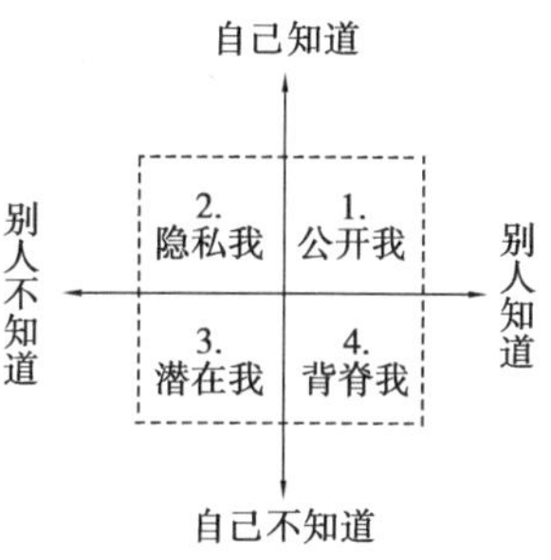

图 2.1 橱窗分析

由以上橱窗分析可以看出，自我认识的重点区域在橱窗 3 和橱窗 4，橱窗 3 即“潜在我”，是影响一个人未来发展的重要因素。科学家研究发现，每个人都有巨大的潜能，人类平常只发挥了极小部分的大脑功能。如果一个人能发挥一半的大脑功能，将能轻易地学会 40 种语言，背整套百科全书，拿 12 个博士学位。著名心理学家赫伯特·奥托指出，一个人一生所发挥出来的能力，只占他全部能力的 4%，也就是说一个人 96% 的能力还未开发。赫赫有名的控制论奠基人诺伯特·维纳说：“可以完全有把握地说，每个人即使他是做出了辉煌成就的人，在他的一生中利用他自己的大脑潜能还不到百亿分之一。”那么，如何去了解“潜在我”呢？主要是运用潜意识中的“积极性暗示”，在这里介绍 5 种方法。

（一）扩大优点法

有些大学生由于失败或挫折经历的积累，导致自我评价较低，缺乏自信，不能很好地接纳自己，有的甚至自我拒绝，自我放弃。人之所以有自卑感，是因为只看到了自己的缺点而看不到自己的优点。实际上每个人都有自己的闪光点，李白曾说“天生我材必有用”，我们需要做的就是发现自己的闪光点，并设法将其扩大化，即使是微不足道的优点，如果每天能够反复思索几遍，自己也会觉得优点慢慢多了。

（二）淡化消极因素法

拓展阅读

死囚实验

国外有人把死刑犯作为实验的对象，做了下面这个实验。把他关在一个屋子里面，蒙上眼睛，然后对死囚说：“我们准备换一种方式让你死，将把你的血管割开，让你的血滴尽而亡。”然后用冰块在死囚的手腕上划了一下，接着打开一个水龙头，让死囚听到滴水声，实验者说：“这就是你的血在滴。”第二天早上打开房门，发现死囚死了，脸色惨白，一副失血过多的模样，其实他的血一滴也没有流出来。

淡化消极因素法指设法缩小消极面。在实际生活中，有许多人被不安和自卑情绪困扰得痛苦不堪，但稍加分析，就会发现他们将极小部分的失败或恐惧扩大化了，进而影响整体工作，使自己陷入烦恼的深渊。比如有的人与上司发生了一次口角，就对工作失去了信心；有的人对上司某一决策有看法，就觉得工作没意思；有的人跟同事闹了别扭，就觉得上班没劲；有的人跟一位客户发生了一次冲突，就觉得这工作没法干了，等等。在这种情况下我们不妨做一下分析，对工作整体不满意的原因是什么呢？原来是对某一领导不满意。再分析一下，为什么对某一领导不满意呢？是因为对某件事情的处理不好。再次分析一下原因，便可以想到，领导处理问题是站在全局角度看问题，也许是自己的看法不够全面，如此一来，心情就会舒畅许多，怒气也会烟消云散。

（三）不说消极语言法

消极语言是一种消极暗示，这种话说多了，就会产生自卑心理，使人意志消沉，对自己进行否定。例如有些人总爱说“反正”“毕竟”之类的话，“反正我认为不行”“我毕竟比不上他”等，这些否定自己的话会使本来有可能做好的事情也做不好，因为说出这些话就表示自己失去了信心，放弃努力或停止思考的意思，所以做不好或不去做也就成为理所当然，这就是消极语言带来的严重后果。由此可见，一个人要树立自信就应当避免说消极语言，即使一些消极的语言浮现在脑海里面也要避免应用它。

（四）赞美他人法

赞美他人是一种积极的暗示，而且不仅给他人积极的暗示，同时也给自己积极的暗示。在你赞美他人之时，你看到了他人的长处，发现了他人的优点，说明他人的长处、优点也进入了你的心灵，这本身就是一种积极的暗示。同时你赞美他人时，他人必定高兴，给你一个笑脸，这也是一种积极的暗示。如果能经常运用，势必会收到好的效果，特别是对领导者，如能善加运用这一方法，其效果更大，不但能改善上下级关系，还能调动部下的工作积极性，开发部下的潜能。

（五）转移暗示法

积极的暗示产生积极的心态，消极的暗示产生消极的心态。对于自己而言，可避免运用消极的暗示，而当他人对你进行消极暗示时，怎么办呢？遇到这种情况，就得运用转移暗示，将别人对自己的消极暗示转化为积极暗示。

有一天在某路公共汽车上就发生了这样的事。一位老先生踩了一位年轻姑娘的脚，这位姑娘开口就骂人：“你个老不死的！”可是这位老先生没有生气，反而笑呵呵地说：“谢谢！谢谢！”老先生这一举动把周围的人都弄糊涂了，甚至有人以为老先生神经有问题。于是有人问老先生：“人家骂你，为何还谢人家呢？”老先生回答：“她没有骂我，她给我祝福呢。她说，第一我老了，第二我不会死，这不是给我祝福吗？难道我不应该感谢她吗？”听闻此话，周围的人都乐了，姑娘也惭愧地低下了头，这就是转移暗示，将不利于自己的话转移为有利于自己的话。

对自我的认识除了要了解“潜在我”，还要注意分析橱窗 4 即“背脊我”，它是准确对自己进行评价的重要方面，可以通过真诚地、真心地征询别人的意见和看法，来了解“背脊我”，这需要有开阔的胸怀和正确的态度。

二、比较法

俗话说，有比较才有鉴别。比较法就是从自己与他人及自己的比较中来了解自己的能力、水平、在团体中的相对位置以及自己的发展变化的一种方法。

（一）从“我”与他人的比较中认识和评价自我

古人云：“以铜为镜，可以正衣冠；以史为镜，可以知兴衰；以人为镜，可以知得失。”通过比较，你可以发现自己的长处和不足，扬长补短。与比自己优秀的人比，就会觉得人外有人，天外有天，从而找到差距，激发自己的动力；而与不如自己的人比，就会看到自己的长处，增强自信心。

与他人进行比较要注意比较的参照系，比如比较的对象是什么人？是与自己条件相类似的人，还是个人心目中的偶像或极不如自己的人？与姚明比身高，与比尔·盖茨斗富，都不是明智之举，通常需要选择和自己类似的人进行比较，这样才能找准自己的位置。除此之外，还要明确比较的标准，是可变的标准还是不可变的标准，是相对标准还是绝对标准，也就是说要学会用发展的眼光、辩证的方法去看待自己和他人。

自己与他人比较的时候，切忌单向比较，既要和比自己强的人比，也要和比自己差的人比，这样才能保持心理平衡。

（二）从自己的现在和过去的比较中认识和评价自我

在和他人比较的时候，也要和自己对比，“和自己赛跑”，即把自己的现在和过去比，把自己的目标和现实状况比，这样才可以不断地看到自己的进步和进一步努力的方向。

三、他人评价法

每个人都生活在一定的社会环境中，离不开与他人的交往，可以说他人是反映自我的一面镜子，与他人交往是个人获得自我观念的来源之一。他人评价法即是通过别人的评价来认识、了解自己的方法。大文豪苏轼曾写道：“不识庐山真面目，只缘身在此山中。”认识自己有时候比较困难，尤其是处于“当局者迷，旁观者清”的境地，此时不妨借助周围人的态度和评价来认识和了解自己。比如自己做某件事，若总得到别人的肯定，那么自己在这方面就是比较优秀的。当然，也要对此进行冷静的分析，既不能盲从，也不能忽视。

他人评价法需要注意以下几点：首先要特别重视与自己关系密切的人对自己的评价，因为他们对我们比较了解，评价也会较为全面、客观；其次，在大多数情况下要重视大多数人的评价。有时，别人的意见我们的确难以接受，但“良药苦口，忠言逆耳”，所以，很多时候，还是要多听听别人对自己的评价，在此基础上客观分析，虚心接受。

四、活动成果法

这是通过活动的效果来了解自己的一种方法。个体的能力可以在实践活动中展现，通过自己所获得的成果、成就以及社会效应来分析自己。任何活动都是学习，同时这些活动的结果也往往直接标志自身的价值。理想的活动结果可以使个体增强自信心，发现自身的价值，并进一步提高认识自我的能力。

心理学上"自我意象"的研究表明，自己在某个方面没有取得良好的成绩，不是你没有这方面的能力，而是你认为自己在这方面的能力是欠缺的。例如，自己参加歌手大赛得了一等奖，则说明自己在这个方面的确有一定的能力或特长。但假如说，自己在某项活动上遭遇失败，也不能轻信自己在这个方面的能力是欠缺的。

五、反省法

反省法即通过反省认识自己，对曾经发生的事情及过程回头看、再思考，这是一个回顾、总结、分析、提炼、消化、吸收的过程。曾子曰："吾日三省吾身。"我们可能做不到一天多次反省自己，但可以每周、每月甚至每年对自己进行反省。要认识自己，必须要做一个有心人，经常反省自己在日常生活中的点滴表现，总结自己是一个什么样的人，找出自己的优点和缺点。

可以从以下 3 个方面进行反省。

①自己眼中的我。通过自己的身体、容貌、性别、年龄、职业、性格、能力等实际观察到的客观的我。

②别人眼中的我。与别人交往时，由别人对你的态度、情感反应而觉知的我。不同关系的人对自己的反应和评价不同，它是个人从多数人对自己的反应中归纳出的统觉。

③自己心中的我。也指自己对自己的期许，即理想我。

六、测验评估法

测验评估法就是采用心理测试（Psychological Test）进行评估的方法，心理测试即依据心理学理论，采用专业的心理量表和测量工具，使用一定的操作程序，对人的智力、人格、能力或心理健康进行评价的方法。使用心理测试了解自我，要注意以下 4 点。

（一）在具备资质的机构指导下进行测试

根据中国心理学会公布的《心理测验管理条例》，心理学专业本科以上毕业生或在心理测量专家指导下具有 2 年以上测验经验者，或者持有国家心理测量专业委员会认证的资格证书的人才有资格进行心理测量活动。这只是对心理测试人员的最基本要求，很多测试必须经过专门培训，并在心理测量专家指导下实习数年，才能具有独立施测资格。因此，如果希望自己的心理测试结果真实有效，一定要选择具备测试资质的机构，在其指导下进行测试。二甲以上医院精神心理科、中科院心理研究所、各高校心理咨询中心以及社会上口碑良好的心理咨询机构等都可以提供正规的心理测试服务。

（二）测试过程认真，如实陈述自己情况

相当一部分心理测试属于自陈性测试，这类测试结果的有效性受到试题答案真实性的影响，因此，回答每个问题时，必须按照自己的真实情况做出回答，而不要按照自己希望的情况作答，以免影响测试准确性。

（三）选取专业人士合理解释结果

心理测试有一套专门的评分方式和解释标准，因此，测试完之后，要选择专业人员对测试进行评定和解释。一般而言，测试人员和解释人员最好是同一个人。

（四）用发展的眼光看待测试结果

心理测试是具有时效性的，测试结果只反映被试者过去和当前的状态。面对良好的测试结果，不要盲目乐观，面对不良的测试结果，也不要妄自菲薄，自暴自弃，而是要用发展的眼光看待结果，接受不能改变的，扬长避短，不断发展自己。性格可以变化，能力可以锻炼，兴趣可以培养。

第二节　职业性格与职业兴趣

一、性格与职业性格

世界著名心理学家威廉·詹姆斯说："播下一个行动，收获一种习惯；播下一种习惯，收获一种性格；播下一种性格，收获一种命运。"由此可见，性格对我们的影响巨大，那么，什么是性格呢？性格因素和职业选择之间到底存在什么样的关联呢？

性格（Character）一词源于希腊语，意为雕刻的痕迹或戳记的痕迹。心理学上把性格定义为个人对现实的稳定的态度和习惯化了的行为方式所表现出来的心理特征。比如一个人在各种场合表现出对人热情、善良，对自己谦虚谨慎，遇事深谋远虑，这种对人、对己、对事的稳定态度和习惯化的行为方式所表现出来的心理特征就是这个人的性格。因此，可以说性格是个人在活动中与特定的社会环境相互作用的结果。需要注意的是，性格是一个人贯穿始终的思维、感觉或行为模式，是人最本能、最自然的反应。在别人面前有意识表现的行为特征只是一时的表象，不是性格。比如某个人做事一向果断，偶尔也表现出优柔寡断，那么这个人的性格就是果断而非优柔寡断。再比如，某人在特殊的情况下，一反机智果断的常态而表现得呆板麻木，这里就不能把呆板麻木作为这个人的性格特征。

职业性格（Occupational Character）是指人们在长期特定的职业生活中所形成的与职业

相联系的、稳定的心理特征。

课堂活动

签名

请像平常一样在纸上签名，然后换一只手。思考：感觉有何不同？

分享：常用的那只手签名感到自然、自如，不用多想就能签上，毫不费力，字迹清晰、熟练。而不常用的那只手不自然、不习惯，签名时不得不想想，需要集中注意力，写得吃力、费劲、别扭、笨拙。

我们在其他事情上也是如此，有自己擅长的一面，也有自己不擅长的一面，就如自己的右手与左手，没有好坏或者对错之分。

人的性格倾向就像分别使用自己的两只手写字一样，都可以写出来，但惯用的那只手写出的会比另一只好。每个人都会沿着自己所属的类型发展出个人的行为、技巧和态度，而每一种也都存在着自己的潜能和潜在的盲点。

职业心理学的研究表明，不同的职业有不同的性格要求。虽然每个人的性格都不能百分之百地适合某项职业，但却可以根据自己的职业倾向来培养、发展相应的职业性格。不同性格特征的人员，对企业而言，决定了每个员工的工作岗位和工作业绩；对个人而言，决定着自己的事业能否成功。如果能够找到一个适合的环境，使我们在其中发挥自己的长处和优势，那么我们会很自信，并且往往能取得佳绩；相反，如果要求我们做不擅长的事情，那么多半会感到不舒服、不自在，而且可能干不好工作。

那么，怎样才能了解自己适合从事哪种职业呢？一般情况下，最常用的就是 MBTI 职业性格测试。

MBTI 的全名是 Myers-Briggs Type Indicator。它是一种自我报告式的性格评估工具，主要探讨各种性格类型与相关职业的匹配程度，由美国心理学家 Katherine Cook Briggs 和她的心理学家女儿 Isabel Briggs Myers，根据瑞士著名的心理分析学家 Carl G. Jung（荣格）的心理类型理论和她们对人类性格差异的长期观察和研究而著成。

职业性格特征测评通过了解人们在做事、获取信息、决策等方面的偏好从 4 个维度对人进行分析，每个维度有两个方向，一共是 8 个方面。具体如下：①能量倾向（E-I 维度）：外倾（Extroversion）、内倾（Introversion）；②接受信息（S-N 维度）：感觉（Sensing）、直觉（Intuition）；③处理信息（T-F 维度）：思考（Thinking）、情感（Feeling）；④行动方式（J-P 维度）：判断（Judging）、知觉（Perceiving）。

每个人的性格都立足于 4 种维度每种中点的这一边或那一边，我们把每一种维度的两端称作“偏好”。例如，如果你处理信息的方式落在思考的这一边，那么就可以说你处理信息的方式具有思考的偏好；反之，如果落在情感的这一边则认为你处理信息的方式具有情感的偏好。

4 个维度两两组合，共有 16 种类型。以各个维度的字母表示类型，具体如表 2.1 所示。

表 2.1　MBTI 16 种性格类型及其通常具有的特征

ISTJ	ISFJ	INFJ	INTJ
沉静,认真,贯彻始终,值得信赖而取得成功;讲求实际,注重事实,能够合情合理地决定应做的事情,而且坚定不移地把它们完成,不会因外界事物而分散精力;以做事有次序、有条理为乐——不论在工作上、家庭上还是在生活上;重视传统和忠诚 **适合职业**:审计师、会计、财务经理、办公室行政管理员、后勤和供应管理员、中层经理、公务(法律、税务)执行人员等;银行信贷员、成本估价师、保险精算师、税务经纪人、税务检查员等;机械工程师、电气工程师、计算机程序员、数据库管理员、地质勘查员、气象学家、法律研究者、律师等;外科医生、药剂师、实验室技术人员、医生等	沉静,友善,有责任感和谨慎;能坚定不移地承担责任;做事贯彻始终、不辞辛劳和准确无误;忠诚,替人着想,细心;常常记得他所重视的人的种种微小的事情,关心别人的感受;努力创造一个有秩序、和谐的工作和家居环境 **适合职业**:文秘、行政管理人员、经理助理、秘书、人事管理者、教师、管理人员、客服、各类医生、志愿者、义工等	探索意念、人际关系和物质拥有欲的意义和它们之间的关系;对别人有洞察力;尽责,能够履行他们坚持的价值观念;有一个清晰的理念以谋取大众的最佳利益;能够有条理、果断地去实践他们的理念 **适合职业**:心理咨询工作者,心理诊疗师,职业指导顾问,大学教师(人文学科、艺术类),心理学、教育学、社会学、哲学及其他领域的研究人员等;作家、诗人、剧作家、电影编剧、电影导演、画家、音乐家、艺术顾问、建筑师、设计师等	具有创意的头脑,有很大的冲劲去实践理念和达到目标;能够很快地掌握事情发展的规律,从而想出长远的发展方向;一旦做出承诺,便会有条理地展开工作,直到完成为止;有怀疑精神,独立自主;无论为自己或为他人,均有高水准的工作表现 **适合职业**:各类科学家、研究人员、设计工程师、系统分析员、计算机程序师、各类技术顾问、技术专家、企业管理顾问、投资专家、法律顾问、医学专家、精神分析学家、经济学家、投资银行研究员、证券投资和金融分析员、投资银行家、财务计划员、各类发明家、建筑师、社论作家、设计师、艺术家等

续表

ISTP	ISFP	INFP	INTP
容忍、有弹性；冷静的观察者，但当有问题出现时，便迅速采取行动，找出可行的解决方法；能够分析哪些东西可以使事情进行顺利；很重视事件的前因后果，能够以理性的原则把事实组织起来，重视效率 **适合职业**：机械、电气、电子工程师，各类技术专家和技师，计算机硬件、系统集成专业人员等；证券分析师、金融投资顾问、财务顾问、经济学研究者等；贸易商、商品经销商、产品代理商（以有形产品为主）等；警察、侦探、体育工作者、赛车手、飞行员、雕塑家、手工制作者、画家等	沉静、友善、敏感和仁慈；喜欢有自己的空间；忠于自己所重视的人；不喜欢争论和冲突，不会强迫别人接受自己的意见或价值观 **适合职业**：文科教师、警察、美容专家、策划人员、翻译人员、社会工作人员、客户销售代表、工程师、娱乐工作者、消防员、设计师、画家、演员、服装设计师、乐器制造者、漫画/卡通制作者、厨师、牙医、药剂师、外科医生、营养学者、康复专家、职业咨询师、地质/考古学者、摄像师、计算机操作员、系统分析师、检查员等	理想主义者，忠于自己的价值观及自己所重视的人；外在的生活与内在的价值观配合；有好奇心，能很快看出事情可行与否，能够加速对理念的实践；试图了解别人，协助别人发展潜能；适应力强，有弹性，如果和他们的价值观没有抵触，往往能包容他人 **适合职业**：各类艺术家、插图画家、诗人、小说家、建筑师、设计师、文学编辑、艺术指导、记者等；大学老师（人文类）、心理学工作者、心理辅导和咨询人员、社科类研究人员、社会工作者、教育顾问、图书管理者、翻译家等	对任何感兴趣的事物，都要探索一个合理的解释；喜欢理论和抽象的事情，喜欢理念思维多于社交活动；沉静，有弹性，适应力强；在他们感兴趣的范围内，有非凡的能力去专注而深入地解决问题；有怀疑精神，有时喜欢批评，常常善于分析 **适合职业**：软件设计员、系统分析师、计算机程序员、数据库管理员、故障排除专家等；大学教授、科研机构研究人员、数学家、物理学家、经济学家、考古学家、历史学家等；证券分析师、金融投资顾问、律师、法律顾问、财务专家、侦探等；各类发明家、作家、设计师、音乐家、艺术家、艺术鉴赏家等

二、兴趣与职业兴趣

曹禺:兴趣指引他成为大家

我国著名的戏剧家曹禺在入中学前就热衷于看"文明戏"和京剧,也爱看地方戏和电影。他升入天津南开中学以后,成了南开新话剧团的演员。通过演戏实践,曹禺对戏剧产生了浓厚的兴趣,虽然他父亲希望他学医,但他的兴趣在戏剧上。中学毕业后,曹禺进入清华大学学习西方语言和文学,他的兴趣进一步发展,开始从事长篇小说和剧本创作。在大学的最后一年,他创作出了第一个剧本《雷雨》,后来成为我国著名的戏剧家。

诺贝尔物理学奖获得者丁肇中说过:"兴趣比天才重要。"我们也常说兴趣是最好的老师。那么,什么是兴趣?兴趣又是怎样产生、发展的?兴趣与人的职业选择有什么联系呢?

兴趣是个体力求认识某种事物或者从事某种活动的心理倾向,表现为个体对某种事物或从事某种活动的选择性态度和积极情绪反应。通俗地讲,人各有所好,这个"好"就是兴趣。在诸多的事物中你优先注意什么,就是对什么有兴趣,它表明了你在生理或心理上的一种需要。如一个学生最爱上哪门课,最爱看哪类杂志,课余时间最喜欢做什么,对什么职业最喜爱甚至向往,这都是兴趣的一种表现。兴趣的形成并非与生俱来,而是通过人文环境的熏陶,逐渐发生、发展和培养起来的。由此可见,兴趣是一股无形的动力,对个体的个性形成和发展,对一个人的生活和活动有巨大的作用。当个人对某事物有兴趣时,会对它产生特别的注意力,对该事物感知敏锐、记忆牢固、思维活跃、情感浓厚、意志坚强。

兴趣的产生和发展过程一般要经历这样一个过程:有趣—乐趣—志趣。有趣是兴趣的初级阶段,是由于对某一事物好奇,而格外注意,因此产生的兴趣。如看了一部小说,听了一次报告,参观了一个展览,观看了一项简单的发明创造等,都会使人激起对某种事物的兴趣。这种带有某种倾向性的对某一事物的认识即为兴趣的初级阶段,它往往短暂易逝,非常不稳定。乐趣是兴趣的第二阶段,是对感到有趣的事物有了逐步深入的认识,产生了参与意识。此时兴趣趋向稳定和专一,成为一种爱好,这是兴趣的中级阶段。在这一阶段,兴趣变得专一、深入。如喜欢看书的人,他上街时首先考虑的是进书店,或倾其所有购买自己所喜欢的一些书籍。志趣是兴趣的第三阶段,当乐趣同社会责任感、理想信念、奋斗目标结合起来时,乐趣便成了志趣。志趣具有社会性、自觉性和方向性,是取得成功的根本动力。古往今来,大凡取得杰出成就、有所作为者,大多是志趣的结果。正是把自己的职业兴趣同事业的责任心结合在一起,凝聚成一股强大的力量,才会推动他们去披荆斩棘、勇往直前、孜孜不倦地工作而取得成功。

课堂活动

兴趣岛游戏

你获得了一次免费岛屿度假的机会,唯一的要求是你必须和岛上的居民一起生活至少半年的时间。请不要考虑其他因素,仅凭自己的兴趣挑出你最想前往的岛屿,如表2.2所示。

表2.2 兴趣岛

R:自然原始的岛屿	I:深思冥想的岛屿	A:美丽浪漫的岛屿
岛上自然生态保持得很好,有各种野生动物。居民以手工见长,自己种植花果蔬菜、修缮房屋、打造器物、制作工具,喜欢户外运动	有多处天文馆、科技博览馆及图书馆。居民喜好观察、学习,崇尚和追求真知,常有机会和来自各地的哲学家、科学家、心理学家等交换心得	有美术馆、音乐厅、街头雕塑和街边艺人,弥漫着浓厚的艺术文化气息。居民保留了传统的舞蹈、音乐与绘画,许多文艺界的朋友都喜欢来这里找寻灵感
C:现代、井然的岛屿	E:显赫富庶的岛屿	S:友善亲切的岛屿
岛上建筑十分现代化,是进步的都市形态,以完善的户政管理、地政管理、金融管理见长。岛民个性冷静保守,处事有条不紊,善于组织规划,细心高效	居民善于企业经营和贸易,能言善道。经济高度发展,处处是高级饭店、俱乐部、高尔夫球场。来往者多是企业家、经理人、政治家、律师等	居民个性温和、友善、乐于助人,社区均自成一个密切互动的服务网络,人们重视互助合作,重视教育,关怀他人,充满人文气息

注:选择3个岛屿,把最想去的岛屿排在第一位,依次写下来。

职业兴趣是指人们对某种职业或工作所抱态度的积极性,是有关职业偏好的认识倾向。职业兴趣的建立与培养,是一个人从事某种职业并且取得一定成就的基础或前提。在这种兴趣的促使下,人的各方面能力能够得到增强与发展,也能支持他(她)在困难环境下积极努力地开展工作,同时将增加个人的工作满意度、职业稳定性和职业成就感。

职业兴趣是个体努力工作的前提和动力,能够提高工作的效率。如果一个人对所从事的职业感兴趣,就会调动人的全部精力积极主动地去探索、思考,全身心地投入工作,促进能力的发挥,这样就会大大地提高工作效率。那么,如何认识自身的职业兴趣呢?我们可以使用职业兴趣测试,常见的有霍兰德职业兴趣量表、斯特朗-坎贝尔兴趣问卷、库德职业兴趣调查表、生涯评估量表、自我指导探测系统等,其中应用最广泛的是霍兰德职业兴趣量表。

约翰·霍兰德是美国约翰·霍普金斯大学心理学教授,美国著名的职业指导专家。他于1959年提出了具有广泛社会影响的职业兴趣理论。该理论将人的兴趣类型分为6种:现实型(Realistic,R)、研究型(Investigative,I)、艺术型(Artistic,A)、社会型(Social,S)、企业型

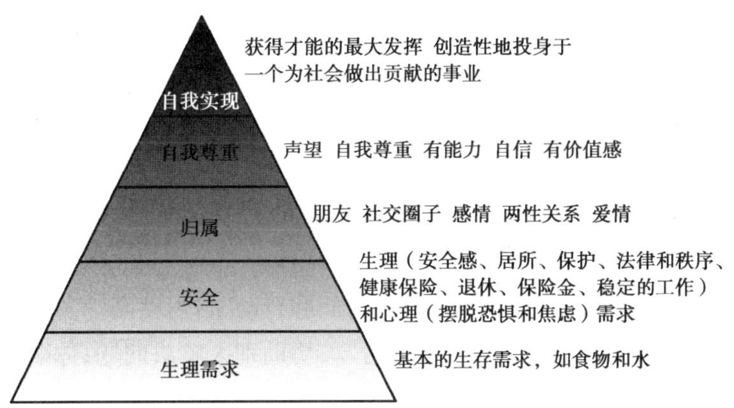

图 2.3 马斯洛需求层次理论

著名心理学家赫兹伯格的双因素理论又告诉我们：员工的工作满意度取决于内外部激励因素之间的平衡。外部激励因素包括工资、工作条件、公司政策和晋升机会等满足生理和安全需求的因素（保健因素）。内部激励因素则包括承担责任的大小、所完成的工作类型、得到的认可和取得的成绩等（激励因素）。

以上这些需求就构成人们行为的驱动因素，也即价值观，如图 2.4 所示。

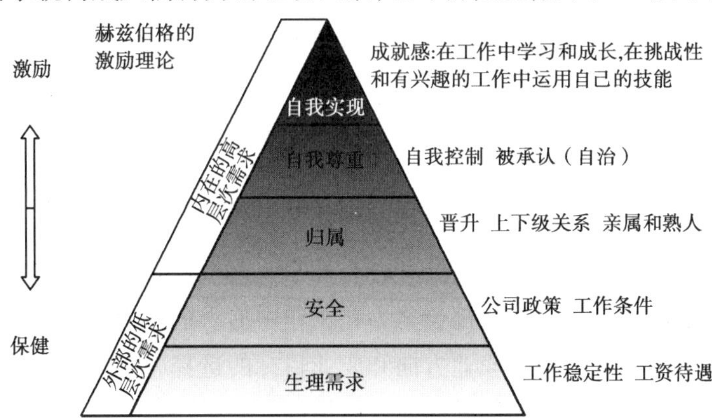

图 2.4 需求与驱动因素

价值观是我们在生活和工作中所看重的原则、标准和品质，是影响我们行为的核心因素，在哲学上属于世界观、人生观的范畴，在心理学上，则可以看作是一个人社会态度的重要组成部分。价值观涉及一个人行动的信仰和情感，指向我们内心最重要的东西，表达了一个人真正想要的，它是我们强大的内在驱动力，是自我激励的机制。

美国心理学家米尔顿·罗克奇在《人类价值观的本质》一书中，提出了 13 种价值观。

①成就感：提升社会地位，得到社会认同；希望工作能得到他人认同，对工作的完成和挑战成功感到满足。

②美感的追求：能有机会多方面地欣赏周围的人、事、物，或任何自己觉得有意义的事物。

③挑战：能有机会运用聪明才智解决困难，舍弃传统的方法，而选择创新的方法处理事物。

④健康（包括身体和心理）：工作能够免于焦虑、紧张和恐惧；希望能够心平气和地处理事务。

⑤收入与财富：工作能够明显、有效地改变自己的财政状况；希望能够得到金钱可以买到的东西。

⑥独立性：在工作中可以充分掌握自己的时间和行动，自由度高。

⑦爱、家庭、人际关系：关心他人，与别人分享，协助别人解决问题；体贴、关爱，对周围的人慷慨。

⑧道德感：与组织的目标、价值观和工作使命能够不相冲突，紧密结合。

⑨欢乐：享受生命，结交朋友，一同享受美好时光。

⑩权力：能够影响或控制别人，使他人照着自己的意思行动。

⑪安全感：能够满足基本的需求，有安全感，远离突如其来的变动。

⑫自我成长：能够追求知性方面的刺激，寻求更圆满的人生，在智慧、知识与人生的体会上有所提升。

⑬协助他人：认识到自己的付出对团体是有帮助的，别人因为你的行动而受惠许多。

（二）职业价值观

对于初涉职场的大学生来说，往往面临着以下问题："哪个职业好""哪个岗位适合自己""从事某一项具体工作的目的是什么"等，而这些问题都是职业价值观的具体表现。

职业价值观也称工作价值观，是个体一般价值观在职业生活中的体现，是个体对某项职业的价值判断和希望从事某项职业的态度倾向，即个人对某项职业的希望、愿望和向往。换句话说，就是指无论你从事什么工作都会努力在工作中追求的东西。因此，职业价值观决定了人们的职业期望，影响着人们对职业方向和职业目标的选择，决定着人们就业后的工作态度和劳动绩效水平，从而决定了人们的职业发展情况。

不同的人会看重不同的价值观，不同的职业和工作会在不同程度上满足人们某方面的价值观。一般来说，工作越能满足我们的职业价值观，我们的工作满意度就越高。

要了解我们的职业价值观，一方面可以通过自己的生活史，弄清过去曾做过的职业生涯决定，追究其中的原因就可以了解到自己的职业价值观；另一方面就是通过价值观测试，常用的测试工具有罗克奇价值观调查表以及工作价值观调查问卷、奥尔波特价值观量表等。

以下是一个职业价值观测试，通过测试，你可以大致了解自己的职业价值观倾向。

本测试 52 道题，代表 13 项职业价值观，每题有 5 个备选答案（非常重要 5 分，比较重要 4 分，一般 3 分，不太重要 2 分，很不重要 1 分），要根据自己的实际情况或想法，选取一个答案，如表 2.4 所示。

表 2.4 职业价值观测试

序号	题 目	答 案				
		非常重要(5 分)	比较重要(4 分)	一般(3 分)	不太重要(2 分)	很不重要(1 分)
1	你的工作必须经常解决新的问题					
2	你的工作能为社会福利带来看得见的效果					
3	你的工作奖金很高					
4	你的工作内容经常变换					
5	你能在你的工作范围内自由发挥					
6	你的工作能使你的朋友非常羡慕你					
7	你的工作带有艺术性					
8	你的工作使你感觉到你是团体中的一员					
9	不论你怎么干,你总能和大多数人一样晋级和加工资					
10	你的工作使你有可能经常变换工作地点、工作场所或工作方式					
11	在工作中你能接触到各种不同的人					
12	你的工作上下班时间比较随便、自由					
13	你的工作使你有不断取得成功的感觉					
14	你的工作赋予你高于别人的权力					
15	在工作中,你能试行一些你的新想法					
16	在工作中,你不会因为身体或能力等因素被别人瞧不起					
17	你能从工作的成果中知道自己做得不错					
18	你的工作经常要外出,参加各种集会或活动					
19	只要你干上这份工作,就不会再调到其他意想不到的单位或工种上去					
20	你的工作能使世界更美丽					

续表

序号	题目	答案				
		非常重要(5分)	比较重要(4分)	一般(3分)	不太重要(2分)	很不重要(1分)
21	在你的工作中,不会有人常来打扰你					
22	只要努力,你的工资会高于其他同年龄人,或升级,加工资的可能性比其他工作大得多					
23	你的工作是一项智力的挑战					
24	你的工作要求你把一切事情安排得井井有条					
25	你的工作单位有舒适的休息室、更衣室、浴室及其他设备					
26	你的工作有可能结识各行各业的知名人物					
27	在你的工作中,能和同事建立良好的关系					
28	在别人的眼中,你的工作是很重要的					
29	在工作中,你经常接触到新鲜事物					
30	你的工作使你常常能帮助别人					
31	你在工作单位中,有可能经常变换工种					
32	你的作风使你被别人尊重					
33	你的工作单位的同事和领导人品较好,相处比较随便					
34	你的工作会使许多人认识你					
35	你的工作场所很好,比如有适度的灯光,舒适的座椅,安静、整洁的环境,宽敞的工作间,甚至恒温、恒湿等优越的条件					
36	在工作中,你为他人服务,使他人感到很满意,你自己也就很高兴					
37	你的工作需要组织和计划别人的工作					
38	你的工作需要敏锐的思考					

续表

序号	题　目	答　案				
		非常重要(5 分)	比较重要(4 分)	一般(3 分)	不太重要(2 分)	很不重要(1 分)
39	你的工作可以使你获得较多的额外收入,比如常发实物,常购买打折扣的食品,常发紧俏商品的购货券,有机会购买进口货等					
40	在工作中,你是不受别人差遣的					
41	你的工作结果应该是一种艺术品而不是一般的产品					
42	在工作中,你不必担心会因为所做的事情领导不满意而受到训斥或经济惩罚					
43	在工作中,你能和领导有融洽的关系					
44	你可以看到你努力工作的结果					
45	在工作中常常要提出许多新的想法					
46	由于你的工作,经常有许多人来感谢你					
47	你的工作成果常常能得到上级、同事或社会的肯定					
48	在工作中,你可能做一个负责人,虽然可能只领导很少几个人,你信奉"宁做兵头,不做将尾"的俗语					
49	你从事的工作,经常在报刊、电视中被提到,因而在人们的心中很有地位					
50	你的工作有数量可观的夜班费、加班费、保健费或营养费					
51	你的工作体力上比较轻松,精神上也不紧张					
52	你的工作需要和电影、电视、戏剧、音乐、美术、文学等艺术打交道					

以上 52 道题所代表的 13 种价值观如表 2.5 所示,做完以上测试之后请将相应测试题目的分值填入下表空白处,并将各项的分值相加。

表 2.5　测试结果

1. 利他主义	2	30	36	46
2. 美感	7	20	41	52
3. 智力刺激	1	23	38	45
4. 成就感	13	17	44	47
5. 独立性	5	15	21	40
6. 社会地位	6	28	32	49
7. 管理	14	24	37	48
8. 经济报酬	3	22	39	50
9. 社会交际	11	18	26	34
10. 安全感	9	16	19	42
11. 舒适	12	25	35	51
12. 人际关系	8	27	33	43
13. 变异性	4	10	29	31

从最高分和最低分的 3 项中,可以大致看出你的价值观倾向,在选择职业时就可以加以考虑。各项价值观的具体说明情况如下。

①利他主义:工作目的和价值在于直接为大众的幸福和利益尽一份力。

②美感:工作目的和价值在于不断地追求美的东西,得到美的享受。

③智力刺激:工作目的和价值在于不断进行智力的操作,动脑思考、学习以及探索新事物,解决新问题。

④成就感:工作目的和价值在于不断创新,不断取得成就,不断得到领导和同事的赞扬或不断实现自己想要做的事情。

⑤独立性:工作目的和价值在于充分发挥自己的独立性和主动性,按照自己的方式、步调或想法去做,不受他人的干扰。

⑥社会地位:工作目的和价值在于所从事的工作在人们心目中有较高的社会地位,从而使自己得到他人的重视与尊重。

⑦管理:工作目的和价值在于对他人或某事物的管理支配权,能指挥或调遣一定范围内的人或事。

⑧经济报酬:工作目的和价值在于获得优厚的报酬,使自己有足够的财力去获得自己想要的东西,使生活过得较为富足。

⑨社会交际:工作目的和价值在于能和各种人交往,建立比较广泛的社会联系和关系,甚至能和知名人物结识。

⑩安全感:不管自己怎样努力,希望在工作中有一个安稳的局面,不会因为奖金、加工资、调动工作或领导训斥等经常提心吊胆,心烦意乱。

⑪舒适:希望能将工作作为一种消遣、休息或享受的形式,追求比较舒适、轻松、自由、优越的工作条件和环境。

⑫人际关系:希望一起工作的大多数同事和领导人品较好,相处比较愉快、自然,认为这就是很有价值的事,是一种极大的满足。

⑬变异性:希望工作的内容经常变换,使工作和生活显得丰富多彩,不单调枯燥。

互动体验

价值观拍卖

一、活动目标

1. 协助学生澄清自己的价值观。

2. 协助学生了解自己的个性对行动力的影响。

二、游戏规则程序

1. 游戏前拍卖师公布本次拍卖会物品——价值观项目表,如表2.6所示。

表2.6　价值观项目表

项　目	价值观	预估价格	成交价格
1. 做全世界最聪明的人	智慧		
2. 有一颗使人说实话的药丸	道德		
3. 有一帮志同道合的知心朋友	友情		

续表

项　目	价值观	预估价格	成交价格
4. 有一个幸福的家庭	亲情		
5. 可以环游世界尽情享乐	愉悦		
6. 有机会完全自主	自主		
7. 有一屋子的钱	财富		
8. 有机会成为国家领袖	权力		
9. 被公司里的每个人所喜欢	认可		
10. 在世界上最美的地方有座别墅	财富		
11. 每天都过得很快乐	愉悦		
12. 有机会成为世界500强公司的老总	创业		
13. 成为公认的帅哥或靓女	审美		
14. 有机会健康地活到100岁	健康		
15. 成为某一领域的知名行业专家	知识		

2. 请大家猜想：若10 000元代表你一生的所有时间和精力，你会花多少钱来买“价值观项目表”中的哪些项目？给大家3分钟，让大家在“价值观项目表”上进行估算。

3. 说明拍卖规则并进行现场拍卖。

①每人可有10 000元资金参加竞买。

②每件物品的底价均为1 000元，每次竞价以500元为单位，价高者得。每件物品的最高出价喊价3次后无人加价则击槌成交。

③若一次出价10 000元，则立即成交。

④货品一经售出，概不退换。（有些选择一旦做出，就无法回头了。）

4. 公布拍卖结果，进行思考与讨论，评出分数，如表2.7所示。

表2.7　价值观评分表

项　目	价值观	预估价格	成交价格	评分
1. 做全世界最聪明的人	智慧			
2. 有一颗使人说实话的药丸	道德			
3. 有一帮志同道合的知心朋友	友情			
4. 有一个幸福的家庭	亲情			
5. 可以环游世界尽情享乐	愉悦			

续表

项目	价值观	预估价格	成交价格	评分
6. 有机会完全自主	自主			
7. 有一屋子的钱	财富			
8. 有机会成为国家领袖	权利			
9. 被公司里的每个人所喜欢	认可			
10. 在世界上最美的地方有座别墅	财富			
11. 每天都过得很快乐	愉悦			
12. 有机会成为世界500强公司的老总	创业			
13. 成为公认的帅哥或靓女	审美			
14. 有机会健康地活到100岁	健康			
15. 成为某一领域的知名行业专家	知识			

三、心得分享与讨论

1. 你是否买到自己认为最重要的价值观项目?

①如果是,买到时的心情如何?

②如果不是,没有买到的原因是什么?没有买到的心情如何?

③你最想买的项目是什么?其背后隐含的价值观是什么?为什么它对你而言那么重要?

2. 有些人什么都没有买到,为什么?

3. 参与拍卖活动时,你的心态如何?

①你所买的项目是否都是自己喜欢的?还是在赌气或不得已的情况下买的?

②在拍卖的过程中,你的心情是紧张的?兴奋的?还是……

本章小结

中国有句经典名言:“人贵有自知之明。”充分、客观的自我认识是心理健康的基础,同时也是认识个人和社会关系的一个重要基础,更是选择职业的依据。

我们每个人都需要选择职业,每个人也都渴望成功,可很多人却并不清楚怎样去选择职业,更不清楚什么样的职业才是最适合自己的。本章在介绍自我认识方法的基础上,通过对性格、兴趣、能力、价值观的探索和分析,帮助大家对自身形成一个清晰而全面的认识,在此基础上分析和了解自己想要做什么,能够做什么,追求的目标是什么,进而了解性格、兴趣、能力、价值观四者与职业选择的关系,最终对职业选择做出正确的定位。

思考题

1. 分析下列小说中的人物性格特点,并在现代社会给他们找一份合适的职业。

人物1:鲁智深

人物2:张飞

人物3:王熙凤

人物4:薛宝钗

人物5:林黛玉

2. 在一分钟时间内尽可能多地写下自己所拥有的能力,并思考具备这些能力可以帮助你进入哪些职业领域。

第三章 自我管理

［学习目标］

1. 让学生了解自我管理的重要性。
2. 让学生了解时间的重要性、时间的本质。
3. 让学生了解学习管理的重要性。
4. 让学生养成良好的学习习惯，掌握科学的学习方法。
5. 让学生理解行动力内涵及其层级。
6. 了解行动力强的人格特征及常见行动力。

［案例导入］

员工自我管理

在智慧女神雅典娜神庙上刻着唯一一句话："认识你自己。"我想，所谓自我管理，就是指个体对自己本身，对自己的目标、思想、心理和行为等表现进行的管理；自己把自己组织起来，自己管理自己，自己约束自己，自己激励自己，自己管理自己的事务，最终完成自我奋斗目标的一个过程。员工自我管理作为领先企业的创新实践，正得到越来越广泛的认同、学习与创新。

世界现代史上有这样三个人。第一个人年轻时曾经信奉巫医，酗酒成癖，嗜烟如命，有两个情妇。第二个人刚刚走上社会时最大的特点是贪睡，每天睡到中午才起床，每晚要喝1 000克白兰地，曾因吸食鸦片两次被赶出办公室。第三个人曾经是国家级战斗英雄，坚持素食，不吸烟，只是偶尔喝一点啤酒，在整个青年时代没有任何违法犯罪的记录，一次都没有。在这样三个人中，哪一个能成为造福人类的人呢？毋庸置疑，多数人会选择第三个人。然而这个选择是大错特错的。这三个人都是第二次世界大战期间的风云人物，第一位是富兰克林·罗斯福，身残志坚，连任四届美国总统。第二位是温斯顿·丘吉尔，英国历史上最著名的首相，曾获1953年诺贝尔文学奖。第三位是臭名昭著的阿道夫·希特勒，一手夺去了几千万无辜生命的法西斯恶魔。

大学是一个特殊的转型期，在这期间，传统的以学校教育管理模式为主被以大学生自我管理模式为主取代。大学生要从依靠教师、父母转化到独立自主地在社会上生活，将由学生角色向成人角色、工作者角色转变，大学生在这一期间具有很明显的转型期特征，会表现出不安定、行为复杂、变化迅速等特点，特别容易脱离社会、误入歧途。

因此,大学生对自己进行自我管理很有必要,这既是大学生转型期这一特殊时期的要求,也是将来适应社会、工作需要的要求。大学生自我管理具有深远的意义,比如提高大学生的时间管理能力、提高学习管理能力、提高行动力管理能力、提高自我约束力、适应社会主义市场经济发展、适应高等教育改革、实现终身教育等,都是大学生成长成才所必须具备的能力。

第一节　时间管理

你会管理时间吗?要学会管理时间,首先要对时间有深入的认识。它的本质是什么?如何对时间进行划分?时间管理有哪些误区?都是我们必须掌握的知识。

一、时间的本质

时间是什么?

目前,最广泛被接受的关于时间的物理理论是阿尔伯特·爱因斯坦的相对论。在相对论中,时间与空间一起组成四维时空,构成宇宙的基本结构。时间与空间都不是绝对的,观察者在不同的相对速度或不同时空结构的测量点,所测量到的时间的流逝是不同的。狭义相对论预测一个具有相对运动的时钟的时间流逝比另一个静止的时钟的时间流逝慢。另外,广义相对论预测质量产生的重力场将造成扭曲的时空结构,并且在大质量(如黑洞)附近的时钟的时间流逝比在距离大质量较远的地方的时钟的时间流逝要慢。现有的仪器已经证实了这些相对论关于时间所做的精确预测,并且其成果已经应用于全球定位系统。

就今天的物理理论来说,时间是连续的、不间断的,也没有量子特性。但一些至今还没有被证实的,试图将相对论与量子力学结合起来的理论,如量子重力理论、弦理论、M 理论,预言时间是间断的、有量子特性的。一些理论猜测普朗克时间可能是时间的最小单位。

英国伟大的物理学家、黑洞理论和“大爆炸”理论的创立人斯蒂芬·霍金撰写的《时间简史》这样描述时间的本质:时间随宇宙的变化而改变。时间是因变量。Deng's 时间公式为:

$$t = T(U, S, X, Y, Z, \ldots)$$

式中,U 为宇宙;S 为空间;$X, Y, Z, \ldots$ 为按顺序排列的事件。

时间是宇宙事件秩序的计量。

从人类诞生开始,人们就知道时间是不可逆的,人从出生、成长、衰老至死亡,没有反过来的。玻璃瓶掉到地上摔破,没有破瓶子从地上跳起来合整的。从经典力学的角度来看,时间的不可逆性是无法解释的。两个粒子弹性相撞的过程顺过来、反过去没有实质上的区别。时间的不可逆性只有在统计力学和热力学的观点下才可被理论地解释。热力学第二定律认为:在一个封闭的系统中(我们可以将宇宙看成是最大的可能的封闭系统)熵只能增大,不能减小。宇宙中的熵增大后不能减小，因此时间是不可逆的。

综上所述，我们把时间的本质概括为：

时间是物质运动的顺序性和持续性，其特点是一维性，是一种特殊的物质。我们不能创造时间，我们能做的，只能是正确认识时间并有效地利用它。

时间有 4 个独特性质，即它的本质属性。

①供给毫无弹性。时间的供给量是固定不变的，在任何情况下都不会增加，也不会减少，每天都是 24 小时，所以我们无法开源。

②无法蓄积。时间不像人力、财力、物力和技术那样能被积蓄储藏。不论愿不愿意，我们都必须消费时间，所以我们无法节流。

③无法取代。任何一项活动都有赖于时间的堆砌，也就是说，时间是任何活动所不可缺少的基本资源。因此，时间是无法取代的。

④无法失而复得。时间一旦丧失，则会永远丧失。花费了金钱，尚可赚回，但倘若挥霍了时间，任何人都无力挽回。所以，曾国藩说："天可补，海可填，南山可移。日月既往，不可复追。"

二、时间的分类

时间可以花费在不同的事情上，因此就有了工作或学习时间、休闲时间、家庭时间、个人时间、思考时间等。

（一）工作或学习时间

用在工作或学习的时间称为工作或学习时间，它是为了谋生以及充实生活。学习是谋生前的准备，或者是工作时的进修，也是为了充实生活。工作并不是生命的全部，活到老、学到老的终身学习时代已经来临。学习的重要性与日俱增，每个人都必须抽出一部分时间来学习知识或者熟悉新事物。

（二）休闲时间

休闲时间包括休息、睡眠及体育活动。人生就像马拉松比赛一样，不要一开始就猛冲，浪费甚至透支了体力。要懂得放松，要养成一种良好的睡眠、休闲以及运动的习惯，才能把个人的身体状况调整到最佳状态。

（三）家庭时间

家庭是休息最佳的避风港，只有家人与自己没有所谓的利害关系。要跟家人真心地相处，不要到了需要时才回家；不要等到失去时才懂得去珍惜亲情。

（四）个人时间

个人时间是用来修身养性、充实自我的，是完全属于个人独自享受的时间。个人时间就是自己跟自己约会的那种时间。每个人不论是求学还是工作，甚至在家中，都有一种不允许被侵犯的个人时间，利用这些时间人们可以充实自己。

(五)思考时间

思考时间就是思考过去、现在和未来的时间。思考时间可着重用在计划自己未来的发展,也可用在反省以前自己所做的事情是否正确、是不是值得等。思考如何改进、如何调整、如何让自己变得更好,而不必特别为了什么目的思考,可以天马行空地去想象,可以胡思乱想。如果发现了一些好的想法或者是一些好的理念,就应该立刻把它记下来。

三、时间管理的内涵

日常工作中,很多人因为事情太多,忙得晕头转向,但是只要时间管理恰当,工作就会井井有条,多而不乱。时间是可以被管理的。

那么,时间管理是什么,即如何减少时间浪费,以便有效地完成既定目标?时间管理也是一种自我管理,即改变习惯,以令自己更富绩效、更富效能、更有效果。在这里,我们区分两个容易混淆的概念:效率与效能。效率是指在规定时间内把事情很快地做完。效能是指在规定时间内把事情很快、很对地做完。

案例

如果银行每天早晨向你的账号拨款8.64万元。你在这一天可以随心所欲,想用多少就用多少,用途也没有任何的规定。条件只有一个:用剩的钱不能留到第二天再用,也不能节余归自己。前一天的钱你用光也好,分文不花也好,第二天你又有8.64万元。请问:你如何用这笔钱?

不同的人会有不同的答案,赢得不同的结果。时间青睐有准备的人,青睐能有效管理时间的人。正如麦金西所言:“时间是世界上一切成就的土壤。时间给空想者痛苦,给创造者幸福。”空想者和创造者的最大区别在于:前者是时间的奴隶,后者是时间的主人。

四、时间管理的误区

所谓时间管理的误区,是指导致时间浪费的各种因素。

误区之一:缺乏计划。尽管计划的拟订能给我们带来诸多的好处,但有的人从来不做计划。原因如下:因过分强调“知难行易”而认为没有必要在行动之前多做思考;不做计划也能获得实效;不了解做计划的好处;不知如何做计划等。

案例

在房子燃烧的紧要关头,消防队员是应该拿起水龙头或灭火筒进行抢救,还是应该花费少许时间辨别方向、寻找水源、分派工作,然后再进行抢救?

误区之二:时间控制不够。例如:习惯拖延时间,不擅拒绝不速之客、无聊电话的打扰,不擅利用“零碎”时间等。

误区之三:整理整顿不足。例如:面对杂乱无章的办公桌或电脑桌面,你能否迅速找到工作中所需要的各种资料？

误区之四：进取意识不强。“人最大的敌人就是自己”，有些人让时间白白流逝而无悔痛之意，最根本的原因就是缺乏进取意识，缺乏对生活和工作的责任感和认真态度。例如：个人态度消极、做事拖拉找借口、做白日梦、工作中经常闲聊等。

五、时间管理的理论

迄今，许多学者都十分关注时间管理，他们的探索也推动了时间管理理论的发展。具体来说，时间管理理论经过了 4 个发展阶段。

1. 第一代时间管理理论

第一代时间管理理论十分注重便条与备忘录的运用。这种管理方式可以将目标细化，并且具有提醒、督促计划执行的作用。

2. 第二代时间管理理论

第二代时间管理理论强调运用计划与日程表。这种改变，反映出人们已经开始意识到计划未来的重要性。虽然这一理论使人的自制力和效率都有所提高，但是仍然没有注意到事情的轻重缓急。

3. 第三代时间管理理论

第三代时间管理理论是目前最流行的观念。它强调优先顺序，也就是依照轻重缓急制定短、中、长期目标，再逐日订立实现目标的计划。

4. 第四代时间管理理论

第四代时间管理理论，在前三者的基础上，以原则为中心，配合个人的使命感，兼顾重要性与紧迫性，注重生命因素的均衡发展，始终把个人精力的焦点放在“重要”的事务上。

六、 时间管理的方法与技巧

时间管理是自我管理中一项十分重要的内容，大凡业绩卓著的人都是具有高效时间管理的人。本书将介绍几种有效时间管理的方法和技巧，希望借此机会对你合理安排自己的工作、学习与生活，最大限度地发挥时间的效力，提高工作或学习绩效，实现自己的人生目标有所帮助。成功者与失败者的差别不在于他们拥有时间的多少，而在于他们如何掌控时间。

（一）时间管理的原则

1. 明确目标

人生旅途上，没有目标就如在黑暗中行走，不知该往何处。有目标才有方向，目标是前进的推动力，能够淋漓尽致地激发人的潜能。明确的目标对于构建成功人生至关重要。

①目标刺激我们奋勇向上。

目标能够刺激我们奋勇向上，但是对许多人来说，拟订目标实在不是一件容易的事，原因是我们每天单是忙日常工作就已透不过气，哪还有时间好好想想自己的未来。

事实上，随波逐流，缺乏目标的人，永远没有淋漓尽致地发挥自己的潜能。因此，我们一定要做一个目标明确的人，生活才有意义。

②目标的设定。

制订目标不是一件容易的事。我们究竟如何选择或是制订正确的目标呢？在选择或制订目标时应考虑两个方面：一是目标要符合自己的价值观；二是要了解自己目前的状况。

③制订具体目标遵循“SMART”原则。

一个目标应该具备以下5个特征才可以说是完整的：具体的(Specific)、可衡量的(Measurable)、可达到的(Attainable)、相关的(Relevant)、基于时间的(Time-based)。

A. 具体的。有人说：“我将来要做一个伟大的人。”这就是一个不具体的目标。目标一定要具体，比如你想把英文学好，那么你就定一个目标：每天一定要背10个单词、一篇文章。

B. 可衡量的。任何一个目标都应有可以用来衡量目标完成情况的标准，你的目标越明确，就越能提供给你更多的指引。

C. 可达到的。不能达到的目标只能说是幻想，白日做梦，太轻易达到的目标又没有挑战性。

D. 相关的。目标的制订应考虑和自己的生活、工作有一定的相关性，要具有现实的意义而不能陷于空想。

E. 基于时间的。任何一个目标的设定都应该考虑时间的限定，比如说：“我一定要拿到律师证书。”目标应该很明确了，只是不知是在1年内完成，还是10年后才完成？

2. 有计划、有组织地进行工作

所谓有计划、有组织地进行工作，就是把目标正确地分解成工作计划，通过采取适当的步骤和方法，最终达成有效的结果。

①制订计划的好处。

A. 可以更好地实现工作及生活目标。

B. 节约时间。

C. 对所有项目、工作以及活动一目了然。

D. 获得阶段性的胜利以及把所完成的任务“一笔勾销”，享受成功的喜悦。

E. 减少忙碌与压力，可以更好地安排每天的工作进程。

F. 增强信心，提高自我约束力。

G. 提高计划制订者的条理性和逻辑性。

②制订计划。

A. 确立目标。

B. 探寻完成目标的各种途径。

C. 选定最佳的完成方式。

D. 将最佳途径转化成月、周、日的工作事项。

E. 编排月、周、日的工作次序并加以执行。

F. 定期检查目标的现实性以及完成目标的最佳途径的可行性。

3. 计划与行动

成功地将一个计划付诸实践，比在家空想出一千个好主意要有价值得多。

4. 分清工作的轻重缓急

①事情“缓急轻重”测试。

请看下面的行事次序，看看你自己平时喜好用的方式。

A. 先做喜欢做的事，再做不喜欢做的事。

B. 先做熟悉的事，再做不熟悉的事。

C. 先做容易做的事，再做难做的事。

D. 先做只需花费少量时间即可做好的事，再做需要花费大量时间才能做好的事。

E. 先处理资料齐全的事，再处理资料不全的事。

F. 先做已排定时间的事，再做未排定时间的事。

G. 先做经过筹划的事，再做未经筹划的事。

H. 先做别人的事，再做自己的事。

I. 先做紧迫的事，再做不紧要的事。

J. 先做有趣的事，再做枯燥的事。

K. 先做易于完成的整件事或易于告一段落的事，再做难以完成的整件事或难以告一段落的事。

L. 先做自己所尊敬的人或与自己关系密切的有利害关系的人所拜托的事，再做其他人所拜托的事。

M. 先做已发生的事，后做未发生的事。

以上的各种行事准则，从一定程度上说大致都符合有效的时间管理的要求。我们既然是以目标的实现为导向，那么在一系列以实现目标为依据的待办事项中，到底哪些应该先着手处理，哪些可以延后处理，哪些甚至不予处理？一般认为是按照事情的“缓急程度”来判断。假如越是紧迫的事，其重要性越高，越不紧迫的事，其重要性越低，则遵循上面的判断规则。可是在多数情况下，越是重要的事偏偏不紧迫。如果我们按事情的“缓急程度”办事的话，不但使重要的事情的履行遥遥无期，而且经常使自己处于危急或紧急状态之下，最大的恶果是原本重要不紧急的事必然会转化为重要又紧急的事。

②“第二象限组织法”。

我们认为，处理事情优先次序的判断依据是事情的“重要程度”。所谓“重要程度”，即指对实现目标的贡献大小。值得注意的是，虽然有以上的理由，我们也不应全面否定按事情“缓急程度”办事的习惯，只是需要强调的是，在考虑行事的先后顺序时，应先考虑事情的“轻重”，再考虑事情的“缓急”——也就是我们通常采用的“第二象限组织法”。

我们以下面的时间管理的方法来探讨“急事”与“要事”的关系，如图3.1所示。

建立人际关系 制订防范措施 人员培训 ……	即将到期的任务 客户投诉 财务危机 ……
上网 闲谈 邮件 写博客 ……	电话 不速之客 部门会议 ……

图3.1　四象限图

A.第一象限：重要又紧急的事。诸如即将到期的任务、客户投诉、财务危机等。这是考验我们经验、判断力的时刻，需要我们尽全力解决。因此，偏重于第一象限的事务，容易产生压力，使自己筋疲力尽，忙于收拾残局。

B.第二象限：重要但不紧急的事。主要是与生活品质有关，包括建立人际关系、制订防范措施、人员培训等。荒废这个领域将使第一象限日益扩大，使我们陷入更大的压力，在危机中疲于应付。反之，多投入一些时间在这个领域，有利于提高实践能力，缩小第一象限的范围。做好事先的规划、准备与预防措施，很多急事将无从产生。这个领域的事情不会对我们造成催促力量，因此必须主动去做，这是发挥个人领导力的领域。因此，偏重第二象限能使自己有远见、有理想，注重纪律、自制，减少危机。

C.第三象限：不紧急也不重要的事。简而言之就是浪费生命，所以根本不值得花半点时间在这个象限。但我们往往在第一、四象限来回奔走，忙得焦头烂额，不得不在第三象限去疗养一番再出发。这部分倒不见得都是休闲活动，因为真正有创造意义的休闲活动是很有价值的。然而像阅读令人上瘾的无聊小说、观看毫无内容的电视节目、办公室聊天等，这样的休息不但不是为了走更长的路，反而是对身心的毁损，刚开始时也许有滋有味，到后来你就会发现其实是很空虚的。

D.第四象限：紧急但不重要的事。表面看似第一象限，因为迫切的呼声会让我们产生“这件事很重要”的错觉，但实际上就算重要也是对别人而言。电话、不速之客、部门会议都属于这一类。我们花很多时间在这个里面打转，自以为是在第一象限，其实不过是在满足别人的期望与标准。偏重第四象限容易造成短视近利，疲于危机处理。

E.高效能组织的优先矩阵安排应该是：第一象限（紧急、重要）占20%～30%；第二象限（重要、不紧急）占50%～60%；第三象限（不重要、不紧急）占1%～5%；第四象限（紧急、不重要）占15%～20%。现在，你不妨回顾一下上周的生活与工作，你在哪个象限花的时间最多。请注意，在划分第一和第四象限时要特别小心，紧急的事很容易被误认为重要的事。其实二者的区别就在于这件事是否有助于完成某个重要的目标，如果答案是否定的，便应归入第四象限。

5.合理地分配时间

案例

穆尔于1939年大学毕业后，在哥利登油漆公司找到一份业务员的工作。当时的月薪是160美元，但满怀雄心壮志的他仍拟定了一个月薪1 000美元的目标。当穆尔逐渐对工作感到得心应手后,他立即拿出客户资料以及销售图表,以确认大部分的业绩来自哪些客户。他发现,80%的业绩来自20%的客户,同时,不管客户的购买量大小,他花在每个客户身上的时间都是一样的。于是,穆尔的下一步计划就是将其中购买量最小的36个客户退回公司,然后全力服务其余20%的客户。

结果如何?第一年,他就实现了月薪1 000美元的目标,第二年便轻易地超越了这个目标,成为美国西海岸数一数二的油漆制造商,最后还当了凯利穆尔油漆公司(Kelly-Moore Paint Company)的董事长。

这个故事除了告诉我们树立正确的目标的重要性外,还体现了巴列特定律(也称80/20定律):总结果的80%是由总消耗时间中的20%所形成的。按事情的"重要程度",编排行事优先次序的准则建立在"重要的少数与琐碎的多数"原理的基础上。举例说明:

80%的销售额源自20%的顾客;

80%的电话来自20%的朋友;

80%的总产量来自20%的产品;

80%的财富集中在20%的人手中……

80/20原理对我们的一个重要启示便是:避免将时间花在琐碎的多数问题上,因为就算你花了80%的时间,你也只能取得20%的成效。所以,你应该将时间花在重要的少数问题上,因为掌握了这些重要的少数问题,你只需花20%的时间,即可取得80%的成效。

掌握重点可以让你的工作计划不致产生偏差。一旦一项工作计划成为危机时,犯错的概率就会增加。我们很容易陷在日常琐碎的事情处理中,但是能有效进行时间管理的人,总是确保最关键的20%的活动具有最高的优先级。

6. 与别人的时间取得协作

任何人类的组织,不论大小,都有其周而复始的节奏性、周期性;而我们作为社会或是团体组织中的一员,毫无疑问地要与周边部门或人发生必然的联系。在这种情况下,我们需要互相尊重对方的时间安排,也就是说要与别人的时间取得协调。

认清并适应组织的节奏性与周期性是成功的要素。你也许拥有全世界最伟大的广告构想,但是如果你在各公司都已经做完广告预算后才提出你的构想,你可能就不会有太好的运气,可能要等到几个月后,你的构想才会被慎重考虑,甚至可能一不小心会被扔到垃圾桶里去。同样,当我们需要到某一部门去参观学习,也需要提前与该部门人员进行预约,双方共同达成一个有关时间、地点、人员安排等的约定。否则,突如其来的打扰会令对方措手不及,甚至有可能将你拒之门外。

大家想想,我们是不是也在经常抱怨外部的打扰(电话、来访等)、突发事件?既然如此,我们是不是也应该站在对方的角度考虑问题,严格要求自己,提前做好计划与安排,与他人的时间取得协作,少一分慌乱,多一分从容。

7. 制订规则、遵守纪律

我们在成长的过程中，常被各种纪律所束缚，“没有规矩、不成方圆”，因为有纪律，才有秩序。在时间管理中，我们同样强调纪律与规则。制订规则、遵守纪律的核心主要体现在以下三个方面。

①在进行工作的时候，一定要念念不忘这个工作应于何时截止。

②即使外部没有规定截止的日期，自己也要树立一个何时完成的目标。

③由于不得已的原因而不能按期完成时，一定要提前和相关部门取得联系，将影响控制在最小范围内。

8. 寻找平衡

平衡学习、工作和生活。对于学习的时间分配，可用下列原则。

①划清界限、言出必行。对学习目标做出承诺后，一定要做到，但是希望其他时间得到谅解。

②忙中偷闲。不要一投入工作就忽视了家人，有时 10 分钟的体贴比 10 小时的陪伴还更受用。

③闲中偷忙。学会利用碎片时间。

④注重有质量的时间。时间不是每一分钟都是一样的，有时需要全神贯注，有时坐在旁边上网就可以了。

（二）时间管理的方法与技巧

1. 设定目标

人生旅途上，没有目标就如在黑暗中行走，不知该往何处去。有目标才有方向，目标是前进的推动力，能够淋漓尽致地激发潜能。明确的目标对于构建成功人生至关重要。

然而，制订目标不是一件容易的事。一个有效的目标必须具备以下特性。

①具体性。有效目标不能大而空，应具有阶段性和可操作性。因此，我们可以将大目标分解为一个个阶段性目标，再制订出高效的日程计划，以此督促自己朝既定目标迈进。如果想成为一名“优秀的教师”，那么需要将这一目标分解为一个个具体的行动，并制订细致可行的每日任务指标，如每天上课、备课、授课时间，学习研究时间等。

②可衡量性。任何目标都应该有可以用来衡量该目标完成情况的标准，包括衡量阶段性成果的控制点和衡量最后绩效的指标。

③可达性。无法企及的目标只能是白日做梦，而太轻易达到的目标则没有挑战性。成功的目标设定应该既有挑战性，又不超出自己的能力所及，经过一番努力最终可以达成。

④任何目标都应该考虑时间的限定。

2. 有效规划每天的时间

要做到有效规划每天的时间，可以采用以下的方法。

①在适当的时间段做适当的工作和事情。有些工作需要全神贯注地投入，不能丝毫分

心，例如写作或初学一种技术；有些工作无须太多的注意力就可完成，甚至在同一时期可以同时进行两种以上的工作，例如清洗碗盘、哼歌、跑步等；有些工作最初常要全神贯注，但熟练后无须太多的注意力，譬如弹琴。这是因为意识通常仅能专注在一件事上，所以需要脑力的工作一次只能做一项，而潜意识则可以同时处理多种事情，当然这些事情必须是你熟练的。

②把工作的特性和时间的特性有机地结合起来。有些时段容易受到干扰，适合无须全心全意的工作，甚至可以安排两件事情同时进行，比如一边接听电话，一边将档案归类；一边煮饭，一边听新闻。有些时段不受干扰，则可以安排思考性的工作。

但不要把日程安排得太满。意外情况随时都有可能发生而占用时间，若日程太满就会穷于应付。因此，建议每天至少要为自己安排 1 小时的空闲时间，让工作和生活更加从容。

3. 合理安排零星时间

知道你的时间是如何花掉的。挑一个星期，每天记录每 30 分钟做的事情，然后做一个分类（例如：读书、准备 GRE 考试、和朋友聊天、社团活动等）和统计，看看自己在什么方面花了太多的时间。凡事想要进步，必须先理解现状。每天结束后，把一整天做的事记下来，每 15 分钟为一个单位（例如：1:00—1:15 等车，1:15—1:45 搭车，1:45—2:45 与朋友喝茶……）。在一周结束后，分析一下，这周你的时间如何可以更有效地安排？有没有活动占太大的比例？有没有方法可以提高效率？

零星时间常常会被浪费，这非常可惜，其实零星时间占很大的时间比例。我们常常需要处理一些琐碎但必需的工作，譬如，打电话回家问候父母身体是否健康、买椅垫、处理水电费账单、寄份资料给老同学等。可将这些琐事列在记事本里，随身携带，一有空便立即解决可以处理的事情。有些固定的零星时间可以规划妥当加以好好地利用，譬如用每天等车的时间来背英文单词，半年下来日常会话的词汇就都知道了；在电梯里思考一下如何与即将见面的人打招呼，这是建立良好人际关系的方法。善用零星时间往往会达到意想不到的效果。

4. 拟订计划

每天在睡觉之前，拟订第二天的计划，包括明天应该完成的任务、可能遇到的状况以及应对策略等。计划做得越周详，完成工作就越容易、越快；若事先不花时间制订计划，那么在工作中，就需花更多的时间来处理未曾预想到的突发事件。计划不可安排得太过紧张，需要预留时间做弹性安排，因为即使再周详的计划都会有疏忽的地方，而且随时可能有突发事件需要处理。

5. 养成快速的节奏感、高效的执行力

今日事今日毕。习惯拖延时间是很多人在时间管理中经常会遇到的问题。“等会儿再做”“明天再说”这种“明日复明日”的拖延循环会彻底粉碎制订好的全盘工作计划，并且对自信心产生极大的动摇。

“今日事今日毕”体现的是一种强有力的执行力，这种执行力将按照自己设计好的轨道走向成功的彼岸。同样的时间,同样的工作,不同的人会有不同的工作绩效。原因就在于效率不一,而效率往往取决于节奏。道理很简单:拖拖拉拉与雷厉风行,方式不同,结果自然不同。因此,养成快速的节奏感、提高工作效率,能使自己从繁重的学习、工作中早点解脱出来。

6. 善用先进的手段

科技的进步,给人类带来了许多可以节省时间与精力的工具。计算机、网络、传真机等都是现代人的好帮手,计算机的效率高出人类好几倍,一部传真机可以缩短信息传达的时间,因此,只要确定这件工具对你的工作有益,就应该投资。记事本虽非"文明"产物,但其功能不亚于任何利器,有时在脑海中突然浮现出来的一些想法,任其消逝是很可惜的,要学会随手记录,以后再翻阅时可能会获得很好的灵感。除此之外,随手记下该做的事情,不但可以备忘,也能减轻大脑工作的负荷。

7. 养成有条理的习惯

据统计,一般公司职员每年要把 6 周的时间浪费在寻找乱堆乱放的东西上面。这意味着,每年因不整洁和无条理的习惯,就要损失近 20% 的时间。因此,要节约时间,就应该养成有条理的习惯,减少用于翻找物品的时间。

当然,有条理不是要求花费大量时间把所有物件摆放得整整齐齐,而是把同类文件或者物品归类,在需要的时候可以很快找到。

8. 需找准自己的生理节奏

每个人都有两种黄金时间。内部黄金时间是一个人精神最集中、工作最有效率的时候。内部黄金时间因人而异,在通过观察掌握了自己的内部黄金时间时,建议用这个时间段处理最为重要的工作。外部黄金时间是指跟其他人交往的最佳时间。这须遵循他人的日程,但可以利用这段时间充分表达自身的优势。具体来说,就是在精力充沛的时候去做最重要的事情,精力不济的时候则可以去做一些较不重要的事情。能将生理节奏与工作的轻重缓急紧密结合,就会事半功倍;相反,就会事倍功半。

9. 学会说"不"

有时拒绝是保障自己行使优先次序的最有效手段,勉强接受他人的请托而扰乱自己的安排,是不合理的。如果有的请托由他人承担可能比自己更合适,不妨向请托者提出适时的建议。

10. 接受不完美

不要再追求所谓的完美主义了。这种思维方式对己对人都是不必要的苛求。每个人都有自己的缺点,也都会时不时地犯些小错,这有什么关系呢? 一个人如果能够集中精力把所有重要的事都做好就已经很不容易了。对那些无关紧要的细枝末节睁一只眼闭一只眼,省下来的时间与精力关注自己生活的重心,难道不是既省心又省力吗?

11. 接受懒惰

在我们周围普遍存在着一种对成功的极大误解。大多数人都认为，获得成功的第一步就是高效利用时间，而提高效率的方法则是把生命中的每分每秒都安排得富有意义，即便是在双休日或是假期也要始终过得积极主动。请你不要再误导自己了！真正的成功人士是最懂得享受时光的。不想参加那些无聊又吵闹的派对，不想陪同事逛街，不想陪客户打高尔夫球，那就不去好了！如果喜欢躺在家里的沙发上听最喜爱的古典音乐，那就尽管拿出整晚的时间尽情享受属于自己的音乐旅程；如果更喜爱大自然，那就去找一片安静的绿草地，尽情享受一下午后阳光的温暖。真正懂得慵懒的意义的人才能更轻松地找到生活的平衡点，而且，放松与享乐也是创造力与灵感的最佳源泉。

不要说你想继续学习但因家贫等问题不得不停止，曹雪芹曾身在巨富之家，后家境衰败且亲人多丧，仍历 10 年作《红楼梦》；不要说由于自身的缺陷而“有心无力”，司马迁一生大起大落，历尽坎坷，并受宫刑，却花了 14 年时间写出《史记》；不要说资料少没时间，李时珍生在乱世，翻山越岭，尝遍百草，经 27 年而创《本草纲目》……时间管理的意义不仅在于帮助自己达到工作上的目标，还将最大限度地发挥自己的潜力，并在工作和个人生活之间保持平衡。如果想要实现自己的人生目标，如果想不断实现自我超越，就请有效管理时间吧！

第二节　学习管理

步入大学校园，莘莘学子感受到了这边独好的大学风景，在享受“梅花香自苦寒来”的欣喜之时，也迈进了人生重要的过渡阶段——大学。大学是校园生活与社会生活的过渡时期，是学生时代到成人社会的衔接期，是未来人生重要的起点。经过 4 年大学生涯的历练，有的同学成为精英人才，有的却荒废了 4 年时间毫无所知。拥有优秀的智力，身处同样的环境，接受同样的教育，怎么会有如此大的差距呢？究其根源在于不同的学习管理。不同的学习管理是导致一样的大学不一样的人生的重要原因。

一、学习管理概念

《现代汉语词典》将学习定义为从阅读、听讲、研究、实践中获得知识或技能。学习定义有不同的层次，广义的学习是指知识和技能的获得与形成，以及智力因素和非智力因素的发展与培养；狭义的学习专指知识和技能的获得。在大学所指的学习比较倾向于知识和技能的获得与形成，以及智力因素和非智力因素（主要通过思想道德素质、人文素养、智力水平、心理素质和身体素质表现出来）的发展与培养。

在大学，强调学习专业知识和提升综合能力（智力因素和非智力因素）都十分重要。课堂学习会占用你大部分的学习时间，专业基础课程和专业课程、作业与实验，会让你感受到学习任务十分繁重。同时，大学还要学生培养各种能力，如学习与计划能力、写作与表达能力、动手能力、人际交往能力、社会实践能力、团队协作能力、组织协调能力。这些能力的获得要求大学生学会学习管理,即有计划地安排好大学的学习生活。那么,什么是学习管理呢?

一般意义上来说,学习管理就是在现有的知识储备量的基础上,使用有效的方法,开发学生的学习潜质,发现其自身的特长所在,使其在学习中选择机会。其实质就是让学生有架构自己知识结构的能力。针对大学生而言,学习管理强调的是大学生自主安排学习的过程,它是指大学生自主地对与其事业(职业)目标相关的学习所进行的安排、筹划并付诸行动以实现学习目标(提升综合素质适应社会需求)的过程。具体来讲,是指大学生通过对自身特点(性格特点、能力特点)和社会未来需要的深入分析和正确认识,确定自己的事业(职业)目标,进而确定学习目标,然后结合自己的实际情况(经济条件、工作生活现状、家庭情况等)制订学习计划,在实施学习计划的过程中进行自我约束、自我管理与调控以完成自己的学习目标。换言之,就是大学生通过解决学什么、怎么学、什么时候学等问题,以确保自身顺利完成学业,为成功实现就业或开辟事业打好基础。

二、学习管理的内容

随着新时代的到来,社会发展不再仅仅需要掌握单一技能的高精尖人才,而是更需要综合素质高、知识面宽、基础雄厚、具有人格魅力的高精尖复合型人才,以应付新的挑战。这种趋势在社会职业变迁中的体现比较显著,专业对口的岗位越来越少,职业变动的可能性越来越大,行业特征也不像过去那么鲜明,岗位所需的知识和技能更新加速,复合程度提高。这些特征将使用人单位对大学生的综合素质和人格魅力的要求空前提高。因此,学生要顺应时代变化制订自己的学习计划,通过自主的学习管理来提高自己的综合素质,从而实现自己的价值。那么,大学学什么?学习管理管什么?

我们说大学之所以称为“大”学,是因为她大,她宽容、博大而精深。在大学里面除了学习知识、掌握技术技能、积累实践经验外,更重要的是,要学会做人、学会做事、学会人情世故,学会处世为人等来提升自己的综合素质以适应社会变革的需要。相应的,学习管理就是要求学生在明确学习内容的过程中自觉地约束自己,寻求学习突破来提升自己的综合素质,以便更好地适应社会需求,从而实现自己的人生价值。因此,学习管理与学习目标(提升综合素质)息息相关,主要是通过对大学生思想道德素质、人文素养、智力水平、心理素质和身体素质几个方面的管理来提升学生的综合素质。

(一)思想道德素质

思想道德素质主要包括政治观、世界观、人生观、价值观、道德观等内容。其中,诚信是大学生思想道德素质的根本。

1. 政治观

思想政治素质最根本的核心就是爱国主义、集体主义和社会主义思想。对祖国的热爱会变成大学生一种渴望祖国繁荣昌盛的动机，继而产生巨大的热情，为追求真理而不辞辛劳地攀登，从而形成无畏的创业精神。集体主义使大学生将自己的成才目标与社会发展、时代需要紧密相连，继而形成一种促进自己不断创新和实践的动力。学习管理要求学生在学习过程中树立正确的政治观，在大是大非面前保持清醒的头脑。

2. 世界观

世界观是指人对整个世界的根本看法。它建立于一个人对自然、人生、社会和精神的、科学的、系统的、丰富的认识基础上，由于人们社会地位不同，观察问题的角度不同，因此会形成不同的世界观。学习管理要求大学生在学习中自觉树立马克思主义的世界观，即辩证唯物主义世界观。

3. 人生观

人生观是指关于人生目的、态度、价值和理想的根本态度和看法，包括对人生价值、人生目的和人生意义的基本看法和态度，是世界观的重要组成部分。人生观主要回答人为什么活着，人生的意义、价值、目的、理想、信念、追求等问题。人生观的基本内容包括幸福观、苦乐观、荣辱观、生死观、友谊观、道德观、审美观、公私观、恋爱观等。学习管理要求大学生在学习中自觉树立正确的人生观，把自己锻炼成一个高尚的人，纯粹的人，脱离低级趣味的人，一个有益于他人的人。

4. 价值观

价值观是指一个人对周围的客观事物（包括人、事、物）的意义、重要性的总评价和总看法。价值观取决于人生观和世界观。一个人的价值观是从出生开始，在家庭和社会影响下逐渐形成的。价值观不仅影响个人行为，还影响着群体的行为和整个组织的行为。当代大学生在学习中应该自觉培养理性价值观和社会性价值观，即以知识和真理、群体和他人为中心的价值观。

5. 道德观

道德是以意识形态为基础的人们在共同生活中形成的行为准则和规范。道德增值，则人人自爱，社会和睦；道德贬值，则良知泯灭，必生祸乱。当代大学生要成为“有理想、有道德、有文化、有纪律”的社会主义新人。“四有”是精神文明建设的总体要求，而“有理想、有道德”又规定了它的性质和方向。当代大学生在学习中要自觉树立崇高的思想道德，因为“无德不能怀远”，无德便不能真正具有良好的文化修养，无德便不可能有高度的纪律观念。

6. 诚信

面对诱惑，不怦然心动，不为其所惑，虽平淡如云，质朴如流水，却能让人领略到一种山高海深，这是一种闪光的品格——诚信。近年来，受各种环境因素的影响，部分学生潜意识中的诚信意识变得匮乏，曾被视为一方净土的大学校园也出现了诚信缺失的现象。

因此，学习管理要求学生在学习过程中树立正确的世界观、人生观、价值观，做社会主义核心价值观、荣辱观的践行者，从我做起，从身边做起，从小事做起，诚实做人，诚信做事，以身作则，遵纪守法，修身养性，陶冶情操，不断学习与思考，使高尚成为一种修为，一种习惯。

（二）人文素养

人文素养是指一个人成其为人和发展为人才的内在素质和修养。发展人文素养的核心就是“学会做人”——做一个有良知的人，一个有智慧的人，一个有修养的人。它是一种内在文化美德的自然体现，自然是不需要他人来提醒的。因此，现代化生产要求学生不仅要学好专业知识、技能，而且还要懂得学习和吸收人类社会的优秀文化成果，加强人格修养、理想信念、价值观念以及文明礼仪等方面的综合素质。大学生通过学习应具有正确鉴别社会事物的知识结构能力、良好的文明行为习惯、团结合作意识、对环境变化的适应性和社会生活的协调能力，提高审美鉴赏的语言文字、人际交往的能力，并能正确处理人与自然、人与社会、人与人之间的关系，以及人生的理性情感、意志等方面问题的能力。这些都是大学生适应现代化生活所必需的基本素质和能力，大学生在学习的过程中应有意识地通过规划管理自己的学习来获得这些能力。

一个国家没有现代化科学就会落后，就要挨打；而一个国家没有人文文化，精神就会迷失，民族就会异化；一个人没有人文精神，他就是一个残缺、不完整的人。作为21世纪的大学生，既要有科学素养，又应有人文精神；既要有专业知识，又应有健全人格。大学生应高度重视人文素养的培养，将人文素养的培养纳入自己学习的计划中，在学习管理过程中将自己放入人文环境中去陶冶情操，接受人文教育，提升人文素养。

（三）智力水平

智力是人们在认识客观事物的过程中所形成的认识方面的稳定的心理特点的综合，它包括观察力、注意力、记忆力、想象力和思维能力，其中思维能力是智力的核心。人们普遍认识到智力是一个人的学业、事业成功的最基本前提，智力开发、思维水平提高在现代人才培养中处于核心地位。

现代社会知识化、信息化速度日益加快，使得整个社会出现了“知识崇拜”“人才崇拜”的潮流，而较高的智力水平，是形成高知识人才的最有利条件。然而智力不是先天的，而是靠我们后天的努力完成的，这就需要我们善于思考、善于学习、善于总结，时刻锻炼自我。只要你肯为你的目标付出艰辛的劳动，并配合正确的方法，就一定会获得成功。

人脑是越用越灵活，即要想提高智力水平，就要多用脑，多思考，要注意培养独立思考的能力，要防止那种死记硬背，不求甚解的倾向。大学生通过学习管理提高智力水平就是要求其在学习中要多问几个“为什么”，一个问题可以从几个不同的方面去思考，做到举一反三，融会贯通；要多总结，多归纳，做到知行合一；要循序渐进，持之以恒。任何积极训练思维，提高智力水平的方法，都要在长期坚持的基础上才能取得效果。掌握方法，逐步积累，终会成功！

（四）心理素质

心理素质包括人的认识能力、情绪和情感品质、意志品质、气质和性格等个性品质诸方面。心理是人的生理结构特别是大脑结构的特殊机能,是对客观现实的反映。心理素质的高低反映心理健康的程度,心理素质好的人心理就健康,心理素质较差的人在心理健康方面就存在一定的问题。在整体素质中,心理素质处于基础、核心地位,而且越来越成为人们身心健康、事业成败、生活幸福的决定因素,是一个人取得人生成功的关键。因此,良好的心理素质也是大学生学习管理的重要方面。

(五)身体素质

身体素质简称体质,是生命质量的基础。从体育锻炼的角度讲,具体包括力量、速度、耐力、柔韧、灵敏这5个方面。正所谓"身体是革命的本钱",没有好的身体,学习无从谈起。因此,当代大学生应将如何增强身体素质纳入学习管理中,选择合适的锻炼项目,注重体质的内外修养,"早睡早起、避免邪淫、控制情绪",树立"健康第一"和"终身体育"的思想观念,把合理膳食、体育锻炼作为自身发展的一部分。

三、学习管理的意义

学习管理的目的是促使大学生有效地学习,并通过自主自觉学习来获得知识和技能,以及提高智力和非智力水平。它对于大学生来讲有重要的现实意义。

(一)为自我健康发展奠定基础

通常情况下,人的职业生涯发展划分为职业准备与选择、职业生涯早期、职业生涯中期、职业生涯后期4个阶段。大学时期正处在职业准备与选择阶段,因此,学习管理是做好职业生涯设计的前提和基础。从社会发展和用人单位对人才的要求来看,他们更钟情于综合素质高、专业能力强的复合型人才,也越发强调员工的主动性与创造性才干,更加喜欢对事业发展有规划和有准备的人。从大学生就业调查情况来看,那些从入校开始就有明确发展目标,制订了周密的、科学的学习管理计划,并坚持不懈地实现学习目标的学生,在就业市场上往往成为用人单位争抢的对象。这部分学生也可以在这样的氛围中有更多的选择机会,找到理想的工作,为整个职业生涯发展打下坚实的基础。反过来,大学中也有这样一部分学生,在校期间,没有明确的学习目标,没有自主地进行学习管理,浑浑噩噩地"混"大学,到头来,不仅得不到用人单位的青睐,有的甚至根本完不成学业,被大学无情淘汰。由此可见,从入校开始就明确学业发展方向,制订学习管理计划并为之奋斗,奠定大学生一生的良好发展基础,是何等重要。

因此,在学生入学时,有必要制订学习计划,做好学习管理,为自己健康发展开好头、起好步。这既是对自己的现在负责,也是对自己的将来负责,为自己将来能够真正承担起个人、家庭、社会的责任奠定第一步。

(二)有助于发掘自我,促成自我实现

一份有效的学习计划再加上恰当的学习管理,能够引导大学生认识自身的个性特质、现有的和潜在的资源优势,帮助他们重新认识自身的价值并使其持续增值;引导他们对自己的综合优势与劣势进行对比分析；引导他们树立明确的学业发展目标与未来职业理想；引导他们评估个人目标与现状的差距；引导他们学会如何运用科学有效的方法、采取切实可行的步骤和措施来管理学习，不断增强自己的学业竞争力，实现自己的学习目标与理想。

一个人成功的职业生涯是以一份良好的学习管理计划为前提和基础的。我们很难想象，一个抱着“当一天和尚撞一天钟”的心态、浑浑噩噩度日的人，能实现自己的高层次需求，能感受到人生成功的快乐。

因此，大学生应该是自己人生、事业、学习的规划者，更是学习的管理者和实践者，为自我设计蓝图，为实现自我价值做好准备、创造机会。当然，没有学习管理计划，大学生也可能毕业，但有了有效的学习管理计划，获得成功将更快、更大，实现的价值也更大。

（三）激励自我，防止消极情绪

大学是迈进社会的过渡阶段，制订良好的学习管理计划可以为今后步入社会打下基础，同时，大学也是一个理想的学习、生活环境。

很多调查表明，许多学生进入大学后，没有了升学的压力，有了更多属于自己的时间和空间。大学学习是能动性和开放性的结合，不像高中那么枯燥、封闭。大学的学习有更强的目的性，可以选择自己想学的去学，可以根据自身的学习情况学习，有针对性地学习专业知识。没有压力的学习固然令人身心愉快，但没有压力，就难以产生动力。事实上，在当今科技知识高速发展、竞争异常激烈的社会中，大学生只有尽早制订一个符合自己发展进步的学习管理计划，在知识和能力方面不断地提升自己，才有可能适应现代社会对青年人的要求。

（四）夯实专业知识，学会思考

美国教育家斯金纳说过：“如果我们将学过的东西忘得一干二净，最后剩下来的东西就是教育的本质了。”这些“剩下来的东西”就是靠自己的学习，通过思考的能力能够完成的。大学不是高中，更不是培训班，而是让学生能够独立思考，将来有能力适应不同职业的教育和成长平台。在大学学习期间，我们在夯实专业知识的基础上，最重要的还是要学会独立思考和看待问题的方法，进而能够独立解决。

所以，一份合理而有效的学习管理计划，能够在学习和思考的方向上起着重要的导航作用，促进大学生在学习的过程中学会思考，使其将来能够更好更快地适应社会。

四、学习习惯的养成

大学教育是学校教育的最高层次，就受教育者的学习生涯来说，是一生中最后一次系统性地接受教育的机会，是从在学校教育中学习走向在社会工作环境中学习的过渡阶段。大学学习与中学学习有着很大的不同，表现在大学的学习依赖性减小，主动性增加，强调主动学习、全面学习、创新学习，培养终身学习的意识和能力。就大学教育的内容来说，传授的是基础知识和专业知识，是一种专业性的教育，知识的深度和广度比中学扩展很多；就教学形式和学习方法来说，大学的教学往往是提纲挈领式的，教师在课堂上只讲难点、疑点、重点，其余部分就要由同学自己去攻读、理解、掌握，大部分时间是留给学生自学的。因此，自学能力是学生必须掌握的基本能力，尤其是大一新生，从入校开始，就必须清醒地认识到这一点，更应该注重培养自己这方面的能力。大学的学习不能再像中学那样完全依赖教师的计划和安排，学生不能只单纯地接受课堂上的教学内容，被动地学习，必须充分发挥主观能动性，发挥自己在学习中的潜力，自主安排学习计划和学习内容，自主选择学习方法。这种充分体现自主学习性的方式，将贯穿大学学习的全过程，反映在大学生活的各个方面，并影响大学生的一生。因此，大学生在管理自己的学习过程中要适应这种变化，养成良好的学习习惯，并采取有效的途径、方法去管理自己的学习。

（一）学习习惯

心理学巨匠威廉·詹姆斯说："播下一个行动，收获一种习惯；播下一种习惯，收获一种性格；播下一种性格，收获一种命运。"可见，行动养成习惯，习惯铸就性格，性格成就命运，也就是说，一个人的行为习惯长时间地影响着自己的性格甚至一生的命运。那么，作为我们当代大学生，如何去培养好习惯，需要养成哪些好习惯，又怎样去养成良好的学习习惯呢?

习惯是一种长期形成的思维方式和处世态度，它是由一再重复的思想行为形成的，具有很强的惯性，一经形成，就难以改变，因而对人的影响重大而久远。一般来说，习惯可以在有目的、有计划的训练中形成，也可以在无意识的状态中自发形成。但良好的习惯总是在有意识的训练中形成，很难在无意识中形成，而不良习惯却往往在不自觉中自发形成。因此，培养好习惯不是一件轻而易举的事。正所谓"变坏容易变好难"。从这个意义上讲，培养好习惯需要我们不懈地努力。

培养好习惯，应注重把握四大原则。

①明确好习惯的内涵和意义。只有搞清楚什么是好习惯，理解好习惯对做人做事的重要影响，并把它与不良习惯区分开来，才会有培养好习惯、克服坏习惯的强烈愿望，也才能找到培养良好习惯的正确途径。

②对自身的不良习惯进行排序分析。克服一个坏习惯，培养一个好习惯，往往是一件很难的事。因此，应首先对自己的不良习惯加以罗列，写出"不良习惯一览表"，明确哪些不良习惯是最制约进步、成长的，因而是最应该、最急需克服的，从而分清主次，理智、有序地克服坏习惯。

③制订计划，逐一实施。人的习惯是多种多样的，包括工作方面的习惯，也包括学习、健康、感情、与人相处、思维方式或行为方式等方面的习惯；它像一棵大树，有干、有枝、有叶。因此，要对准备培养的良好习惯做统筹安排，列出计划，并对其逐一实施，循序渐进，由易到难，由近及远。

④抓好开头，严格自律。俗话说："万事开头难""好的开端是成功的一半"。开始时要宁少勿多、宁简勿繁。先找一个做起来较有兴趣、易见成效、易受自己和周围人关注激励的习惯开始，下大功夫，坚持到底。这样做容易成功，还可以激发兴趣，为下一步活动打好基

础。要特别注重第一个月，根据美国科学家的研究，一个好习惯的养成需要 21 天，90 天的重复会形成稳定的习惯。一个观念如果被验证 21 次以上，它就会形成你的信念。美国著名教育家曼恩说："习惯像一根缆绳，我们每天给它缠上一股新索，要不了多久，它就会变得牢不可破。"

培养好习惯，还应做到"君子慎独"。在你独处或独自行事时，要谨慎自律，坚守道德信念，自觉用道德规范或良好习惯约束自己的言行。长此以往，好习惯就会自然养成。

培养好习惯的方法很多，也往往因人、因环境条件而异，但以下方法对我们有较大帮助。

①明确目标法。当前你要培养的好习惯具体是什么，你应有一个明确清晰的目标，这样才能有的放矢，事半功倍。与之相对的坏习惯是什么，你也应有一个清醒的认识；如果这类坏习惯你已具有，你就应对症下药，加以克服，以扫清你培养好习惯的障碍。

②潜意识输入法。把你要培养的习惯"输入"头脑，了然于心，强化信念，潜意识就会不时提醒你去完成。这是一个费力不多而很见成效的方法。

③视觉刺激法。把你要培养的习惯制成卡片或画成图形，然后牢记于心，再贴于墙头、门上或桌上等醒目易见之处，以刺激视觉，强化效果。

④行动强化法。对你要培养的习惯，应不断实践，反复练习，坚持到底；要反复对自己说"我做得到！""我要去做！"以不断给自己加油打气。如果你能连续行动 21 天，好习惯在你身上就不难形成。

⑤他人协助法。把你要培养好习惯的计划向亲朋好友宣布或许诺，并请其协助或监督，也会有不错的效果。

⑥综合训练法。好习惯的培养，需要个人有良好的素质条件。因此，要注重提高自己的思想道德素养、文化科技素养、心理健康素养、科学思维素养，为良好习惯的形成创造良好的条件。

（二）大学生需要养成的几个好习惯

1. 要培养积极思维的好习惯

现实中，我们的各种活动往往都是在被动地应付各种需求，因而被迫进行思考。其实，养成良好的习惯，需要我们改变被动思考的习惯，养成积极主动的思维习惯。作为大学生，尤其应养成积极思维的好习惯。怎样才能养成积极思维的习惯呢？当你在实现目标的过程中，面对具体的学习或工作任务时，你的大脑里永远不要有"不可能""完不成"的想法，应积极思考"我怎样才能做到？"用积极的思考和有效的方法来完成你的任务。

2. 要培养强身健体的好习惯

健康是福。健康是"革命"的本钱，是成功的保证。拥有健康就拥有一切。但保持健康，需要坚持科学生活、强身健体的好习惯。

锻炼身体的重要性已经越来越多地为人们所认识，但很多人只停留在思想上重视、行动上乏力的阶段。大学生虽然处于年轻力壮的黄金时期，但同样需要爱惜和强健自己的身体。

要坚持体育锻炼，培养一至两项体育爱好，如跑步、打球等；要养成良好的作息习惯，早睡早起；要养成良好的卫生习惯，勤洗衣服勤洗澡，注重个人卫生；要有良好的饮食习惯，不抽烟酗酒，不暴饮暴食，吃健康食品等，这些都有利于保证我们有足够的精力去学习科学、享受生活。

3. 要培养善于读书的好习惯

关于读书的重要性，古往今来的很多名言警句足以说明。美国著名科学家、发明家本杰明·富兰克林说，“读书使人充实，思考使人深邃，交流使人清醒”。英国哲学家弗朗西斯·培根也说，“读书使人渊博，辩论使人机敏，写作使人精细”。虽然“万般皆下品，唯有读书高”的时代已经过去，但养成不断学习的好习惯永远不会过时，它是打开你成功大门的金钥匙。

案例

哈里·杜鲁门是美国历史上著名的总统。他没有读过大学，经营过农场，后来经营一间布店，经历过多次失败，当他最终担任政府职务时，已年过五旬。但他有一个好习惯，就是不断读书学习。他懂得读书是成为一流领导人的基础。他的信条是：“不是所有的读书人都是一名领袖，然而每一位领袖必须是读书人。”他一卷一卷地读了《不列颠百科全书》，读了查理斯·狄更斯和维克多·雨果的所有小说，读过威廉·莎士比亚的所有戏剧和十四行诗……多年的广泛阅读，使杜鲁门的知识非常渊博，也使他在面对各种棘手的问题时能运筹帷幄、轻松应对，因而帮助他带领美国顺利度过了第二次世界大战结束时的困难时期，并很快进入战后繁荣。

每一个成功者都有着良好的学习习惯。世界500强企业的CEO每周都要翻阅大约30份杂志或图书资讯。作为大学生，更不应懈怠自己，如果你每天读书15分钟，你就可能在一月之内读完一本书，一年之后读完12本书，10年之后读完120本书。想想看，每天只需要抽出15分钟时间，你就可以轻松地读完120本书，这是多么轻松而有意义的事。

4. 要培养保持谦虚的好习惯

一个人没有理由不谦虚。面对人类知识的海洋，任何一个我们看来博学的人都很浅薄。

案例

著名科学家法拉第晚年时，法国政府准备授予他爵位，以表彰他在物理、化学方面的杰出贡献，他拒绝了，但退休之后，他仍然常去实验室做一些杂事。

一天，一位年轻人来实验室做实验，对正在扫地的法拉第说：“干这活儿，他们给你的钱一定不少吧？”

老人笑笑说：“再多一点，我也用得着呀。”

年轻人又问：“那你叫什么名字，老头儿？”

“迈克尔·法拉第。”老人淡淡地回答。

年轻人惊呼起来:“哦,天哪! 您就是伟大的法拉第先生!”

“不!”法拉第纠正说,“我是平凡的法拉第。”

谦虚是一种美德,更是一种人生智慧。这种美德和智慧成就了法拉第的伟业,也告诉我们新时代的大学生,谦虚能让你不断进步,取得成功。

5. 要培养理性自制的好习惯

任何一个成功者都有着非凡的自制力。

案例

三国时,蜀相诸葛亮亲自率领蜀国大军北伐曹魏,魏国大将军司马懿采取闭城休战、不予理睬的办法对付诸葛亮。司马懿认为,蜀军远道来袭,后援补给必定不足,只要拖延时日,消耗蜀军的实力,一定能抓住良机,不战而胜。

诸葛亮深知司马懿沉默战术的利害,几次派兵到城下骂阵,企图激怒魏兵,引诱司马懿出城决战,但司马懿一直按兵不动。诸葛亮于是用激将法,派人给司马懿送去一件女人衣裳,并修书一封说:“仲达不敢出战,跟妇女有什么两样。你若是个知耻的男儿,就出来和蜀军交战,若不然,你就穿上这件女人的衣服。”

这封充满侮辱轻视的信,虽然激怒了司马懿,但并没使老谋深算的司马懿改变主意,他强压怒火稳住军心,耐心等待。

相持数月之后,诸葛亮不幸病逝军中,蜀军群龙无首,悄悄退兵,司马懿果然不战而胜。抑制不住情绪的人,往往伤人又伤己。如果司马懿不能忍耐一时之气,出城应战,可能历史就会重写。

在现代社会,人们面临的诱惑越来越多,如果缺乏自制力,就会被诱惑牵着鼻子走,偏离成功轨道,甚至断送前程。

大学生虽然不能像司马懿一样老谋深算,但也要理性处理平日里的各种事情,尤其是一些感情纠葛、困难麻烦等,切忌感情用事。

6. 要培养风趣幽默的好习惯

案例

林肯虽然长相丑陋,但他从不忌讳这一点,相反,他常常诙谐地拿自己的长相开玩笑。在竞选总统时,他的对手攻击他两面三刀,搞阴谋诡计。林肯听了指着自己的脸说:“让公众来评判吧。如果我还有另一张脸的话,我会用现在这一张吗?”林肯就是用这种幽默的方法,多次成功地化解了可能出现的尴尬和难堪。

幽默是一种风趣而意味深长的交流方式,是人际交往中调节气氛、化解尴尬、增进情感、成功沟通的催化剂,是一个人成熟和机智的表现。有人把它看作精神上的“按摩师”。列宁说:“幽默是一种优美的、健康的品质。”可见,学会幽默,笑纳幽默,是人的一种表达能力和沟通能力。

7. 要培养时常微笑的好习惯

在欧美发达国家，人们见面都要点头微笑。这使人们感到十分温暖。

案例

举世闻名的希尔顿大酒店，其创建人希尔顿在创业之初，经过多年探索，发现了一条简单易行、不花本钱的经营秘诀——微笑。从此，他对所有员工提出要求：无论饭店遭遇什么困难，希尔顿饭店服务员脸上的微笑永远是属于顾客的阳光。结果，这束"阳光"最终使希尔顿饭店赢得了全世界的一致好评。

微笑是大度、从容的表现，是人际交往的通行证，也是我们大学生建立良好人际关系的润滑剂。你待人以微笑，回报你的一定是一个友好的微笑。

8. 要培养主动参与社会活动的好习惯

作为一个社会成员，有没有积极投身社会、参与社会活动的好习惯，决定了社会对你的认可和肯定程度。

案例

美国标准石油公司有一个叫阿基勃特的小职员，开始并没有引起人们的特别注意，但他是积极参与企业宣传、处处注意维护和宣传企业形象的标兵。有一件小事足以说明，他出门在外住旅馆时，总是不忘在自己签名的下方写上 10 个字——"每桶四美元的标准石油"，连给亲友写信甚至在打收条时都不例外。为此，同事们都叫他"每桶四美元"。这事被董事长洛克菲勒知道了，董事长邀请阿基勃特共进晚餐，并号召公司职员向他学习。后来，阿基勃特成为标准石油公司的第二任董事长。

这个故事对我们青年学生很有启发意义。

热爱自己的学校，热爱自己的班级，积极参与社会活动和学生工作，不仅可以锻炼自己的社会活动能力，更重要的是，在这些活动中，还可以展示自己的才华，并得到他人的认可和帮助。

（三）大学生良好学习习惯的养成

学习习惯是在学习过程中经过反复练习形成并发展，成为一种个体需要的自动学习行为方式。养成良好的学习习惯，有利于激发学生学习的积极性和主动性；有利于形成学习策略，提高学习效率；有利于培养自主学习能力；有利于培养学生的创新精神和创造能力，使学生终身受益。大学生要管理好自己的学习，就必须调整心态，适应大学生活的变化，养成良好的学习习惯。大学生良好学习习惯主要体现在自主学习、创新学习、全面学习、学以致用、知行合一的学习实践中，同样，良好的学习习惯也是在自主学习、创新学习、全面学习、学以致用、知行合一的学习实践中逐渐养成的。

1. 自主学习

在当代信息社会中，由于知识、信息量的不断增长，每个人都需要不断地学习、学习、再学习，同时必须有效地学习，在吸收前人优秀的学习方法，关注以知识积累为主的传统学习模式的同时，培养学习者学习的独立自主性。自主学习正是这样一种能满足时代要求的学习形式。

大学给予了学生更多的自由支配时间和更多的自主权。同学们必须对此有一个清醒的认识，明确这种“自由”不是用来打游戏的，而是让你利用充分的时间和空间在知识的海洋中遨游，不断地充实自己、完善自己、实现自我。实际的大学生活中，有的学生对这种“自由”理解错误，滥用这种“自由”，整天忙着看小说，沉迷于网络游戏，学习上缺乏动力，缺乏自觉性，表现出一种“厌学”情绪；有的学生以为上了大学就是进了“保险箱”，糊里糊涂过日子，浑浑噩噩混文凭；有的学生因为专业不如意而郁闷，情绪低落，对学习打不起精神。因此，大学阶段如能排除对学习的种种干扰，掌握学习的主动性，进行自主学习，就能学有所成。因此，对大学生来说，树立自主学习的意识非常重要。大学生应通过自觉确定学习目标、自我钻研学习内容、自我选择学习方法、自我监控学习过程、自我评价学习效果来实现自主学习，并持之以恒地坚持下去，使自主学习成为一种习惯。

2. 创新学习

创新学习是将学习过程看作一种探索活动，一种创造性的劳动过程。创新学习不仅重视对基本知识、基本方法的掌握，更注重对所学知识的批判意识、综合意识的发展。它是在继承前人知识的基础上，对知识进行发展、开拓、创新，注重知识的发展性理解，追求“青出于蓝而胜于蓝”“踏着前人的肩膀向上攀登”。它以掌握前人知识为起点，以应用并且发展知识为目标，注重知识的发展性，在提高应用能力的基础上培养创新的能力和技巧，讲究“推陈出新”。创新学习要求大学生在学习管理过程中要有探索未知的激情和冲动，敢于对陈规旧习进行质疑和批判，重视实践，善于总结，并将这些作为一种学习习惯坚持下去，这样才能做到创新学习。

3. 全面学习

从就业市场反馈的信息分析，用人单位对人才的要求正日益提高，因此培养综合素质高、实践能力强的复合型人才已成为高校新的工作目标，也是同学们努力的方向。这就要求大学生在管理自己学习的过程中要有全面学习的观念。不仅要通过学习掌握一定的专业知识，还要努力参加各类实践，使自己的能力和素质都得到提高，以得到全面发展。

为了适应全面学习的需要，培养提高学生的综合素质，很多高校都调整了课程计划，增设了大量选修课，这无疑为大学生全面学习提供了条件，但是要取得真正的效果，还需要同学们树立全面学习的观念，同时在行动上也要努力实践。大学生应该看到，随着知识经济时代的到来，世界的科技与文化，如自然科学、人文科学、社会科学等方面都呈现出高度融合的趋势。因此，大学生要树立并强化全面学习的观念，在全面学习的过程中养成良好的学习习惯，才能以博才取胜，适应新世纪的发展需要。

4. 终身学习

当今时代是知识经济时代，知识激增，信息的内容和载体多样化，知识老化的周期越来越短，因此仅凭在校所学的知识，也许可以应对一时，但不可能支撑一生。因此，我们每一个人都无一例外地要树立终身学习的理念，并努力实践终身学习。

作为新世纪的大学生，为适应新世纪的公民和新型科技人才的需要，应调整好心态，自觉建立终身学习观，并在大学学习阶段，养成良好的学习习惯，做好终身学习的准备，为终身学习打下坚实的基础。

5. 学以致用，知行合一

大学，是运用知识创造知识之处，也是面向社会、走向社会之所。因此，一个合格的大学生在大学阶段应做好两件事，即学会学习、学会做人。经过长时间的摸索，以及与老师、同学的交流，大致可以概括为学以致用，知行合一。

学以致用，知行合一既是学习的目的，又是学习的一种习惯。学以致用是指为了实际应用而学习，学是指学习；致用是指将知识运用到实际当中，也就是理论联系实际。知行合一是中国古代哲学中认识论和实践论的命题，主要是关于道德修养、道德实践方面的。学以致用，知行合一，重点应该还是在"行"和"用"上面。就算我们学得再多，研究得再透彻，只要不运用，那么只是"死学""死读书"，这样白白浪费了时间和金钱，没有一点好处。只有用，真正地运用，才是我们学习的最终目的。因此，当代大学生在学习管理过程中，要在"学以致用"的指导下形成比较正确的学习目的与良好的学习习惯，不为学习而学习，更不为考试而学习。同时要加强自己的道德文化修养，培养高尚的情操，树立牢固的团队精神与集体意识用来指导、规范自己的言行，做到"知行合一"。

五、大学学习方法

从中学到大学，是人生的重大转折。大学生活的重要特点在于生活上要自理，管理上要自治，思想上要自我教育，学习上要高度自觉。大学学习中，无论是学习内容，还是学习方法和要求，都与中学的学习存在很大的不同。要想真正学到知识和本领，除了继续发扬勤奋刻苦的学习精神外，还要适应大学的教学规律，掌握大学的学习特点，选择适合自己的学习途径并采取恰当的方法去管理自己的学习。

大学的学习既要求掌握比较深厚的基础理论和专业知识，还要求重视各种能力的培养，以及综合素质的提高。大学教育具有明显的职业定向性，要求大学生除了扎扎实实掌握理论知识之外，还要培养研究和解决问题的能力。

因此，大学生在管理自己学习的过程中要特别注意对自学能力的培养，学会独立地支配学习时间。自觉地、主动地、生动活泼地学习，还要注意对思维能力、创造能力、组织管理能力、表达能力的培养，为将来适应社会打下良好的基础。

(一)在课堂与实践中学习

一个人一生有很多学习机会,然而从大的方面来说分为两种,即课堂学习和在实践中学习。不同的学习环境带给我们不一样的感受和收获。我们除了在课堂中学习理论知识以外,更多的是理论联系实践,理论指导实践,在实践中不断证明、理解、吸收在课堂中学到的东西。

1. 课堂学习

课堂学习是大学生获得专业知识,提高科学文化素质的主要途径之一。大学生必须适应大学课堂的学习,掌握大学课堂的学习策略,才能提高学习效率,早日成才。

①大学课堂学习的特点。

大学课堂教学相对于中学来说,在学习任务、学习环境、学生管理方式、教学风格、教学方式等方面,都有很大的不同,而了解这些差别是搞好大学课堂学习的必要条件。

A. 学习的任务和内容不同。普通中学的学习任务是以升学为主要目的基础性学科知识的学习,而大学的学习任务则是以就业为主要目的的专业性知识的学习。大学并没有取消基础性学科知识的学习,但是已完全不同于中学的基础性知识的学习。大学在学习内容的深度和广度方面都远超中学。课程门类、教材内容和课堂信息量都有所加大。许多课程的内容与现代科学发展的前沿阵地更加接近。中学对学生掌握知识的要求主要在对基础知识的理解和接受,即"学"上,即使强调运用也主要是学习前人和老师的"相同"的思维。大学对学生掌握知识的要求是在求同思维的基础上,更突出强调求异思维,强调对创造性思维方式和创新能力的培养,在"学"的同时,已经不同程度上包含有"研究"的内容和性质。

B. 学习的具体环境氛围不同。大学在教学的硬件设备上一般都优于中学。例如,大学有藏书丰富的图书馆,设备先进的阅览室和各种实验室,有优越的食宿条件,特别是有知识密集、教学和科研能力较强、师生比例较高的教师群体,在某些专业方面还有知名度较高的学术带头人。同时,大学除课堂教学之外,还经常举办各种形式的学术报告、学术讲座、学术研讨会。大学还有专门反映教师和学生科研水平的学术刊物和反映校园教师和学生生活、工作、学习的校内报纸。在学生中还有许许多多的与学生专业直接或间接有关的各种各样的社团组织。所有这些都为大学生学习提供和创造了较好的学习条件和学习氛围。

C. 学生课堂任务加重。大学里所开设课程分公开课、基础课、专业基础课、专业课 4 个层次,每一个层次又由许多门课程综合而成。一般说来,大学生需要学习的课程在 50 门以上,每一学期学习的课程都不相同,内容量大,因而学习任务远比中学生重得多。大学课堂的讲授与中学课堂的讲授也有着明显的不同,对于习惯中学课堂教学的大学一年级学生来说一时难以适应。

大学老师不像中学老师那样受教材内容的严格限制。中学老师的讲课往往受高考或其他统考牵制;而大学老师在备课中,对教材内容的处理较为灵活,主动权更大。他们考虑更多的是学生学习的系统性,扎实的基础与分析问题、解决问题的能力,而不单单是学生的考分，所以，做笔记有利于自学能力的提高。

D. 学生的管理方式转变。中学的学生管理主要以教师为主，管理方式是班主任制，学生的各种活动大部分都是班主任亲自组织和参加，即使在学生的自习课上一般也有老师在旁边检查督促。而大学则主要转向学生自己管理自己，管理方式是辅导员制，学生与老师的接触相对减少，学生自主支配的时间大大增加，学生的大部分活动主要由班级组织和学生会组织，学生活动可以邀请有关教师参加。学生学习一般没有固定的教室，自习时可以随意选择教室或图书馆以及宿舍。

E. 教学方式转变为学生自主学习。大学教学方式同中学有以下几个区别。

首先，中学主要以课堂教学为主，虽然老师有时也强调课堂预习，但给予学生自习和预习的时间较少。而大学在强调课堂教学的同时，更强调课前预习和课后复习，而且给予学生较多的自主学习时间。

其次，学生的自主学习时间比中学要充裕得多。中学课堂教学教师严格按照教材内容和具体体系、思路讲授，信息量少，而且讲得精而细，学生主要依靠课堂消化理解掌握知识，课下学习也限于课堂讲授的内容。而大学教师可以完全不按教材内容和体系、思路讲授。教材上有的不一定讲，讲授的内容教材也不一定有。课堂信息量大，而且讲得少而精。学生完全依靠课堂消化理解掌握知识是不可能的，因此必须在课外时间上下大功夫。学生对一门课程的学习不仅限于课堂和教材的内容，还必须借助和查阅各种教学参考书。

再次，中学开设的课程一般要求学生都必须学，没有或较少有选修课程。而大学有较多的公共选修课、限定选修课、专业选修课，学生有自主选择的权利。

最后，中学主要是单一的课堂教学方式。大学除了课堂教学之外，还经常组织学生参加较多的社会实践和专业实践，如社会调查、咨询活动、专业实习、毕业设计、撰写毕业论文等。

②大学课堂学习的环节。

大学的学习是通过一连串互相联系的教学、学习环节来完成的。大学学习的基本环节包括预习、听讲、记笔记、课后温习、作业、答疑、复习、考试以及实验、实习和毕业设计等。而课堂学习的基本环节主要包括预习、听课、做笔记。每个新生在开始大学学习的时候一定要弄清每一个学习环节的作用、要求和特点，以便掌握各环节的学习方法，顺利地完成大学的学习任务。

A. 预习。预习是大学学习中的第一个环节，即课堂前的准备工作。大学的课堂教学内容相当丰富，教师的讲课也是提纲挈领式的、跳跃式的，对许多问题的分析、讲解都是点到为止，不可能像中学的教学，花费大量时间去反复论证一个定理或公式，然后再做大量的习题去消化理解。大学教学更重视快速的逻辑思维。因此，学生要通过预习，发现课程重点和难点，了解课程的前后关系及内在联系，做到心中有数，掌握听课的主动权，从而事半功倍。如果对教师所讲的内容十分生疏，思路和逻辑思维跟不上教师的讲解，就不容易全面掌握知识的重点、难点和相互关系。一个会学习的学生应该能针对自己的实际情况，做好充分的学习准备，这样听起课来就有主动权，能全面掌握所学的知识。

B. 听课。听课是学生学习最主要、最重要的一个环节，它是各个环节的中心。教师所讲授的内容主要是通过学生的听讲传授给学生的，听课是教与学交流的主要渠道。中学教师的教学往往用几节课的时间讲解相同的定理或理论，而且内容也是教科书上有的内容，大学教师的讲课只是讲解课本上一些最基本的概念、理论，教科书上的内容，教师不一定讲，或不一定完全讲，而且经常将学科发展的最新理论和观点贯穿教学中，不注意听讲，往往就会挂一漏万。

大学教师的教学一般都有自己的教学方法，他们往往将知识重新组织，搜集大量课外资料，总结以往的教学经验，提出最新的学术观点，丰富了教学内容。如果学生没有牢牢抓住听讲这个学习环节，忽视了教师在课堂上传递的大量信息，就失去了获取知识的最好机会。这些知识、经验和观点仅凭学生自己去搜集总结是难以做到的。因此，大学生应该重视听课这个环节。

C. 记笔记。记笔记也是课堂听讲的一个方面。记笔记不仅可以记录教师讲解的主要内容、逻辑关系以及重点、难点和补充内容，而且通过记笔记，可以将教师所讲的知识进一步理解、消化，变成自己的知识。由于教师讲课并不是严格按照教科书上的内容讲授，还有许多补充内容，这些补充内容往往是对知识的重新组织。新观点的阐述，难点的解释等，都是讲授中的重要内容，必须通过笔记记录下来。从实质上来讲，在听讲时记笔记，眼、手、脑一起开动，加快了对知识的理解、消化和吸收，掌握了听讲的主动权，并且有效地防止了上课"走神"，使自己能集中精力跟上教师的讲解，取得良好的效果。当然，笔记并不是教师讲课内容的简单重复和记录，它应该包括自己的理解、提炼和加工，使教师讲授的内容变为自己的知识，便于今后复习。

课堂笔记应该记录哪些内容呢?

首先，记录老师的思路和方法。思路一般反映老师分析问题、推导结论的思考线路。记录老师的思路，可以启发我们的思维，提高我们分析问题、解决问题的能力。对于工科学生来说，老师在讲解例题时，常常会讲解题的技巧、思路和方法。我们应将这些内容记录下来，并根据所记录的方法进行理解、复习。

其次，记录老师的板书或提纲。一般来说，课堂板书就是课堂学习内容的纲目，这些纲目是主讲老师在钻研教材内容的基础上总结出来的，反映了授课内容的知识结构和要点。它有助于学生理解、掌握、复习课程内容，构建课程的知识体系，所以，我们不妨完整地记录下来。

再次，记录重点和难点。课堂上时间有限，老师的讲课速度又快。要想在课堂上将老师的授课内容全部记录下来，几乎是不可能的，因此应该有选择地记录老师所讲的重要理论、观点和内容，以及某些精彩的、有特点的语言和观点。对一些一时难以记下的东西，要摘记老师讲课的要点和记录关键词，然后课后补齐。

最后，记录补充内容。大学老师在讲课时，除了讲述教材中的内容外，常常还会做些适当的补充。这些补充的内容融入了老师的见解和研究成果，对于帮助同学们更好地理解教材内容，启迪思路，开阔视野，是十分有用的。所以，在熟悉教材的基础上，要把老师补充的内容及时地记录下来。听课时，在老师的启发和指引下，学生有时可能会突发奇想，将两个以前认为不相关的观念串在一起，忽然悟出平日百思不得其解的道理，或者对老师讲解的内容有新的想法和心得。同学们也不妨将这些思想的火花记录下来，以便课后复习、理解、整理甚至进行新的创造。此外，在听课时，对有疑惑的地方，也要在笔记本上记录下来，以便请教老师和同学。

D. 复习。复习是学习过程中的一个重要环节，是对已经学过的知识的一次再学习，它是巩固和深化所学知识的一种有效手段，使已经获得的知识系统化，形成合理的知识结构，它对强化记忆能力，提高学习效率有重要意义。

大学学习与中学学习的一个明显差别，就是大学里所学的知识内容成倍增长，一个学期开六七门课程，教材内容加起来有两三千页，这么多的内容只凭按部就班地学是很难掌握的。不善于复习巩固和记忆的人，常感到越学越多，越学越乱，越学越被动。如能在学习过程中，经常进行复习，不断地总结归纳所学内容，把学过的东西整理一下，把有关概念、思想、原理和分析方法条理化、系统化，这样就可以做到书越读越薄，抓住了所学内容的精华和各部分内容之间的内在联系，就会融会贯通，应用起来得心应手。

2. 走进实验室

受传统教育观念的影响，我国在教学中注重学生的解题能力，培养的学生“高分低能”，学生在动手方面的能力，与西方国家相比存在着明显的差距。动手能力的培养就是要培养学生实验的能力，从实验目的出发，选择合适的器材，设计合理的实验方案，从实验的结果得到合理的结论。这都是培养学生动手及创新能力的基础。

大学里有大量的实验室，有先进的实验设备，有系统的实验教学计划，详细的实验教学大纲，有充足的独立操作的机会，并且很多实验室还是全天开放的，大学生千万不要错过这么好的机会。

大学的实践教学环节主要包括课程实验、课程设计、教学实习、毕业实习、毕业设计(论文)等内容。走进实验室，对大学生成长成才，将理论用于实践，提高分析问题、解决问题和动手能力具有非常重要的、积极的作用。那么，我们应该以一种怎样的态度、怎样的行动走进实验室呢?

做实验前要进行充分的预习，仔细阅读《实验指导书》，领会实验目的，掌握实验原理，明确实验步骤、方法及注意事项，并提出疑难问题。对于综合性和设计性实验项目，事先还要亲自设计实验方案，分析实验难点。总之，不打无准备之仗，否则，走进实验室就只是去点个卯，毫无收获而言。实验开始时，要检查实验仪器和用具是否齐备，仪表量程是否合适，接线是否正确等。多人实验时可以有分工，但每人都有机会操作一遍，不要懒于动手。

实验过程中要带着问题积极思考，对实验现象要仔细观察，对出现的问题要独立分析、独立解决，不要事无巨细都要看别人、问老师，实在“百思不得其解”的，可以请老师提示后自己再动手解决。只要明白了其中的道理，再加上勤于动手，就一定会在实验中有所收获，也能真正体会到自己的设想、构思被实现，理论被验证后的愉悦。

实验完成之后要认真整理和总结实验记录，分析实验数据，检查疑难问题是否全都解决了，还有些什么问题尚待解决，有些什么收获，最后按要求写出实验报告。

（二）在实践中学习，在竞赛中检验

人总要在实践中不断进步，不断提高，只有一次次不断实践，我们才能一次次进步，而竞赛是检验这种进步的重要方式。

竞赛是在一定的规则下的竞技活动，如今的竞赛活动已涉及各个领域，无论是奥运会，还是当下流行的选秀节目，其实都是一种竞赛。在当今这个年代，大家都喜欢冒充牛人，全球这么多人，不是你说你牛，你就真的牛了。所谓“无规矩不成方圆”，那么，就需要制订一定的规则和制度，让所有人在这个规则和制度中一决雌雄，也只有通过这样的竞赛，才能让所有人心服口服。

每个同学都有自己的天赋和特长，怎样利用并发展好自己的优势，而不做“江郎”呢？我们可以在大学里选择参加适合自己的竞赛，大学校园里的科技竞赛活动，就是一个知识应用与技术创新的科技实践活动，在竞赛的过程中，你可以经历一个创新项目的构思、设计、组装、运行、实现、检验的全过程，可以体验团队协作的集体智慧和力量，可以体验队与队之间竞争的跌宕起伏，同时也可以证明自己运用知识解决问题的能力和水平，所以参加科技竞赛是不断锻炼自我、证明自我、完善自我的最好的实践过程。

在这里给大家列出目前在大学里主要的竞赛种类，如表 3.1 所示。

（三）向社会学习

大学的学习形式明显多于中学。中学的学习形式较简单，主要通过课堂学习来获取知识。而大学的学习形式丰富多彩，除了课堂学习外，还可通过实验课、学术讲座、科研活动、互联网、大学生社团活动、社会实践活动、课程设计、毕业设计等形式获取知识，提升能力。

社会是个大舞台，是世界上一所没有围墙的最大的“大学”，同学们一方面可以通过参与社会实践获得丰富的知识，锻炼自己的能力；另一方面，同学们上大学的目的就是用所学服务社会、贡献社会，所以大学生应该积极地投身到社会实践中，向社会学习。

参与社会实践活动是主动式、参与式、体验式学习的方法之一，对形成和完善大学生的知识能力结构，提高大学生的综合素质起到了很好的作用。

参加第二课堂学习、大学生社团活动和社会实践活动，也是学习的极好形式，对培养大学生的组织管理能力、社交能力、语言表达能力和专业技能，起到了积极的促进和完善作用。例如，参加校园里的业余党校、大学生艺术团、校园广播电视台及各种运动会的活动，积极参加科技、文化、卫生“三下乡”及社会调查等活动，对培养和教育大学生，使他们树立正确的人生观、世界观，开阔视野，拓宽知识，陶冶情操，提高他们的文化素质和身体素质，学会专项技能，培养业余爱好和特长，起到了很好的帮助作用。

表 3.1　全国性大学生科技、文化竞赛活动一览表

竞赛类型	竞赛种类
综合类学科竞赛	“挑战杯”中国大学生创业计划竞赛 “挑战杯”全国大学生课外学术科技作品竞赛 全国大学生英语竞赛 全国大学院校学生创意实作竞赛 “CCTV 杯”全国英语演讲大赛
理科专业竞赛	全国大学生数字建模竞赛 全国大学生力学竞赛 大学生程序设计大赛 全国大学生结构设计大赛 大学生机电产品创新设计竞赛 全国大学生电子设计竞赛 全国大学生过程控制仿真挑战赛 全国大学生电工数字建模竞赛 全国大学生机器人大赛 ACM 国际编程大赛 SCILAB 自由软件编程竞赛
文科专业竞赛	全国大学生电子商务竞赛 中国大学生公共关系策划大赛 全国大学生营销大赛 全国大学生 ERP 沙盘比赛 全国大学生电子创新大赛 全国大学生广告策划比赛 国际商事仲裁模拟法庭辩论赛
课余生活竞赛	全国大学生 DV 影像艺术竞赛 全国大学生街舞挑战赛 全国大学生智能汽车邀请赛 大学生多媒体作品设计大赛 中国大学生数码媒体艺术大赛 中国大学生在线暑假影像大赛 全国大学生歌唱比赛

(四)用网络学习

伴随着科学技术的不断发展和进步,我们已步入了一个全新的社会——信息社会,而支撑信息社会的重要的基础设施就是计算机网络,可以这样说,计算机网络已深刻地、全面地改变了我们的学习、生活和工作方式。

大学作为人才培养和知识创新的基地,最先走上网络建设的潮流,成为全世界信息化程度最高的团体。目前,通过网络学习,大学生不仅能改进学习方法,拓宽知识面,提高学习能力和效率,而且还能提高自身的综合素质,使自己成为现代化建设需要的掌握多方面知识、技能的高素质人才。

互联网为大学生带来了开放共享的意识,全球化的眼光,全新的学习理念,广阔的生活和交往空间,以及拓展创新素质的培养平台,但与此同时,也给大学生带来了不容忽视的负面影响,大学生们应引起足够重视并尽量避免不良因素。在网络环境下的当代大学生,要加强对网络信息的甄别、比较、选择能力的培养,提高在复杂的信息环境中进行独立思考与分析、去粗取精、去伪存真的方法与能力。只有这样,才能在网络环境下不迷失方向,健康成长。

(五)向成功人士学习

大学生在学习过程中,要学会学人之长。"三人行,必有我师焉"这句古训在读小学的时候就知道了,其实学人之长是一个最简捷、最容易进步的方法,尤其是向成功人士学习,用不着自己去苦思冥想,也用不着孜孜不倦地去追求,并且还能在他人之长的基础上改进,成为一种更完美的长处。大学生在学习管理的过程中可以关注一些成功人士的案例并从中获得启发,去学习成功人士的优良品格。在这里为大家提供一些成功人士具备的共同特点供同学们参考学习。

知识链接

美国一位专家对1 000名美国成功人士进行访问调查,结果发现凡是能登峰造极的人,通常具有以下12个共同特点。

①成功的人热爱他们的工作。

因为这些人正享受着一生中前所未有的快乐:他们在工作时完全投入,似乎阻挡了其他任何事情的干扰。

②他们有积极的态度与十足的信心。

成功的人似乎永远不怀疑他们一定可以获得成功。一旦目标达到后,更加增强了他们的自信心。

③他们善于利用反面经验培养实力。

有的父母在生活中经常彼此大吼大叫,而他们却学会了从这种情况中找寻幽默,然后加以发挥。

④他们是果断的、训练有素的目标制订者。

大多数成功者对生活的需求有明确的观念,他们会选择最有利的捷径去追求目标。

⑤他们有完整的人格,愿意帮助他人成功。

一位企业家说:不管做什么交易,他都小心翼翼地对待对方,崇尚公平原则,使对方感到快乐,这是成功的基本要素。

⑥他们有坚韧不拔的毅力。

他们不被任何困难打倒,而是以百倍的勇气和耐心顽强地坚持下去,并积极改善条件,直到获得成功为止。

⑦他们有冒险精神。

成功的人犯了错误,不过耸耸肩膀,又继续奋斗下去。

⑧他们已经培养了良好的沟通与解决问题的技巧。

许多人遇到问题时会主动征求他人的意见。

⑨他们团结着一批负责、能干和有支持力的人。

一个人不管他有多么聪明或富有创造力,在他身边一定要有一批他能信赖的人。

⑩他们有健康的身体、充沛的精力,并能安排时间重振精神。

这种重振精神的做法,对他们非常重要,因此成功者往往会妥善安排时间从事活动或休息,保持旺盛的精力与进取心。

⑪他们认为信念是一种更强大的力量,并不因自己的成功而不可一世。

⑫他们有目标感与社会的奉献感。

第三节　行动力管理

一、行动力内涵

所谓的“行动力”,百度百科将其界定为策划战略意图,具备超强的自制力,同时能够突破自己,实现自己想做而不敢去做,或者是自己认为自己能力不足的事,制订计划就下定决心一定要去实现。对个人而言,它是自制力;对团队而言,它是领导力。“MBA 智库百科”则将其定义为愿意不断地学习、思考,养成习惯和动机,进而获得导致成功结果的行为能力。黄文浩认为,行动力是指激发、维持个体指向某种目标而活动的一种驱动力,主要表现为机会的把握力和行动的持久力。所谓机会的把握力,是指个体能迅速把握机会,利用机会达成人生目标的能力;所谓行动持久力,也就是维持个体指向性目标行动的外在表现力。

综合以上 3 种定义,可以从 3 个方面把握行动力的内涵:一是行动力具有意图性和目标性;二是行动力具有活动性和操作性;三是行动力具有坚韧性和持久性。

行动力强的人有目标且有计划,行动快却不盲动,果断而有毅力。可以说,行动力是尽快地将理想变为现实，解决实际问题，提高自我效能感，体现生命价值的重要能力。一个人的能力系统由多个要素构成，包括观察力、记忆力、想象力、推理力、决策力、模仿力、创造力以及行动力。

二、行动力指数

行动力指数是衡量个体达成目标的行动能力的重要指标，是对人生蓝图制订能力，年度、月度和周目标进行分解能力以及每日任务的执行能力进行综合评价后得出的分值。行动力指数由低到高分为 4 个层级。

（一）入门级

个体有想法，但工作主动性差，害怕冒险，惧怕工作中所面对的困难与挫折；容易受惰性和不良风气的影响，对自己没有自信；奋斗目标不坚定，缺少行动动力。

（二）初级

个体敢于主动请战，承担相应的工作与职责；敢于用“尝试”的方法解决问题，不惧怕困难与挫折，对自己比较有自信；树立了相当明确的目标，并开始尝试为之努力。

（三）中级

个体敢于打破固有模式，敢于用新办法、新思路对原有工作进行创新并解决问题；敢于立即采取行动，不怕失败打击；对于上级安排的工作总能按时或者提前完成；积极应对工作压力，在工作中不怕困难与挫折，敢于不断尝试；已经能有效运用行动工具，掌握一定的实现目标的具体方法。

（四）高级

个体具有强烈的企业家冒险精神，非常愿意通过不断尝试创造从无到有的结构；面对过程中的困难与挫折毫不畏惧，坚持走自己的路，有足够的行动力实现目标、管理目标。

小测试

测一测你的行动力

根据自己的实际情况，快速回答以下 20 个问题，是打“√”，否打“×”。

1. 你喜欢忙忙碌碌的生活吗？（　　）
2. 你会对堵车感到不耐烦吗？（　　）
3. 你一直在更换工作吗？（　　）
4. 你无法忍受空闲吗？（　　）
5. 凡事你喜欢参与，而不喜欢旁观吗？（　　）
6. 如果等电梯的人太多时，你宁愿爬楼梯吗？（　　）
7. 别人曾经抱怨你说话做事动作太快吗？（　　）
8. 即使在周末，你也一样早起吗？（　　）

9. 你总是对新的工作计划表现平平吗？（　　）

10. 你喜欢行动胜过计划吗？（　　）

11. 你喜欢组织群众吗？（　　）

12. 你花许多时间来思考吗？（　　）

13. 你曾经臆想“人来自何处”和“人要往何处去”吗？（　　）

14. 你喜欢做填字游戏吗？（　　）

15. 你喜欢参观博物馆和画廊吗？（　　）

16. 你喜欢有建设性的聊天吗？（　　）

17. 你习惯一步迈两级楼梯吗？（　　）

18. 在同样的时间内，你常比别人完成较多的事情吗？（　　）

19. 度假的时候，你喜欢刺激热闹胜过悠闲安静吗？（　　）

20. 整天无事可做时，你会觉得无聊吗？（　　）

计分方法：

各题答“是”的得 1 分，答“否”的得 0 分。

行动力测评结果解释：

12～20 分，你是个标准的行动者。凡事你不会光说不做，尤其喜欢忙忙碌碌地过日子；你喜欢主动参与，计划永远排得满满的，越忙越有劲。

6～11 分，你是个介于行动者和空想家之间的人。你喜欢过得忙碌，但不反对偶尔静下来思考一番。因此，像你这样的人，更容易适应各种环境。

5 分以下，你是个标准的梦想家。你宁愿一个人抱着一本书或是胡思乱想。虽然你也喜欢有人做伴、与人聊天，但是你很懂得享受独处的乐趣。

三、行动力强的人格特征

(一)主动性

主动领受工作任务，积极和上级、同事及下级商讨工作任务中的难点、问题，寻求解决办法与对策。

(二)推动力

在面对工作任务时，倾向于立即采取行动，并以自己的行动带动工作的进展。

(三)冒险性

更倾向于用“尝试”的方式解决问题，愿意在“做”的过程中发现问题、解决问题；不怕困难和挫折，勇于承担责任和行动后果。

(四)自信与坚持

相信自己能将工作做好，有能力解决工作中遇到的困难，具备较坚忍的意志力。

四、常见的行动力缺失

（一）启动迟滞

在工作、学习和生活中，不少青年有着种种美好的设想，也希望通过实际行动来达到目的，但事实上，他们往往会行动迟滞，做事缺乏紧迫感；或低估工作所需时间，认为自己只需要很短的时间就可以完成任务；或者没有分清主次，常常被纷乱的琐事所扰，分不清当前任务和今后任务、紧急任务和非紧急任务；或者认为条件和时机还没有到来，为了使结局更完美，只能等待；或者对自己的能力产生怀疑，认为自己必须在他人的帮助和督促下才能完成任务；或者由于拖延得太久，错过了最佳时机，等到再想起来做时又产生了一种“是不是为时已晚”的疑虑。这些青年徒有改变现实的美好愿望，但是由于行动力差，因而在消极等待中逐渐地失去了对目标的追求。

（二）中途放弃

有的人在完成任务的过程中一旦遇到挫折和困难，就立刻产生畏难情绪，不能积极动脑解决问题，总想绕开问题；有的人认为实现最终目标的路很漫长，怀疑自己的选择是否正确；有的人无法专注做一件事情，比如在撰写学生活动策划时停下来刷刷微博，发发微信；有的青年虽然对实现目标后的结果感兴趣，但是对完成任务的过程并不感兴趣，比如，很想通过某项考试获得相应的资格证书来证明自己的能力，但是对考试科目的内容一知半解，同时缺乏足够的意志力来坚持学习。在这样的情况下，他们很容易中途放弃自己所希望完成的任务。

（三）避重就轻

有的人在完成任务时，对要做的事情没有合理的排序，该做的事情不做，而去做其他的事，譬如，需要写一篇论文，但是迟迟不去做文献查阅，而是去做诸如清理宿舍、处理邮件等无关的工作。有的人往往热衷于做一些能够立刻给自己带来满足感的事情，虽然这些事情很容易完成，但是与任务目标没有多大关联。有的人喜欢把小事做得十分完美，比如，用于工作汇报的幻灯片演示文稿的图表、图像、声音等都样样做得精致，而实际上根本不需要这样。这些人表面上看似乎是在拼命工作，但实际上仍是在浪费时间。他们之所以要做许多无关的琐事，实际上是在为自己的逃避寻找合适的理由：自己太忙了，不是不做事，而是任务实在太多，还没有轮到做重要的事情。这种现象可以称为“逃避反应”，是以做可有可无的无聊事情的方式去逃避做应该做和必须做的事情，来达到对焦虑的暂时屏蔽，获得替代中的安慰和心理平衡。这正如美国作家、哲学家梭罗所说：“在人类的所谓游戏与消遣底下，甚至都隐藏着一种凝固的、不知又不觉的绝望。”这里的“游戏与消遣”是对完成现实中刚性任务的逃避，而“绝望”可以理解为对追求目标的绝望，对自身能力的失望。

五、行动力缺失的成因分析

(一)缺乏目标或目标确立不合理

目标指想要达到的境界或目的,在实际生活中,它是个人、部门或整个组织所期望的成果,也是行为的导向。人们的行为总是为了实现某种目标,目标的实现使人的需要得到满足,也使心理的紧张不安得到消除,从而结束一个行为过程。目标的实现既是行为的结果,又是满足需要的条件。哈佛大学有一个非常著名的关于目标对人生影响的跟踪调查,调查对象是一群智力、学历、环境等条件都差不多的年轻人,调查发现,27% 的人没有目标,60% 的人目标模糊,10% 的人有清晰但比较短期的目标,只有 3% 的人有清晰且长期的目标。25 年后的跟踪研究发现,那些占 3% 的人 25 年来几乎都不曾更改过自己的人生目标,他们都朝着同一个方向不懈地努力,25 年后他们几乎都成了社会各界的顶尖成功人士,他们中不乏白手创业者、行业精英和社会中坚;那些占 10% 的有清晰短期目标者,大都生活在社会的中上层,他们的共同特点是短期目标不断被达成,生活状态稳步上升,成为各行各业不可或缺的专业人士,如医生、律师、工程师、高级主管等;那些占 60% 的目标模糊者,几乎都生活在社会的中下层,他们能安稳地生活与工作,但都没有什么特别的成绩;那些占 27% 的没有目标的人群,几乎都生活在社会的最底层,他们过得很不如意,常常失业,靠社会救济生活,并且常常都在抱怨他人、抱怨社会、抱怨世界。调查者因此得出结论:目标对人生有巨大的导向性作用。然而,在现实生活中,许多人缺少目标的设定,如同射箭没有靶心一样,即使射击能力很强,却缺乏方向感。还有的人,其目标确立不合理,要么好高骛远,脱离实际;要么目标太低,没有挑战性,从而大大降低了自己的焦虑水平,缺乏积极性,导致行动迟滞。

(二)缺少对目标的分解

有的人谈论理想时头头是道,他们的理想看上去很美,但是缺少对目标的分解,也没有任何具体的实施方案,只是笼统的、抽象的设想,因而导致行动没有出发点,无法清晰把握自己的当前行动方向,无法考量自己现阶段的工作状态与总体目标的达成是否保持一致,无从体验成功的喜悦,也无法评判自己的工作效率高低,是否需要对目标进行局部调整等。由于找不到现实通向理想的路径,不知通过什么方式和渠道,经过哪些环节来实现理想,因此往往实施起来无从下手,行动懈怠、延宕、放任,久而久之,只能哀叹实现理想的路太遥远、太艰难,从而放弃行动。

(三)主动性差

所谓主动性,是指人在完成某项活动的过程中,按照自己规定或设置的目标行动,而不依赖外力推动的行为品质。主动性是由个体的需要、动机、理想、抱负和价值观等决定的。一般来说,工作主动性分为 4 个层次:第一层次是无须他人提醒,便能积极出色地完成自己的各项工作;第二层次是上级安排任务后,才去做安排的工作,上级不安排就不知道去做;第三层次是上级安排任务后,经多次督促,才迫于形势去做;第四层次是上级安排任务后,告诉他怎么做，并且盯着他才去做。主动性差的人成就动机低下，一般不会为了取得较好成就、达到既定目标而积极努力，惧怕冒险与挑战，容易受惰性和不良风气的影响，目光向下看，缺少行动力。

（四）知识技能储备不足

在知识经济社会，知识总量的翻番周期已从过去的 100 年、50 年、20 年、10 年缩短到 3 ~ 5 年，人们原有的知识面临着老化和淘汰，需要及时补充新知识，才能适应时代的发展。然而，与这一趋势背道而驰的是，有人对智性或知识表示反对或怀疑，认为智性或知识对人生有害而无益，有些人因此对知识和技能的重要性认识不足，不重视及时充电，对学习产生倦怠。由于知识和技能储备不足，他们无法应对难度大、复杂程度高的各项任务，无法解决工作中的各种难题。与此同时，许多人所从事的职业与原先在高校学习的专业常常不对口，造成了“所掌握的知识”与“所运用的知识”相分离的现象。面对这一现状，有的人只知抱怨，或放任自己，从不调整自己，不去学习新领域、新行业的知识，不去缩短自己的知识结构与职业需求的差距，当新的机遇和挑战来临之际，他们只能有心无力，望洋兴叹。

（五）外部评价缺失

个体的行动力缺失还与他们所处的外部环境中缺乏评价有关。评价意味着约束和监督，意味着考核和甄别，任何有效的管理都离不开科学的评价。评价是依据一定的评价标准，通过系统地收集有关信息，对完成任务的计划、实施、结果等有关问题做出价值判断并寻求改进途径的一种活动，它包括对工作主体、工作内容、工作过程、工作结果的价值判断。评价是多向度的，既有对当前产生影响的判断，也有对未来有长远影响的评价。因此，评价不仅指向现在，也着眼于未来；既是对当前工作的总结，也是对未来工作的提前考量，是进一步优化未来工作的根据。但在现实中，有的组织由于对评价的意义认识不够，存在着不重视评价的现象。有的部门只重视形式，满足于完成常规性的工作，不重视工作效果，工作结束后也不做任何评价；有的虽有评价，但却流于表面，对每一位员工的工作情况评价肤泛不切，也没有把评价结果作为确定员工职位级别和薪酬分配的依据，作为员工确定其职业发展和晋升路径的参照系，导致部分人常处在一种游离于具体工作任务之外的状态，即出工不出力，隐性脱岗，隐性旷工。

（六）早期行动习惯培养缺失

个体的行动力缺失还与他们在成长早期缺乏行动习惯培养有关。心理学家认为，习惯是由于重复或练习而巩固下来并变成需要的行为方式。可以说，一个人如果从小养成了良好的行动习惯，行动就会有目的性，就容易提高做事的效率，能够及时解决问题。而在现实中，有些家长在教育子女时往往只重视其学习兴趣、卫生习惯等方面的培养，而没有把及时行动、有效监督自己的行动作为培养的内容，导致子女从小做事拖拉，一遇挫折就退缩，而家长却往往认为这是孩子“性子慢”“做事稳当”的表现，没有予以足够的重视。这样的状况一旦形成稳定的行为方式，很容易导致个体在踏入工作岗位后延续以往的做法。

3. 执行结束后:结果第一,理由第二

我们从不相信信誓旦旦,从不相信别人的承诺,我们只相信已经发生的事实,只关心正在发生的事实和数据。不管白猫黑猫,会抓老鼠的就是好猫!不要总是首先想到给自己开脱,总是先找一堆借口和理由。我们是靠结果生存,我们不能靠理由生存,没有结果,我们就不能生存,这是硬道理!所以,在执行过程中,多想办法,少想借口。

眼中有结果,就不会有困难,眼中有困难,就不会有结果,结果和困难是跷跷板上的两极。其实每个人都会失败,失败并不可怕,但不能放弃。执行是一个试错的过程,必须先行动起来!

案例

联邦快递——把客户所托变成使命

2000年11月初,"象神"台风袭击台湾地区,带来大暴雨,基隆河水位暴涨,新店、文山及瑞芳地区几乎成了一片汪洋,最严重的汐止地区还出现两层楼高的严重积水,有不少人因此溺毙。台湾地区道路也出现多处塌方,再加上泥石流夹击,电力、电信系统严重受损,台湾地区笼罩在一片凄风苦雨中。虽然其他的货运快递业者都已停止递送,但联邦快递没有宣布停止服务,所有一线的员工都坚守在岗位上,丝毫不敢懈怠。在四处都有积水的情况下,送货当然是一件十分危险的任务,刘天一回想:"当时完全没有考虑危不危险、辛不辛苦,心里只想着公司的精神是'使命必达',无论如何也得把货送到。"

当客户开门的那一刹那,看到的是一名全身滴着水,满脸笑容的刘天一。那时客户的表情只能用"除了惊讶,还是惊讶"来形容,因为没有人会想到,台风天气还能准时收到货。虽然,冒着风雨送货最后只换来一句简单的"谢谢",不过刘天一依旧笑容满面地相信,"他们将成为我们一辈子的客户"。

(三)培养行动的习惯

提升行动力,我们要动起来,形成行动的习惯,让行动习惯成自然,由开始的需要意志努力的"我要做"变成任务来了,自动做。而行动习惯的培养遵循五动步骤。

1. 起动

要养成一个好习惯,光在脑子里转,是无论如何也不可能把这个习惯养成的,还必须动,必须起动。即一旦我们下了决心要养成某个习惯,就要立即起动,不能明日复明日,不能只在脑子里转。如果那样,习惯是永远不可能养成,收获永远不会到来。

2. 百动

职业经理人杰克·韦尔奇曾经说过:"一旦你产生了一个简单的、坚定的想法,只要你不停地重复它,终会使之成为现实;提炼、坚持、重复,这是你成功的法宝;持之以恒,最终会达到临界值。"杰克·韦尔奇这里所说的"只要你不停地重复它""坚持、重复""持之以恒",指的也许就是要不断地"动",要足够地"动",要"百动"。因为只有不断地"动",只有足够地

"动",只有经过"百动",一个坚定的想法,一种重要的观念,才能变成习惯,才能变为大家的行动,才能真正落到实处。需要注意的是,之所以称之为"百动",意思是必须动到足够量,习惯才能养成;否则,尽管你也动了,但因为量不足,这习惯还是无法养成,结果"行百里者半九十",中途而废。在实际生活中,这样的憾事简直俯拾皆是。家庭、学校、企业、社会都在讲"养成教育",都在试图培养各种良好的习惯,可惜的是我们往往缺乏耐心或不明此理。跑步坚持三天就不跑了,进社团一个学期就没热度了,定期拜访客户坚持一个月就无法持续了……不断地重复行动—放弃,行动—放弃,浪费大量人力物力,却没有任何收效。如果我们持之以恒,行为怎么会没有结果,习惯怎么能养不成?

3. 自动

一旦你坚持不懈,做到了"百动",量变真的就会发生质变——你所渴望的、将使你终身受益的习惯就养成了。而到了这个阶段,一种奇妙的现象就在你身上产生了——"自动"。

什么叫"自动"? 自动就是无须监督,无须压力,你自己就会动;自动就是这样动了,你内心就舒服,不这样动,你内心就不安;自动就是有人在,你是这样,没有人在,你照样这样;自动就是你一定会这样动,而且一定会保质保量地这样动。试想,这对全社会将是一种多么求之不得的情景啊! 因为很显然,哪一个企业不渴望自己的员工能这样"自动"? 哪一个家庭、哪一所学校、哪一级政府不渴望自己的孩子、学生、百姓能这样"自动"? 习惯到了"自动"阶段,对社会意义重大,而对我们个人又何尝不是如此? 细想一下,一旦你在人生各方面养成了各种好习惯,这将是一种多么理想的状态啊——你既无外压,也无内压,却总在做着有益于自己也有益于社会的事;你每天的安排既紧张、有序,又充实、舒心;你做起事来从容不迫、有条不紊,却又张弛有度、高效卓越;你无论内心情感还是与人相处都因有许多良好的习惯而愉悦欢畅、如鱼得水……一旦到了这个层次,这对我们将是一种多么自在、理想、美满的人生状态啊!

4. 永动

过了"自动",又一种奇妙的状态出现了,那就是"永动"。何谓"永动"呢?

"永动"就是你总在动,总在自觉地动,总在经年累月地动,总在默不作声地动。这是什么呢? 这实际就是毅力。而有谁能想到,这人人称羡、向往而又自感遥不可及的毅力,原来竟源于习惯。闻名于世的麦当劳创始人克罗克就曾说过:"在世界上毅力是无法替代的。天赋无法替代它,有天赋却失败的人比比皆是;才能无法替代它,有才能却失败的人时时可见;教育无法替代它,受教育却失败的人处处可闻。只有毅力是无所不能,所向披靡的。"

5. 乐动

当别扭的感觉完全消失,已经完全适应一件事情,就形成了乐动。

调查显示,一个良好习惯的形成一般需要 21 天,比如,连续 21 天,坚持每天早晨 6 点起床,之后就会养成这个习惯。要利用行动来改变习惯,习惯一旦养成,就会感悟到行动的乐趣。首先,一个好习惯养成后,你这样做就舒服,不这样做内心就会不安。这舒服即是人生一乐。其次，当你养成了各种好习惯后，人生会变得十分充实。你从早到晚都在做各种事，而这些事既有益于自己，又有益于社会，因此心里会觉得很踏实。由于这一切习惯都是你自己精心设计、精心培养的，因此每一天你虽然很忙，但忙得很主动、很自在、很有序，又很高效、很健康、很潇洒。我们的人生就能因习惯而变得生动活泼、丰富多彩、高效有序。最后，当我们试着去养成各种习惯，当这些习惯起动、自动、永动后，我们发现自己的能力总在一步步提升，自己的目标总在一个个达成，自己的难题总在一个个解决，自己的奇迹总在一个个出现。也就是说，我们总在不断变化、不断进步、不断超越、不断突破，从而体会到成长的快乐。

（四）激发行动的六大步骤

1. 我要得到什么样的结果

思考想要的结果，比如：通过计算机二级考试，考上研究生，找到理想工作，达成10万的业绩指标，被公司认可，两年内竞聘主管职位等。

2. 达不到目标有什么样的痛苦

闭上眼睛想象一下，没有达成这个目标可能的痛苦场景，比如：考试不及格，失去工作，个人价值不被认可等，场景想象越具体越好。

3. 不行动有什么坏处

继续思考，如果不行动会导致什么不良后果，例如：工作做不出业绩，目标未达成，不被信任，生活失去保障，无快乐可言。

4. 假如马上行动，有什么好处

如果立即行动，又会带来什么好处，比如：有机会争取大的订单，个人价值将得到认可，成为事业的转折点。

5. 确定期限，马上行动

行动前，定下目标达成时限，比如：在3个月内通过英语四级考试。

6. 将行动计划告诉你的家人、朋友和领导

看你的行动计划是否合理可行，先行检验一下，比如：告诉上级领导自己的目标，寻求他的帮助和支持，制订相应策略。

互动体验

观看视频《时间规划局》，让学生谈谈内心感受或体会。

互动体验

测试你管理时间的能力。

1. 星期一上学的时候，老师通知你周五下午有一次重要的考试，你会怎么处理？

A. 取消放学后的简单休息，马上投入复习中。

B. 主要整理以往的笔记，辅助同步练习。

C. 从周一到周四都在考虑这件事情，周五早上开始抽空复习。

D. 在自己情绪好的时候复习。

E. 想复习，但总是因为各种原因未执行。

2. 你的记事本里写了什么内容？

A. 下周的详细日程安排。

B. 要去的地方和要做的事情。

C. 自己的涂鸦和喜欢去的地方。

D. 用醒目大字写着一些重要的事情。

E. 为每天要做的事情列出长长的单子，标出优先要做的。

互动体验

找出一件你一直想做，但是没有做的事情，按照六大步骤激发你的行动力。

1. 我要得到什么样的结果？

____

____

2. 达不到目标有什么痛苦？

____

____

3. 不行动有什么坏处？

____

____

4. 假如马上行动，有什么好处？

____

____

5. 制订期限，马上行动。

____

____

6. 将行动计划告诉你的家人、朋友和领导。

____

____

本章小结

时间管理的目的在于如何减少时间浪费，以便有效地完成既定目标。它也是一种自我管理,具体来讲是改变习惯,令自己更富绩效、更富效能、更有效果。导致时间管理的误区一般有缺乏计划、时间控制不够、整理整顿不足、进取意识不强。迄今,时间管理理论经过了4个发展阶段:第一代时间管理理论、第二代时间管理理论、第三代时间管理理论、第四代时间管理理论。

学习管理强调的是大学生自主安排学习的过程,它是指大学生自主地对与其事业(职业)目标相关的学习所进行的安排、筹划并付诸行动以实现学习目标(提升综合素质适应社会需求)的过程。具体来讲,是指大学生通过对自身特点(性格特点、能力特点)和社会未来需要的深入分析和正确认识,确定自己的事业(职业)目标,进而确定学习目标,然后结合自己的实际情况(经济条件、工作生活现状、家庭情况等)制订学习计划,在实施学习计划的过程中进行自我约束、自我管理与调控以完成自己的学习目标。换言之,就是大学生通过解决学什么、怎么学、什么时候学等问题,以确保自身顺利完成学业,为成功实现就业或开创事业打好基础。

大学生在学习的过程中是通过对思想道德素质、人文素养、智力水平、心理素质、身体素质进行管理来提升自己的综合素质以适应当今社会变化的。学习管理的最终目的是引导、督促学生完成学习目标,提升综合素质,使自己成功社会化。

有效的学习管理需要大学生养成良好的学习习惯,良好的学习习惯主要体现在拥有自主学习的意识、创新学习的精神、全面学习的观念以及能够做到学以致用、知行合一。

有效的学习管理需要大学生采取有效的途径并配合一定的方法去实现。大学学习的方法主要有:在课堂与实践中学习;在实践中学习,在竞赛中检验;向社会学习;向成功人士学习。

行动力是指激发、维持个体指向某种目标而活动的一种驱动力,主要表现为机会的把握力和行动的持久力。所谓机会的把握力,是指个体能迅速把握机会,利用机会达成人生目标的能力;所谓行动持久力,也就是维持个体指向性目标行动的外在表现力。行动力具有3个层面的内涵:一是行动力具有意图性和目标性;二是行动力具有活动性和操作性;三是行动力具有坚韧性和持久性。

思考题

1. 时间的本质是什么?时间管理的内涵是什么?时间管理一般存在哪些误区?
2. 时间管理的原则有哪些?
3. 时间管理的方法与技巧有哪些?
4. 什么是行动力?行动力强的人具备何种特点?
5. 结合自身实际,谈谈你的行动力状况如何?打算采取哪些措施进一步提升自己的行动力?
6. 描述最近一次与人交流时注意到的细节,推测这一细节可能蕴含的信息。
7. 列举你具有的3种良好行为习惯,分析这些习惯的形成途径。

第四章 职业环境

[学习目标]

1. 了解职业环境的概念和掌握我国当前的职业环境特点。
2. 学会如何认知我们所处的学校环境。
3. 学会如何面对所处的家庭环境。

[案例导入]

别让一份错的工作毁了你的职业生涯

小赵把身体陷进沙发里，双手托着腮，表情抑郁。茶几上纸杯里的水已经放凉了，她没心思喝。

“我原来不这样的，不好意思。”面对职业规划师，小赵微微撇了撇嘴角，她想笑，却扯出了一个难过的表情。

“没关系。”职业规划师拍了拍小赵的肩膀，示意她别介意自己的状态。

从小赵前期提交的咨询资料来看，她并不属于阴郁孤僻的气质类型。相反，大学时的她活泼开朗，成绩优良，是同学和朋友眼中的模范。她热衷参加各类文艺社团，主导策划过多次活动，之所以会陷入如今的情绪低谷中不能自拔，都是因为毕业后父母安排给她的这份工作。

“我对目前银行的这份工作一点也不感兴趣，没完没了地核对数据、接待客户、处理投诉，像一部机器一样，太折磨人了。”

职业规划师点了点头：“很明显，你的职业兴趣不在这里。”

“可能是我太马虎了，工作中常常差错不断。不是少填单据就是少盖图章，有一次还少收了客户的存款，受到了单位的警告。虽然这件事后来处理了，可我觉得自己太丢人了。”

“你的知识结构和可转移技能与现在的工作不匹配，难免会出现这样那样的问题，这在所难免。同时，正是因为你在工作上的自信心一再受挫，才会被逼进心理上的‘灰色地带’。”

“老师，我接下来该怎么办？”

“工作本身没有问题，你自身也没有问题，问题出在你的职业取向、知识技能与银行工作的匹配度上。很明显，你并不适合做银行的柜面工作。”

接下来职业规划师对小赵的测评结果做了解析。从 MBTI 性格测试结果来看，她属于

NF 友善型，天生一副热心肠，助人为乐，为人爽朗，做事认真负责，具备很强的道德责任感。

在职业取向上，职业规划师发现小赵热衷于寻求与人之间的亲密关系，这个显著特点巩固了她对培训、协助职业以及义务工作的兴趣。同时，小赵比较倾向于相对比较自由的工作环境和内容，希望团队伙伴能不钩心斗角，有冲劲，并且能够和不同的人合作，提升自身的素质，想做有影响力的人，发挥自己的价值。

"你目前的主要问题来自两个方面：一是自我认知不足，知道自己不喜欢什么工作，却不知道自己喜欢什么工作，缺乏准确的职业定位和行动方向；另一方面，你的自信心严重受挫，对待工作的态度消极，容易自我否定。"

"现今职场中的很多人，从刚毕业参加工作的年轻人，到已过而立之年的企业中高层管理者、决策者，都存在着和你一样的问题：对于自己的职业生涯并没有一个很好的规划。无视自己的兴趣爱好，牵强地找一份工作借以糊口的有之；违背自己的意愿，听从父母安排进入事业单位的有之；刚开始喜欢的工作，到后来没有了一点热情和激情后却依然待在工作岗位上的也有之……凡此种种，都是因为没有处理好自身与职业匹配度的问题。"

综上分析，职业规划师结合小赵的特点，指出能获得她最大的职业满意度的职业平台需要包括以下要素。

①与自身很强的内在价值以及自己所关心和愿意为之贡献自己精力和才智的事业一致。

②使她成为适应能力极强而且负责的人。有明确的工作目标，能够亲眼看到和体会到所做工作的结果，能成为某个领域的专家。

③非常愉悦又充满合作意识的氛围，人际冲突保持在最低的限度，能够提供弹性和机会。

④能够为员工提供一个环境，让他们感到他们能够去帮助别人和理解别人，并因此经常受到鼓励的工作。

⑤在完成她认为很重要的工作内容过程中体会到自身的成长和发展，有受教育的机会。

⑥有挑战性和发展前景，能发挥自己的想象力和创造力，有较高的收入。

随后，职业规划师与小赵一起，共同探讨出了适合她接下来发展的职业通道路线：以咨询顾问或人力资源专员为切入点，慢慢发展成为专家型人才，包括企业管理顾问、培训师、健康顾问或心理学应用方向专家。

第一节　职业环境分析

一、职业环境的概念

环境是指人类所在的周围地方与有关事物,一般分为自然环境与社会环境。而人类作为具有动物属性和社会属性的高级生物,社会属性赋予人类更多的生存和发展空间,社会环境是人类重要的生存发展环境之一,职业环境更是成年人重要的、关键的生存环境。

所谓职业环境,就是某职业在社会大环境中的发展状况、技术含量、社会地位、未来发展趋势等。职业环境包括两大方面的内容:社会环境和组织(企业)环境。

进行职业环境分析的要求是:通过职业环境分析弄清职业环境对职业发展的要求、影响及作用,对各种影响因素加以衡量、评估并做出反应。关注当前热点职业有哪些,发展前景怎样,社会发展趋势对所选职业有什么影响,要求如何,等等。

二、对职业环境的认知

近年来,随着高等教育从“精英教育”时代到“大众化教育”时代的转变,毕业生数量增长迅速和社会有效需求这对矛盾日益突出,人才市场竞争日趋激烈。随着全球化的发展、知识经济的冲击和网络时代的到来,大学生初次与持续就业所需的能力逐年提高,高校毕业生必须具备满足新经济要求的核心就业能力才能成功发展。但是当前大学生所处的职业环境也在发生着深刻变化,新兴职业的不断涌现,传统职业的优化升级以及经营管理模式的转变,高等学校培养出来的毕业生在知识和技能结构上与社会需求存在脱节的现象,如果大学生不正确认识这一趋势,势必会影响自身的职业生涯,因此有必要对当前所处的职业环境进行分析。

(一)社会环境

社会环境是指某职业在社会大环境中的发展状况、技术含量、社会地位、未来发展趋势等。

①经济发展水平。在经济发展水平高的地区,企业相对集中,优秀企业也比较多,个人职业选择的机会就比较多,因而就有利于个人职业发展;反之,在经济落后地区,个人职业发展也会受到限制。

②社会文化环境包括教育条件和水平、社会文化设施等。在良好的社会文化环境中,个人能受到良好的教育和熏陶,从而为职业发展打下更好的基础。

③政治制度和氛围。政治和经济是相互影响的,政治不仅影响一国的经济体制,而且影响着企业的组织体制,从而直接影响到个人的职业发展;政治制度和氛围还会潜移默化地影响个人的追求,从而对职业生涯产生影响。

④价值观念。一个人生活在社会环境中，必然会受到社会价值观念的影响，大多数人的价值取向，都是被社会主体价值取向所左右的。一个人的思想发展、成熟的过程，其实就是认可社会主体价值观念的过程。社会价值观念正是通过影响个人价值观而影响个人的职业选择。

(二)组织环境

组织环境是指某一个岗位，在其所依附的组织中，职能发挥与绩效达成的通畅性和后续的可改善空间。

①企业实力。企业在社会中的地位和声望如何？企业目前的产品、服务和活动范畴是什么？企业的发展领域在哪些方面？发展前景如何？战略目标是什么？技术力量和设施是否先进？在本行业中是否具备很强的竞争力？是发展扩张，是倒退紧缩，还是处于一个很快就会被吞并的地位？竞争对手是谁？企业目前的财政状况如何？是真正在"做大""做强"？还是空有其壳？有没有长久的生命力？企业的组织结构是怎样的？是扁平的还是等级制的？等等。

②企业主要领导人的抱负及能力是企业发展的决定性因素。个人在职场中的运气很大一部分来自老板。很多成功的大企业都有一位出色的领导人作为掌舵领航人。当然炒老板鱿鱼也是职场的一道家常菜。因此，要了解企业主要领导人是真心要干一番事业，还是想捞取名利；管理是否先进开明；他是否有足够的能力带领员工开创新天地；他有没有战略眼光和措施；他是否尊重员工。

③企业文化和企业制度。企业文化决定了一个企业如何看待她的员工，因此员工的职业生涯由企业文化决定。一个主张员工参与管理的企业显然比一个独裁的企业能为员工提供更多的发展。企业制度涉及的范围比较广，包括管理制度、用人制度、培训制度等，尽可能了解这些信息，了解企业在组织结构上的特征与发展变化趋势对自己的未来可能带来什么样的影响。特别要注意企业用人制度如何，能否提供教育培训机会，提供的条件是什么；自己将来有没有可能在该企业担任更高级的职务或担负更大的责任；个人待遇提升的空间有多大，是基于能力还是工作年限；企业的标准工作时间怎样，是固定的还是可以变通的；当然还要考虑企业提供的薪酬和福利待遇与行业内其他公司比较如何。

在认知了职业环境的相关概念之后，作为新时代的大学生，必须面对的是就业问题，因为大学生就业问题首先是一个社会问题，它与我国当前的社会环境、政治环境、经济环境、教育体制、就业机制等密切相关。这就要求大学生扩大视野，从更高的层面、更宏观的角度思考就业问题。也正是因为就业是在一定的环境中进行的，我们可以把大学生所处的社会环境划分为以下几个方面：国家关于大学生的就业政策、国家经济形势、用人单位的需求情况、就业市场上毕业生的供给情况。

三、对国家最新大学生就业政策的认知

①鼓励高校毕业生到基层和艰苦地区工作。各级政府要为高校毕业生创造工作条件，

主要在城市社区和农村乡镇基层单位，从事教育、卫生、公安、农技、扶贫和其他社会公益事业。在艰苦地区工作两年或两年以上者，报考研究生的，应优先予以推荐、录取；报考党政机关和应聘国有企事业单位的，同等条件下，应优先录用。

②党政机关录用公务员和国有企事业单位新增专业技术人员和管理人员，应主要面向高校毕业生，公开招考或招聘，择优录用。

③鼓励各类企事业单位特别是中小企业和民营企事业单位聘用高校毕业生，政府有关部门要为其提供便利条件和相应服务。对企业跨地区聘用的高校毕业生，省会及省会以下城市要认真落实有关政策，取消落户限制。

④鼓励高校毕业生自主创业和灵活就业。凡高校毕业生从事个体经营的，除国家限制的行业外，自工商部门批准其经营之日起一年内免交登记类和管理类的各项行政事业性收费。有条件的地区由地方政府确定，在现有渠道中为高校毕业生提供创业小额贷款和担保。

⑤为高校毕业生办理户口和人事档案手续提供便利。对毕业离校时未落实工作单位的高校毕业生，本人要求户口和人事档案保留在学校的，按规定保留两年。在此期间，档案管理机构对保管其档案免收服务费用；本人要求将户口转回入学前户籍所在地的，公安机关应当按照户籍管理规定为其办理落户手续，人事、教育部门所属人才交流服务机构负责办理相关手续，人事部门所属人才交流服务机构免费提供人事代理服务。本人落实工作单位后，公安机关按有关规定办理户口迁移手续。

⑥毕业半年以上未能就业并要求就业的高校毕业生，可持学校证明到入学前户籍所在城市或县劳动保障部门办理失业登记。劳动保障部门所属的公共职业介绍机构和街道劳动保障机构应免费为其提供就业服务。对已进行失业登记的高校毕业生，有条件的城市、社区可组织其参加临时性的社会工作、社会公益活动，或到用人单位见习，给予一定报酬。对于因患病等原因短期无法工作并确无生活来源者，由民政部门参照当地城市低保标准，给予临时救助。此项费用由地方财政列支。

⑦鼓励中小企业和民营企事业单位聘用高等职业学校（大专）毕业生，对就业困难的应届高职（大专）毕业生，由劳动保障、人事和教育部门共同实施“高职（大专）毕业生职业资格培训工程”，对需要培训的应届高职（大专）毕业生进行职业技能培训和职业技能鉴定。培训费由教育系统承担，职业技能鉴定费由劳动保障部门适当减免。

四、对国家经济形势的认知

我们以2019年的中央经济工作会议分析报告为例，来认知国家经济形势。2019年经济工作提出了“巩固、增强、提升、畅通”的八字方针，为我们坚定信心、深化认识，做好2019年经济工作指航定向。2019年是新中国成立70周年，也是全面建成小康社会关键之年，经济工作任务十分繁重。我们要按照中央的要求和部署，全面分析内外部环境的深刻变化，科学把握重要战略机遇新内涵，沉着应对各种风险与挑战，加快我国经济高质量发展步伐，为全面建成小康社会收官打下决定性基础。

当前我国经济形势基本稳定。2018 年,面对严峻的国际形势和国内艰巨的改革发展任务,我国按照高质量发展总要求、以深化供给侧结构性改革为主线,打好三大攻坚战,统筹推进稳增长、促改革、调结构、惠民生、防风险各项工作,国民经济运行总体平稳,稳中有进。

一是经济基本维持在合理区间。

2018 年前三季度,我国国内生产总值同比增长 6.7%。2018 年 1—11 月,规模以上工业增加值增长 6.3%。物价走势温和适中,居民消费价格上涨 2.1%。生产领域价格总体平稳,工业价格和居民消费价格剪刀差收窄。就业规模持续扩大,到 2018 年 11 月末,全国城镇新增就业 1 293 万人,提前完成全年目标。全国城镇调查失业率稳中有降,维持在 5% 左右。国际收支基本平衡,中美贸易摩擦对出口和外资的影响还没有显现。

二是经济结构持续优化。

第三产业比重不断提高,对经济增长的拉动作用不断增强。2018 年前三季度,三次产业增加值占 GDP 的比重分别为 6.5%,40.4% 和 53.1%,第二产业和第三产业比重分别提高 0.2 和 0.3 个百分点。消费对我国经济增长的拉动作用进一步增强,需求结构不断改善。虽然基建投资明显回落,但制造业、房地产、民间投资稳定,服务消费需求旺盛。2018 年前三季度,最终消费支出对 GDP 增长的贡献率为 78%,比 2017 年同期提高 14 个百分点。居民收入增长与经济增长同步,城乡居民收入差距缩小,2018 年前三季度,全国居民人均可支配收入同比实际增长 6.6%,与经济增长基本同步。

三是新增长动能有所提升。

高技术产业、装备制造业、战略性新兴产业增加值增长速度明显高于整个规模以上工业。新能源汽车、光纤、智能电视等新产品产量保持较快增长。服务业中的战略性新兴服务业、高技术服务业营业收入快于全部规模以上服务业。与居民消费升级相关的养老、医疗、旅游休闲、文化娱乐等服务行业供给水平提高。咨询、物流、信息、商务服务业快速发展,信息传输、软件和信息技术服务业势头较好。

四是经济效益和质量有所提高。

产能利用率保持稳定。2018 年前三季度,全国工业产能利用率为 76.6%,与 2017 年同期持平。规模以上工业企业实现利润同比增长 14.7%,大大高于企业销售收入增速。杠杆率降低。2018 年 11 月末,规模以上工业企业资产负债率为 56.8%,同比下降 0.4 个百分点。节能降耗扎实推进,能源消费结构继续优化。2018 年前三季度,全国能源消费总量同比增长 3.4%,天然气、水电、核电、风电等清洁能源消费占能源消费总量比重比 2017 年同期提高 1.3 个百分点,单位 GDP 能耗同比下降 3.1%。

需要注意的是,在经济平稳运行的同时,我国也出现了民营企业困难增加、基建投资回落过快等问题,国际经济环境较为严峻,中美经贸摩擦不确定性明显上升,经济运行稳中有变、变中有忧。这些问题和挑战值得引起我们高度重视。

2019年我国宏观调控政策取向:针对我国经济存在的矛盾和问题,中央经济工作会议提出了2019年我国经济发展目标、政策和主要工作。我们要坚持稳中求进工作总基调,坚持以供给侧结构性改革为主线,坚持深化市场化改革、扩大高水平开放,着力激发微观主体活力,创新和完善宏观调控,统筹推进稳增长、促改革、调结构、惠民生、防风险工作,进一步稳就业、稳金融、稳外贸、稳外资、稳投资、稳预期,提振市场信心,保持经济运行在合理区间。

第一,宏观政策要强化逆周期调节。继续实施积极的财政政策和稳健的货币政策,适时预调微调,稳定总需求。积极的财政政策要加力提效,实施更大规模的减税降费,较大幅度增加地方政府专项债券规模。稳健的货币政策要松紧适度,保持流动性合理充裕。改善货币政策传导机制,提高直接融资比重,解决好民营企业和小微企业融资难融资贵问题。保持人民币汇率在合理均衡水平上的基本稳定,加强资本管制,保证我国货币政策的独立性。

第二,结构性政策要强化体制机制建设。坚持向改革要动力,深化国资国企、财税金融、土地、市场准入、社会管理等领域改革,强化竞争政策的基础性地位,创造公平竞争的制度环境,鼓励中小企业加快成长。推进供给侧结构性改革是结构性政策的主要抓手,2019年要在"巩固、增强、提升、畅通"8个字上下功夫。要巩固"三去一降一补"成果,推动更多产能过剩行业加快出清,降低全社会各类营商成本,加大基础设施等领域补短板力度。要增强微观主体活力,发挥企业和企业家主观能动性,建立公平开放透明的市场规则和法治化营商环境,促进正向激励和优胜劣汰。要提升产业链水平,利用技术创新和规模效应形成新的竞争优势,培育和发展新的产业集群。要畅通国民经济循环,形成国内市场和生产主体、经济增长和就业扩大、金融和实体经济良性循环。

第三,社会政策要强化兜底保障功能。要把稳就业摆在突出位置,重点解决好高校毕业生、农民工、退役军人等群体就业。要深化社会保障制度改革,在加快省级统筹的基础上推进养老保险全国统筹。要构建房地产市场健康发展长效机制,坚持房子是用来住的、不是用来炒的定位,因城施策、分类指导,夯实城市政府主体责任,完善住房市场体系和住房保障体系。

第四,防范化解重大风险。要坚持结构性去杠杆的基本思路,防范金融市场异常波动和共振,稳妥处理地方政府债务风险,做到坚定、可控、有序、适度。要以深化金融财税改革化解金融风险。发展民营银行和社区银行,推动城商行、农商行、农信社业务逐步回归本源。要完善金融基础设施,强化监管和服务能力。要通过深化改革,打造一个规范、透明、开放、有活力、有韧性的资本市场,提高上市公司质量,完善交易制度。要健全地方税体系,规范政府举债融资机制。

五、用人单位的需求情况

用人单位的需求信息就像股市大盘的走向,成为观测经济的"晴雨表"。每年毕业生就业时,需要招聘应届毕业生的用人单位通过到政府教育主管部门就业指导中心、高校就业指导中心或者是各地区人才市场以登记的形式及时发布需求信息，并参加有关的毕业生供需见面会，还有部分用人单位到学校召开宣讲会和现场招聘会，学校就业指导中心会将就业信息通过网站、报纸、公告栏、手机短信平台、微信、微博等方式传递给学生。

用人单位对人才的需求是动态变化的，这与4个方面的因素有关。一是用人单位自身发展（取决于国民经济发展整体态势、行业发展形势、企业自身经营状况及运营计划）对人才的需求；二是人才供给情况；三是用人单位人力资源观念的转变；四是相关政策的制约或促进，国家为推动大学生就业，制定了一系列政策。

知识链接

2018年2月10日，河南省人才交流中心公布了2018年河南省公共人才服务机构才市分析报告。总体来说，2018年，全省组织招聘单位5.44万家，提供就业岗位113.11万个，现场求职人员94.44万人次，现场和网络共收到求职简历103.56万份，达成意向率为40.52%，同比上涨3.31%。

看点1：岗位数量和求职数量双下降

报告显示，2018年，由于求职渠道越发多元化、求职方式信息化，民营人力资源服务机构也在助力就业服务，到公共人才服务机构进行招聘的用人单位数量下降了15.71%，提供就业岗位数量和现场求职人员数量分别下降19.35%和22.82%。

对于用人单位而言，人力资源成本逐年上涨，“招人难”成为新常态，用人单位希望通过应用高新技术，提升管理水平，达到降成本、提效能的目的。在这个过程中用人需求的结构发生变化，对高学历、高技能人才需求增加，但对基础岗位需求数量明显减少，造成总体需求数量减少。

对于求职人员而言，随着个性鲜明的“95后”大学生进入就业市场，新生代毕业生在就业过程中更关注企业文化、职业发展前景，更希望实现更高质量的就业，公共人才服务机构提供的岗位短时间内难以满足他们更高质量就业的需求，也造成进场求职人员的数量减少。

看点2：制造业、教育业用人需求旺盛

从行业用人单位数量来看，与2017年相比，用人单位所属行业前十位没有发生变化，各自的位置有所调整。制造业，教育业，贸易、批发和零售业排名前三。

业内人士分析，在全年经济形势稳中向好的形势下，制造业专业技术性人才的用人需求回到首位，企业希望通过升级生产线来减少用工需求，缓解“招工难”的现状，从而减少用人成本，但这只能解决普通工人招聘难的问题，升级生产线容易，专业技术人才难寻。因此，制造业的升级转型，对技术人员的需求依然旺盛。

教育行业用人单位数量由2017年的第四位上升至2018年的第二位。随着互联网时代的高速发展，传统教育转型升级，加之二胎政策的放开，民办教育市场整体规模在不断扩大，民办基础教育特别是幼儿教育发展潜力巨大，民办教育机构需要大量的一线教育人员，提供岗位数量比去年同比上涨23.73%。同时,在充满变化的知识型社会,全民对学习知识的热情空前高涨。

看点3:三、四线城市提供岗位数和求职人数上升

数据显示,省会郑州市提供岗位数量和求职者数量仍稳居全省第一,在GDP破万亿和常住人口破千万的形势下,用人需求和求职人数仍会保持在高位区间。

排名靠前的省辖市中,洛阳工业基础良好、区位优势明显,创新氛围浓厚,加之政府不断放宽人才政策,为各类人才发展提供支持与激励,城市活力不断增强,求职人数较多,岗位竞争性较强。

定位食品城的漯河,岗位需求排名全省第二,释放出强大的产业动能。漯河的岗位需求也从以往基础性岗位向研发、监测、互联网、数据处理等方向转型。

可以看出,河南省三、四线城市在引才政策、城市环境、周边影响力、城市可持续发展等方面持续发力,对求职者的吸引力不断增强,越来越多豫籍学子愿意回来建功立业。

看点4:本科以上学历人才需求量连续上升

从用人单位岗位需求学历分布情况看,专科及以上学历人才所占比重呈上升趋势。其中本科学历人才需求量占比同比增加4.97%,连续两年保持增长。博士需求量同比增加45.54%。

虽然各个季度对高层次人才的需求占比有所波动,但用人单位依然对高层次人才有很大的需求。与此对应的是,中专、高中及以下和无学历要求的岗位需求占比均不同程度下降,用人单位对学历要求正在不断提升。

看点5:机械类专业人才缺口最大

从2018年全年用人单位专业需求及求职者专业供给情况来看,供需双方专业门类排序基本对应。

从数量来看,与制造业相关的机械类专业人才缺口接近3万人,缺口比例达29.70%,成为人才缺口最大的专业,而随着我国制造业的转型升级,高端技术人才缺口将继续扩大。教育行业的高速发展也带来了用人巨大的需求,高新技术产业相关的计算机科学与技术类、电子信息类专业人才,以及工商管理类人才的缺口都超过1万人。

第二节 学校环境认知

学校是培养大学生专业技能、提高大学生社会实践能力的主要场所,学校的学科和专业结构、人才培养模式、毕业生就业机制等都将影响到大学生的就业水平。可以说,大学教育直接影响大学生的职业倾向和职业生涯。很多学校为追求所谓的经济利益而忽视了对自身的内涵发展,同时加上教育资源分配的不公,致使很多高校的某些专业在学生报到时存在扎堆现象,这种扩招在一定程度上影响了高校的教育质量,而职业环境的变化在高校的专业设

置方面并没有得到有效的应对，这使得很多学校的教育模式经受着很大的考验，因此大学生在规划自身职业生涯时必须详细考察学校环境。

一、我国高校的情况

（一）基本情况

根据各高校授予的最高学位层次，我国普通高校有授予博士学位大学、授予硕士学位大学、本科大学/学院及专科/高等职业院校等。这 4 类高校有以下特点。

①占全国高校总数 14.4% 的 245 所授予博士学位的大学承担了一部分的学位教育，学校的平均规模较大，我国对普通高校进行过若干次以水平区分为特征的类型划分：20 世纪 50 年代把全国高校分为重点高校与一般高校；80 年代出现了试办研究生院高校；90 年代出现了“211 工程”和“985 工程”高校。

②占全国高校总数 12.3% 的 209 所授予硕士学位的大学办学规模相对较小，平均规模为授予博士学位大学的 59.5%。

③占全国高校总数 11.8% 的 201 所本科大学/学院的办学规模相对较小，平均规模为授予博士学位大学的 40.1%。

④专科/高等职业院校在我国高校系统中所占比例为 61.5%，它们主要承担高等教育大众化的任务，不论从学校数量还是在校生规模来看，其比重都超过了美国。这种情况基本符合目前我国处在高等教育大众化的初级阶段，高等教育重心相对较低的实际情况。

在 200 多所授予博士学位的大学中，招生人数差别很大，人数最多的学校超过 1 500 人，最少的学校只有 2 人，超过校均招生水平的高校只有 66 所，说明授予博士学位高校的两极分化趋势比较明显，而授予硕士学位高校的分布形态则相对均衡。

（二）基本原则

1. 基本思路

借鉴美国卡内基教学促进基金会的大学分类标准，根据我国高校承担的人才培养、科学研究的实际情况，可将我国高等学校分为研究型大学、博士型大学、硕士型大学、本科型大学/学院、专科/职业型院校 5 种类型。

2. 基本原则

突出能够代表国家最高学术水平的研究型大学和能够承担高等教育大众化主要任务的专科/职业型院校；在提升我国研究型大学的国际竞争力的同时，加强高校服务国民经济发展的需要；促进高校的类型分化，鼓励各类高校的特色发展。

（三）主要指标

根据上述基本思路与基本原则，我国普通高校分类标准可取以下 4 个指标。

1. 不同层次的学生招生数量

通过不同学位层次的学生数，可以对不同大学的办学层次形成一个基本判断。因此，我们借鉴美国卡内基教学促进基金会的大学分类标准,把学位授予数量作为我国普通高校分类指标体系中的主要指标。虽然 1999 年以后高校连续扩招,很多学校的招生规模快速增长,未来几年授予学位的人数将会有很大变化,但目前各校各类学生的招生规模开始趋向稳定,且我国高校的毕业生率、学位授予率与招生数差别不大,因此,我们取 2004 年的招生数作为具体的采样指标进行分析。

另外,美国卡内基教学促进基金会是以博士学位授予的绝对数量(50 个)作为区别研究型大学类型的主要标准之一。由于我国授予博士学位的大学比较集中,且近年来的增长速度较快,绝对数量标准对区别我国研究型大学难以发挥有效的作用。根据授予博士学位大学招生的实际情况,我们取校招生平均数,作为判断研究型大学与博士学位型大学的标准之一。

2. 最高层次学生与本科生的招生比例

这个指标主要建立在前一个指标的基础上,更清楚地反映出大学的主要办学层次和各层次之间的均衡状况。我们主要借鉴日本学者天野郁夫区分研究型大学与其他大学学院的标准来设计这一指标。

在具体的采样过程中,我们发现,日本确定私立研究型大学的具体标准是 0.06,这一标准与我国所有授予博士学位大学中博士研究生与本科生的平均比例正好吻合,这说明天野郁夫判别研究型大学的标准对我国研究型大学的分类具有一定的普适性,因此,我们把日本私立研究型大学的标准作为区分我国研究型大学与博士型大学的基本标准;而日本公立研究型大学的标准是 0.09,对确定我国研究型大学中的不同层次,具有现实参考意义。另外,卡内基教学促进基金会的大学分类体系中,博士/研究型大学中授予博士学位与本、专科学位的平均比例亦在这个范围内(0.07)。

3. 主要科研成果产出

为了促进我国研究型大学的长远发展,提升我国研究型大学的国际学术竞争力,加快世界一流大学的建设进程,我们对美国研究型大学协会(AAU)中的会员大学师均发表的录入科学论文索引(Science Citation Index-expanded,SCIE)和社会科学论文索引(Social Science Citation Index,SSCI)的论文数量进行了统计,并取其最低数量水平,作为衡量我国顶尖级研究型大学的指标。

4. 政府资助的研究经费

卡内基教学促进基金会在 2000 年以前的各版本中均使用了“联邦资助经费”指标,该指标对促进大学的基础研究能力和确保研究型大学的博士研究生培养质量发挥了很大的引导作用。目前我国政府研究经费以资助具有广泛影响的基础研究和应用研究为主,大学和科研人员通过竞争方式获得资助,因此,该指标基本可以反映各校从事基础研究的能力和综合实力,以及各校在研究方面与国家需要相结合的情况。需要说明的是,后两个指标是研究型大学的分类依据。

在采样过程中,我们注意到卡内基教学促进基金会在 1973 年版和 1976 年版均采用了

“联邦资助经费排名”标准。这个标准对比较同一时空范围内的大学较有意义。因此，我们借用卡内基教学促进基金会所使用的政府资助资金排名前50位指标，作为分类指标之一。

（四）分类标准

我们根据前述的基本原则和指标设计思路，确定了我国目前1 700多所高校的基本分类，如表4.1所示。

表4.1 中国大学分类标准（按科研规模划分）（节选）

研究型大学40所					
清华大学	武汉大学	哈尔滨工业大学	厦门大学	大连理工大学	中国人民大学
北京大学	上海交通大学	天津大学	北京师范大学	中国农业大学	华东师范大学
浙江大学	中山大学	东南大学	北京航空航天大学	兰州大学	中国地质大学（武汉）
复旦大学	吉林大学	中南大学	上海第二医科大学	西北工业大学	南京理工大学
南京大学	四川大学	华南理工大学	东北大学	华东理工大学	北京理工大学
华中科技大学	中国科学技术大学	南开大学	中国矿业大学	石油大学	
西安交通大学	山东大学	同济大学	北京科技大学	重庆大学	
研究教学型大学93所					
湖南大学	西安电子科技大学	河北大学	江苏大学	哈尔滨工程大学	中央民族大学
武汉理工大学	南京师范大学	山东科技大学	东华大学	青岛化工学院	浙江工业大学
电子科技大学	北京工业大学	南昌大学	燕山大学	河南师范大学	上海师范大学
苏州大学	扬州大学	广东工业大学	太原理工大学	河北师范大学	河南大学
南京农业大学	北京交通大学	北京化工大学	湘潭大学	安徽农业大学	汕头大学
西北大学	西北农林科技大学	华南师范大学	合肥工业大学	首都师范大学	河北农业大学
西南交通大学	云南大学	南京医科大学	南京工业大学	河北医科大学	中国政法大学
首都医科大学	福州大学	天津医科大学	河北工业大学	济南大学	上海水产大学
上海大学	南京林业大学	广西大学	昆明理工大学	曲阜师范大学	南京中医药大学
东北师范大学	湖南师范大学	福建师范大学	内蒙古大学	中国药科大学	北京广播学院
中国医科大学	陕西师范大学	福建农林大学	成都理工大学	北京中医药大学	广州中医药大学

从中国大学分类标准（按科研规模划分）可以看出以下4个方面内容。

①我国高等学校的数量规模很大，但国际竞争力不强。在考虑研究型大学的分类时，我们基本借用其他国家的分类标准，目的是把我国研究型大学置于国际竞争的舞台，但我国研究型大学所占的比例太小，与我国“科教兴国”的战略不相称。

②与其他国家研究型大学相比，我国研究型大学在人才培养方面，已经具有了相当的国际竞争力，但在教师的个体研究能力和大学综合实力方面，还有待继续提高。

③与其他国家相比，我国研究型大学获得的政府研究资助经费较少，这与我国建设有国际竞争力的研究型大学目标有很大差距。在本分类体系中，我们使用的是国内大学获得政府研究资助经费的相对数据，这个数据的基本起点是0.44亿元人民币；而美国卡内基教学促进基金会1994年版对研究型大学-Ⅱ的联邦资助研究经费的标准是1 550万美元。

④影响广泛的科研产出少，是限制我国研究型大学-I数量的主要指标。虽然近年来各高校的科研产出已有很大的提高，但与发达国家相比，人均指标仍相对较低。提高大学的整体研究能力，是促进我国研究型大学建设与发展的关键。

（五）管理建议

①明确研究型大学的类型特征。我国提出建设“研究型大学”已有一段时间，由于没有明确的分类标准，在一定程度上影响了我国研究型大学的发展进程。通过明确研究型大学的类型特征，把研究型大学的建设发展与创建世界一流大学的目标结合起来。

②鼓励博士型大学、硕士型大学与本科型大学/学院的特色发展。通过制订分类指标体系，明确各高校在国家高校体系中的相对位置，促进各高校更加理性地看待自己的发展目标，鼓励高校的特色发展方向，避免因盲目追求学校规模和学科布局“大而全”可能带来的资源浪费。

③加强对专科/职业型院校的支持。这部分院校不仅数量众多，而且承担了高等教育大众化的主要任务，因此，它们的发展方向和质量标准对整个高等教育体系的健康发展有着重要影响。

高等学校的分类管理是一项复杂的系统工程，既涉及政府宏观层面，又涉及高校自身的定位与发展；既要借鉴国外大学分类体系，又要符合我国国情。为此，我们希望，尽快建立起我国高校分类管理体系，把我国高校的多样化发展推向一个新阶段。

二、我国高校专业的情况

《普通高等学校本科专业目录》是我国教育部（原国家教育委员会）制订与修订的有关普通高等学校本科专业的目录，是高等教育工作的基本指导性文件之一。它规定专业划分、名称及所属门类，是设置和调整专业、实施人才培养、安排招生、授予学位、指导就业，进行教育统计和人才需求预测等工作的重要依据。

改革开放以来，我国共进行了4次大规模的学科目录和专业设置调整工作。

2019年3月，教育部公布2018年度普通高等学校本科专业备案和审批结果，全国共有

416 个本科专业被撤销。

1. 专业划分:更加规范合理

新《普通高等学校本科专业目录》(简称《专业目录》),如表 4.2 所示,仍然按照学科门类、专业类和专业 3 个层次进行划分,学科门类由原来的 11 个增加到 12 个,新增加艺术学门类;专业类由原来的 73 个增加到 92 个;专业由原来的 635 种调减到 506 种。

表 4.2　我国高校专业目录(节选)

01 学科门类:哲学				
0101 哲学类				
010101 哲学	010102 逻辑学	010103 伦理学	010104※宗教学	
0102 马克思主义理论类				
010201 马克思主义基础	010202 国际共产主义运动	010203 中国共产党党史	010204 中国革命史	010205 中国社会主义建设
02 学科门类:经济学				
0201 经济学类				
020101 经济学	020102 国民经济管理	020103 统计学	020104 财政学	020105 货币银行学
020106 国际经济	020107 农业经济	020108 工业经济	020109 贸易经济	020110 运输经济
020111 劳动经济	020112 国际金融	020113 国际贸易	020114 税务	020115 审计学
020116 保险	020117 投资经济	020118 工商行政管理	020119 土地管理	
0202 工商管理类				
020201 企业管理	020202 国际企业管理	020203 会计学	020204 理财学	020205 市场营销
020206 经济信息管理	020207 人力资源管理	020208 房地产经营管理	020209 旅游管理	020210 物流管理
020211 海关管理	020212 商品学			
03 学科门类:法学				
0301 法学类				
030101 法学	030102 经济法	030103 国际法	030104 国际经济法	030105 劳动改造学
0302 社会学类				
030201 社会学	030202 人口学	030203※社会工作		
0303 政治学类				

续表

030301 政治学	030302 国际政治	030303 行政管理学	030304※外交学	
0304 公安学类				
030401 警察管理	030402 治安管理	030403 出入境管理	030404 武警指挥	030405 边防公安
030406 侦察	030407 安全防范			
04 学科门类:教育学				
0401 教育学类				
040101 教育学	040102 幼儿教育	040103 特殊教学	040104 教育管理	040105 教育技术学
0402 思想政治教育类				
040201 思想政治教育				

新《专业目录》在保留一批学科基础比较成熟、社会需求相对稳定、布点数量相对较多、继承性较好的专业基础上,主要调整了一批内涵不够清晰,名称不够规范,区分度较小的专业。例如将“生物工程”“生物系统工程”和“轻工生物技术”专业合并为“生物工程”。同时撤销了林木生产教育等12个无布点专业。

新《专业目录》还根据行业和学科发展,对部分专业门类进行了拆分、更名,例如专业类的经济学类拆分为经济学类、财政学类、金融学类和经济与贸易类;图书档案学类更名为图书情报与档案管理类。

此外,新《专业目录》还增设了一批国家战略新兴产业发展和改善民生急需以及应用性强、行业针对性强的新专业。例如,根据当前铁路和城市轨道交通建设及安全运营需要,新增了“轨道交通信号与控制”专业。

此次专业目录建构坚持“以宽为主、宽窄并存”的原则,调整后的12个学科门类与研究生学科门类完全一致,专业类与研究生专业一级学科基本一致。

2. 专业结构:利于动态调整

本次专业目录修订的另一大突出特点是专业目录结构的优化,首次区分基本专业和特设专业。在新目录中,共有基本专业352个,特设专业154个。所谓基本专业,是指学科基础比较成熟、社会需求相对稳定、布点数量相对较多、继承性较好的专业;而特设专业则是针对不同高校办学特色,或适应近年来人才培养特殊需求设置的专业。这是新版《专业目录》与前三版《专业目录》只设单一性质专业的最大区别。

今后,《专业目录》将每10年修订一次,基本专业每5年调整一次,特设专业每年向社会公布,每年批准设置的新专业均列为特设专业。此举为高校根据办学需要适时调整专业提供了机制保障,也有利于规范办学。

3. 专业设置:高校获得自主权

此次,教育部在落实与扩大高校专业设置自主权上迈出了重大步伐。按照新颁布的《普通高等学校本科专业设置管理规定》(简称《规定》),高校可以根据专业目录自行设置本科专业,也可以申请设置尚未列入目录的新专业。

新《规定》首次对高校专业设置实行备案和审批两种制度。今后,只有设置尚未列入《专业目录》的新专业,才需要经过教育部审批。而设置《专业目录》内除国家控制布点以外的400多种专业,均无须审批,而是采取备案的方式。

在"放权"的同时,新《规定》加强了对专业设置的宏观监管,具体措施包括:实行高校设置专业信息公开制度,建立普通高等学校本科专业信息服务与管理平台;建立高校、省级教育主管部门和教育部三级专业设置专家评议和监督组织,对于新设专业,进行年度检查、发布年度质量报告;对办学质量低下的专业实行限期整改、暂停招生等退出机制;建立专业设置预警机制,对于过度设置和涉及国家安全等特殊需要的专业实施国家调控。

教育部提出,各高校要依据新《专业目录》和新《规定》,做好学校新旧专业的对应调整,修订专业人才培养方案,深化教育教学改革。各级教育行政主管部门要转变观念、改变管理方式,从重审批的直接管理转变为重指导、强服务的间接管理,同时建立健全专业评估监督体系。

第三节　家庭环境认知

家庭环境对人的影响非常大,甚至会影响个人工作和事业的发展。个人职业发展规划的确立,总是同自身的成长经历和家庭环境相关。个人在成长的过程中,会根据自己的成长经历和受教育的情况不断修正、调整,并最终确立职业理想和职业规划。

对家庭环境的了解和分析主要包括以下几个方面:家庭社会关系、家庭生活环境、家庭经济状况、家庭所处地域和家庭成员健康状况等。家庭环境作为大学生就业重要的外部环境,它从整体和个体两个层面影响着大学生就业和职业发展。

家庭环境分析指的是对家庭软、硬环境的分析。家庭软环境,是指笼罩着特定场合的特殊气氛或氛围,它诉诸人的内在情绪和感受,对人起着潜移默化的作用,是家庭生活中人与人之间相互联系时所形成的一种气氛;家庭硬环境,是指特定的物质条件,它是人得以发展的基础条件。每个人从出生伊始就受到家庭环境的影响,这种影响往往是多方面的,深远的。一个好的家庭环境往往能够影响人的一生。

家庭环境有软环境、硬环境、内环境和外环境4部分,他们对于一个人的一生有至关重要的影响作用。软环境指家庭的心理道德环境,包括家庭结构和教养方式。硬环境主要指家庭中可以用量化指标来评判和衡量的环境因素,包括家庭资源以及父母文化水平和职业状况。家庭内环境指自己家里的人或事,不易被外人获知。外环境是指家庭外的,如家庭的周围环境、周围人群情况、外部活动场所、外部人际关系。家庭环境分析可以从以下方面进行分析。

一、软环境

软环境主要指分析家庭的心理道德环境。心理道德环境作为家庭环境的核心，是人类社会化发展的“温床”。它与家庭成员之间的良好关系、父母的道德水平、对孩子的教育方式、人的自我概念的发展、师生关系、行为问题等均有较大影响。当今社会的主题是和谐，讲求的是人与自然的和谐，人与人以及人与社会的和谐。而家庭软环境就是和谐中分出的一个大的课题。以人为本的观念，以和谐为主题的生活，家庭软环境的协调性是最重要的。

(一)家庭结构

一般来说，离异和离异重组家庭存在以下两个缺点：一是父母关系不和。父母双方经常打架、互相谩骂、不尊重对方。这样的家庭环境不但使这些学生产生严重的紧张情绪，而且破坏他们内心对他人、对世界的美好感受，成天神思恍惚，情绪低落，无法安心学习。二是离异和离异重组家庭的父母对子女要求容易走向两个极端：要么过分严厉；要么放任不管。父母对孩子过分严厉，经常打骂孩子，易使孩子产生胆怯、自卑及强烈的逆反心理，而放任不管的孩子就会被社会上不入流的习气所影响，自暴自弃，心里总有一种“没人管”的心态。长此以往，父母对孩子失去信心，孩子会痛恨学习、痛恨父母，同时也会对自己失去信心而自暴自弃。

(二)教养方式

一些文化素养较低的父母，教养子女的方式经常表现出过分干涉或是过度保护，教育方式比较简单、粗暴，子女从父母那里得到的情感温暖与理解也较少。一旦子女的学习不良，这些父母“望子成龙、望女成凤”的期望可能成为泡影，他们对子女的情感投资就相对减少，多代之以惩罚、干涉和拒绝的教养方式。这种简单、粗暴的干涉和惩罚对改善孩子的学业成绩往往适得其反，这不但恶化了亲子关系，还进一步严重地妨碍了子女的健康成长。

二、硬环境

硬环境主要指家庭中可以用量化指标来评判和衡量的环境因素，比如家庭的成员结构、资源分配、生活方式等。良好的家庭硬环境无疑有利于学生的成长，反之则会影响学生的成长。成长为不良学生的家庭硬环境均存在家庭结构缺陷、家庭资源的配置不合理、父母的道德文化水平低下和职业状况较为不良等情况，这些不良的家庭硬环境严重影响着他们的道德修养、学习习惯、行为方式等，从而导致学生品行不佳。家庭硬环境包括以下因素。

(一)家庭资源

家庭资源可以影响子女的学习动机。家庭资源的合理配置可以为子女铺设良好的物理环境，使他们在压力适中、条件优越的家庭环境中，发展独立性和自我管理能力，增进学习的愿望和主动性。

(二)父母文化水平和职业状况

父母的文化水平和职业状况对子女的学习也会产生影响。父母的文化水平直接影响其教养方式。

三、内环境

家庭内环境是指自己家里的人或事,不被外人容易获知。一般家庭内环境都是说夫妻和睦相处,家长对子女的教育方式等相关问题。

四、外环境

外环境是指家庭外的,如家庭的周围环境、周围人群情况、外部活动场所、外部人际关系。

五、家庭环境对孩子的重要性

孩子在不同的环境中成长将会受到环境的影响,形成不同的性格、人生价值观、世界观及人生态度。挑剔中成长的孩子学会苛责,敌意中成长的孩子学会争斗,讥讽中成长的孩子学会羞怯,羞辱中成长的孩子学会愧疚,宽容中成长的孩子学会忍让,鼓励中成长的孩子学会自信,赞扬中成长的孩子学会自赏,公平中成长的孩子学会正直,支持中成长的孩子学会信任,赞同中成长的孩子学会自爱,友爱中成长的孩子学会关爱,可以说孩子的成长很大程度上取决于周围环境的影响。孩子早期大约有 2/3 的时间要在家庭中度过,而且完全依赖于家庭成员,所以家庭环境将为孩子一生成长的方向起着至关重要的作用。

家庭环境影响是多层次、多侧面的。

(一)良好的家庭情绪氛围是良好心理素质形成的前提

家庭的情绪氛围是指家庭中占优势的一般态度和感受,它是通过语言和人际氛围构成的。这种氛围直接影响着家庭中每个家庭成员的心理,尤其对儿童个性品格的形成影响深远。如有的家庭,成员之间和谐、融洽,尽管有时发生意见,但在原则问题上是团结一致的,这样不但使儿童学会了对人的互助、互爱、合作、谅解,使孩子的思维意志、能力等得到和谐发展,而且从中获得安全感,形成乐于接受教育的自觉性。而在另一种家庭中,成员之间如同陌路人,争吵不休,处事自私,互相折磨,家中犹如精神监狱,这样家庭的儿童心理往往是不健全的,甚至是畸形的,他们对事情冷漠、偏执、不合作甚至把家中的精神折磨迁移到别人身上发泄以求心理平衡。这样的孩子容易犯罪闹事,难于受教。因此建立良好的家庭心理氛围是儿童良好心理素质形成和发展的前提条件。要大力提倡家庭美德,正确处理家庭成员的互相关系,形成良好规范。如说话办事不能以势压人,要以理服人,以情感人,以样教人,要和睦相处,尊老爱幼,语言文明,努力构建家庭的融洽气氛,充分体现家庭是生活之港湾,才有助于儿童心理素质的形成。

(二)父母良好的教养态度是良好心理素质形成的关键

父母是孩子的第一任老师,是孩子学习的榜样,父母的教养态度和教育方法直接影响孩子的行为和心理。儿童良好的行为习惯固然是父母教育的结果,但儿童个性的缺陷,不良的行为习惯也是由父母造成的。父母的教养态度,大致可分为 4 类。

第一类是专横的遵循封建旧规的家庭。这类家庭常常强调辈分,强调绝对服从父母的意志,因此稍有不从就给以惩罚。在这类父母持过分严厉的教养态度下,孩子自身缺少自主权,要看父母脸色做人,这就可能形成胆小、自卑的心理,缺乏自信和独立性,或者另一方面会形成暴戾、横蛮、撒谎、逆反心理,并往往会在捉弄别人、寻找报复中得到心理上的补偿和平衡。

第二类是过分娇宠,有求必应,家长想为儿童提供所有的帮助和保护。父母过分包办代替,使孩子养成极大的依赖性,就会形成自私、任性、放肆、易发脾气、好夸口的品性。

第三类是放任自流,不过问的教养态度。这种忽略型家庭中的儿童就会因为得不到关心,得不到父爱与母爱而产生孤独感,会逐渐形成富于攻击、冷酷甚至放荡的不良品质,常常会有情绪不安,反复无常,容易触怒,对周围的事物漠不关心的心态。

第四类是以民主、平常的态度对待教育儿童。这类家庭的父母能给予子女鼓励和诱导,而对子女的缺点、错误能恰如其分地批评指正。这样就逐渐培养了孩子对别人坦诚友好,自尊,自立,大方,热情,能接受批评,经受压力,关心他人,有独立处事的能力。

可见,不同类型的家庭的不同教养态度对儿童个性品格、心理素质的形成的影响是不同的。年轻的父母是家庭教育的主心骨、顶梁柱,是孩子言行举止的示范者、待人接物的指导者、孩子成长的责任人,因此有责任去构建良好的家庭环境,掌握正确的教养态度和方法,使家庭呈现民主、和谐、平等的融洽气氛,才能培养孩子讲责任、讲民主、讲勤奋、讲进步,不骄不宠、自尊自强的好品格。

家庭结构的变化是影响良好心理素质的严重障碍。家庭结构的变化,父母的离异,使儿童的心理受到伤害,家庭的破裂使儿童赖以生存的家庭乐园一下子被破坏,家庭给予儿童内心的安全感和归属感一下子消失,伴随而来的却是失去父或母,甚至失去双亲的痛苦,孩子成了父母的争夺对象,出气筒,或父母倾诉的对象或仲裁者,有时却又成了双亲遗弃的物品,这些都给孩子心灵以极大的创伤,使孩子容易形成变态心理和怪僻性格,也很容易走上犯罪道路。他们爱亲生父母,很难与继父母相处,因此,他们或结伙离家出走,或宁可流落街头也不回家,甚至打架、偷、抢,以发泄内心的情绪。这都严重阻碍孩子健康心理的发展。因此,广大家长一定要加强学习,正视离异对社会的不良影响,加强家庭观念和家庭责任意识教育,已离异的要处理好家庭成员的关系,努力建立良好的氛围,努力消除孩子的心理障碍。

由此可见,良好的家庭环境是家庭教育成功的基本条件。家庭环境是孩子良好心理素质和健康成长的土壤。因此,当前开展素质教育,优化家庭教育最关键的问题是必须大力提高家长的自身素质,提高家长的责任,认识培养孩子健康心理的重要性,并努力克服家庭结构变化等带来的障碍，为子女的成长创设一个良好的家庭环境。

作为大学生自身来说，在人生的认知过程中，对家庭的认知先于社会认知和职业认知。小的时候，围绕着家方圆一千米的地方几乎就是整个世界了。妈妈要是上午外出下午很晚才回来，孩子经常会在阳台上焦急地等待。长大后，去过的城市越来越多，“世界”的范围不知道放大了多少倍，这是物理上对家庭的认知。

随着年龄的增长，在认知的边界上扩展了 n 倍。选择了一个城市以后，物理世界的边界也许就逐渐固定下来，但认知的边界却是一直在扩展当中。在认知边界扩展过程中，避不开的一道坎，或者叫里程碑，就是原生家庭。

华为有“四大名著”，其中之一叫《原生家庭论》。大意是“在奋斗中受伤的员工”不应该把责任归结为公司的奋斗（加班）文化，员工的体质和情商主要是由原生家庭决定的。

人们在最初了解原生家庭的过程中，没有像一部分人那样把矛盾点指向事件本身，而是认真思考什么是原生家庭。身体、性格、行为模式、认知模式，都有很大一部分继承自父母和从小生活的家庭环境。

于是有的人进入了一段“原生家庭归因”的时期，好的、坏的事情发生在自己身上，都会在原生家庭找原因。这个过程是打开心智的过程，但也容易引起抱怨情绪——在发现一些难以改变的不好的方面的时候，这样一个“归因”过程一直持续着，也不断趋于理性。

本章小结

大学生就业问题首先是一个社会问题，它与我国当前的社会环境、政治环境、经济环境、教育体制、就业机制等密切相关，这就要求大学生扩大视野，从更高的层面、更宏观的角度思考就业问题。人人都是环境的产物，环境的好坏将会决定事业的成功与否。当前我国经济和社会发展已经进入新的历史时期，作为新时代的大学生，进行职业生涯规划要遵循一个重要的原则，就是“顺势而为”，这种“势”除了自身内在的因素，比如价值观、兴趣、能力、性格、气质外，还需要考量外在因素，比如家庭环境、政治经济环境、职业环境、学校环境等。大学生处在社会中，必须了解和熟悉生存的技巧，掌握必要的“游戏规则”，这样才能在社会中立足。这些认知外在环境的过程也是职业生涯规划中的重要环节，因为它会影响个人对未来职业方向的判断。所以个人在进行职业规划时必须对所在的家庭环境、职业环境、学校环境有一个清楚认知，以便能根据自身所学专业找准自身的职业生涯起点，从而准确定位自己。

思考题

1. 以班级分组的形式，撰写个人的家庭环境认知报告。
2. 你认为认知外部环境可采用哪些方法。

第五章　职业规划与目标策略

［学习目标］

1. 了解职业规划的基本概念。
2. 掌握职业规划的基本步骤。
3. 掌握职业规划的策略与方法。

［案例导入］

一个小伙立志做一名优秀的商人，中学毕业时，大家都认为他会选择贸易专业，但他却考取了麻省理工学院工科中最普通的机械专业。大学毕业后，大家都认为他会马上投入商海，但是他却考取了芝加哥大学，开始攻读为期3年的经济学硕士。研究生毕业后他仍然没有开始经商，而是考取了公务员。在政府部门工作了5年，当所有人都认为他会就此从政的时候，他却毅然辞职下海经商。又过了两年，他创办了自己的商贸公司，20年后，他的公司总资产从创办时的20万美元增加至2亿美元。这个优秀的商人就是美国著名企业家比尔·拉福，他的成功的职业发展规划来源于他和父亲的一次谈话。

比尔·拉福的父亲是洛克菲勒集团的一名高管，他很清楚儿子得天独厚的商业天才，也很清楚儿子的弱点和将面临的困难和挑战，在儿子高中毕业前，他与儿子进行了一次深入的谈话，才有了比尔·拉福这与常人思维不同的学业和职业规划。

比尔·拉福在麻省理工学院学习的4年时间里，不仅学习了本专业的相关知识，还接触了诸如化工、建筑、电子等方面的知识，这些知识让他在以后的商业活动中受益匪浅。同时工科的基础学习让他拥有了基本的技能技术、严谨求实的思维体系、清晰推理分析的能力、脚踏实地的工作作风，这些正是他进军商海所必需的。在芝加哥大学学习经济学的过程中，他学会了经济学的基本知识，掌握了影响商业运行的因素，还认真学习了相关法律和微观经济运行的管理知识，几年下来，他对会计和财务管理也非常精通，为从事商业活动奠定了雄厚的基础；在政府部门工作的5年，让比尔·拉福从一名稚嫩的热血青年成长为老到、处变不惊的公务员，锻炼了人际交往能力，同时也让他拥有了极其丰富的人脉资源，可以获取大量的信息和便利条件；大型商业企业工作的两年，为他积累的理论付诸实践提供了强大平台，积累了丰富的管理经验，完成了资本的原始积累，为其创办自己的公司做好了最后的准备。正是这些学习工作经历让比尔·拉福具备了一名优秀商人的资质，因此，他才能创造奇迹、铸就辉煌。

凡事预则立，不预则废。其实我们每个人都有自己的人生目标，但是如何去规划实施却是我们没有考虑好的。在上大学之前，我们的目标就是为了能够拿到进入大学的通行证——录取通知书，但是进入大学之后我们却要思考如何完成大学的学业为今后的职业生涯做准备，并思考如何规划自己未来的职业发展。比尔·拉福的成功路径也许并不适合你，但是围绕职业目标进行有计划的职业规划却是我们每个人必须做的。

第一节　职业生涯规划的基本概念

一、大学生职业生涯规划的定义

什么是职业，什么是职业生涯，什么是职业生涯规划，不同的专家学者、不同的研究方向均有不同的论断，可谓是百花齐放、百家争鸣。对于大学生来说，准确地掌握这些概念并从中找到适应于当前发展阶段所要把握住的重点问题就需要删繁就简、提纲挈领了。

（一）关于职业的理解

关于职业的定义本书在前面已经提到了，职业是人们通过专门技术劳动而取得个人收入、履行社会义务并取得社会地位的一种重要的社会现象。但是对于大学生来说，这样的概念似乎还不够联系实际，大学生应该从以下 4 个方面来理解职业。

①职业是一种需求，强调社会分工。因此，我们应该从社会分工的角度来判断自己的职业定位，从而建立起大学阶段的职业学习体系和职业发展体系。

②职业的内在属性决定了职业强调专门技能。不同职业有不同的技术要求，因此，要评职称，要考取职业资格证书、专业技术证书等。大学生在大学期间需要从职业的角度出发提升自己的专业技能，打造自己独特的专业技能体系，铸造自己的核心竞争能力。

③职业的社会性决定其强调社会价值。职业是一种社会角色，需要履行社会义务并因此获得社会地位，只有实现了个人的社会价值才能够确保职业的可存在性及其意义。大学生在大学学习期间除了奠定坚实的专业技术基础之外还要学会如何处理社会关系，从社会伦理的角度摆正自己的位置，增强自己的社会融入能力。

④职业与个人密不可分，强调个人价值。个人在创造社会价值得到社会认可、满足社会需求的同时获得了个人劳动的价值。大学生要实现个人价值的不断增值，就需要在大学期间不断积累，为将来更好地从事自己的职业厚积薄发。

（二）职业生涯

职业在人的一生中举足轻重，人们从事职业活动的时间占据了我们生命的很大一部分，职业深刻地影响着我们的生活和身心健康。从时间层面上来看，我们的职业就是职业生涯，它主要是指一个人职业发展的全部过程和体验。

(三)职业生涯规划

职业生涯规划又叫职业生涯设计,是指个人与组织相结合,在对个人职业生涯的主客观条件进行测定、分析、总结的基础上,对自己的兴趣、爱好、能力、特点进行综合分析与权衡并结合时代特点,根据自己的职业倾向,确定最佳的职业奋斗目标,并为实现这一目标做出行之有效的安排。职业生涯规划不是找工作,而是为自己谋未来、划人生。

(四)大学生职业生涯规划

大学生职业生涯规划实际上是在大学阶段为将来职业发展做准备的大学期间的生涯规划。它是指通过对未来大学生活道路的预期设计,采取相应措施,谋求在大学生活中取得更大成功并为将来职业发展奠定职业素养基础的大学生活管理活动。

二、大学生职业生涯规划的特征

就整个职业生涯来说,大学生职业规划仅仅是职业生涯规划中所占比例很少的一个阶段,但是这个阶段却是决定我们未来职业发展路径的关键阶段,因此我们必须重视这个关键阶段,找到这个阶段对每一名大学生最重要的内容。大学生职业生涯规划因其特殊的阶段性而具有其不同于其他阶段的特征。

(一)阶段性

大学生经历的 4 年学习由于年级不同,涉及的知识范围和参与的实践活动不同,大学生在认知、情感和意志发展的状况不同,因此大学生的生涯规划呈现出明显的阶段性特征。

(二)前瞻性

由于大学学习阶段与职业生活还未真正接轨,大学阶段是为职业发展做铺垫的阶段,因此大学期间的职业生涯规划是为将来进入职场的职业生涯规划做准备的,需要有预见性,要确保为将来的发展埋下种子,能够为将来的职业发展提供巨大的助力,那么这种规划就必须具有较强的前瞻性。

(三)发展性

俗话说"凡事预则立,不预则废"。但是,推导预见的计划必须因时而变、因势而变,因此大学生在制定职业生涯规划时,要留有空间确保自己的规划能够在大方向和目标不变的情况下适应新的条件机遇和时代特征的要求。

(四)整合性

大学生职业生涯规划内容十分丰富,涉及学生的学习、生活、实践、活动、时间安排、自我管理等各个方面,而且各方面都要体现职业需求,全面发展,因此具有整合性的特征。

三、大学生职业生涯规划的意义

(一)帮助个人确定人生的方向,提供职业奋斗的目标

大学生进行职业生涯规划能够促使学生转化角色,完成"接收"知识的人向"接受"知识

的人的转变，主动寻求自己未来的发展方向，摆脱生活学习方式发生变化所带来的困扰，避免迷茫和困惑，正确选择自己的职业目标。

(二)突破自我限定，发掘自我潜能

人贵在有自知之明，知人者智，知己者明，大学生在做职业规划时会对自我的主客观条件进行分析，了解自己的真实情况，扬长避短地做出职业规划，这个过程就是分析自我、发掘潜力的过程。

(三)有助于提高学生的就业竞争力

在做出职业规划后，按照规划从职业发展的角度来科学管理、有效组织自己的大学生活，必将使大学生更具有职业素养，更具备挑战职场的综合能力，在职场竞争中披荆斩棘、所向披靡。

掌握了这些基本概念之后，让我们一起来种一棵树，这棵树就是我们职业生涯的树，在下面的学习过程中，我们将告诉大家如何做好种树的准备，如何栽种树苗，如何浇水施肥，如何风雨无阻，如何让这棵树开枝散叶、茁壮成长。

第二节　大学生职业生涯规划的步骤

大学生在进入大学学习之初对一切都感到新奇，都想进行尝试。通过一段时间的熟悉了解后开始出现 3 种情况：能够理清思路的会把握住大学学习生活的重点，掌握学习生活的主动权，职业道路非常顺利；不能理清思路的就完全放弃沉沦，得过且过，最后可能连文凭都拿不到，职业对他们来说基本是没有头绪的；还有一种看似思路清晰又不完全清晰的，三天打鱼两天晒网，东一榔头西一棒子，也有可能成绩特别好，但是最终走向职场并不受重用。那么大学生究竟如何进行职业生涯规划呢？下面我们来介绍大学生职业生涯规划的步骤和内容。

一、职业生涯规划的步骤

(一)自我分析

自我分析就是充分地对自己做全面分析，通过分析全面认识自己、了解自己。对自己的职业兴趣、能力水平结构、优缺点、气质风格、职业价值观等内容进行评估。只有认识自己，摸清楚自己的整体面貌，才能够正确地选择职业方向，才能够确定适合自己的职业发展路线。自我分析是职业生涯规划过程中非常重要的一个步骤，是职业生涯规划的基础，只有充分认识自我，才能避免职业生涯规划过程中的盲目性，形成科学有效的职业生涯规划。

(二)外部环境分析

对外部环境的分析主要是从组织环境和社会环境两个方面进行分析。组织环境即是对今后自己所供职的单位组织发展状况进行分析，从自己在组织中的角色出发分析个体将来

的发展途径。与此同时，社会环境对个人的职业生涯规划也有着十分重要的影响，对社会环境的分析要从经济环境、人口环境、科教环境、政治与法律环境、社会文化环境、国际环境等多方面进行分析，力求全面。

（三）目标确定

在对个体的职业状况进行充分分析后，需要确定自己的职业目标。没有目标就没有方向，确立目标是职业生涯规划的关键。在确立目标的过程中要注意形成目标体系，而不是单一的目标罗列，既要注意目标体系的串联关系，也要把握目标体系的并联关系。从时间上来说，要先确立终极目标，再确立长期目标，还要设立中期目标和短期目标；从空间上来说，要进行目标分解，细化步骤，为实现目标创造充分的条件，促成阶段性目标的精准实现。

（四）方案的制订和实施

目标必须要通过具体的实践才能够实现，那么如何去一步一步地实现自己的职业生涯规划目标呢？这就需要我们在目标体系的指导下制订实现每一步目标任务的运作方案，把目标落实到每一项实际行动中去。在制订方案的过程中要注意资源的整合和充分使用，要具备现实性，确保每一个方案都符合职业生涯规划的目标需求，能够促进目标的科学有效实现。

（五）反馈修正

在职业生涯规划实施的过程中难免会发生计划和实际发生冲突的情况，而且对于目标实现的质量我们也需要进行把控。计划不要做得太满，要有弹性空间，确保修改时有足够空间，反馈修正目标和实施方案十分有必要。在反馈修正的过程中，必须确保根据实际情况而不是单纯的个人主观判断，避免“小猫钓鱼”的错误。成功的职业生涯规划需要因时而变、因势而变，不断比对内外环境发生的变化对自己的规划进行反馈修正，做出调整。

二、大学生职业生涯规划

大学是职业生涯开始的前站，是助力职业发展的加油站，在面对大学生活的新鲜之余，我们必须认真把大学生涯规划作为职业生涯规划的重要组成部分，规划好自己的大学生活，为将来的就业和职业发展做好充分的准备。

对于大学生职业生涯规划，应该从以下几个方面入手。

（一）规划自己的学业

大学的学习不同于高中的学习，除了学习知识和技术以外还有更重要的学习内容，那就是学习的方法、思考的方法和做人做事的方法，因此我们的学习要从单纯的获取式学习转变为创造性学习、发散式学习、辐射式学习，变被动为主动，积极构建自己的知识体系和思想体系，逐渐成为有智慧的人、有思想的人。

①要确立自己的学习目标，为自己大学 4 年的学习理清一条明确的上升道路。要先确定长期目标，这个目标应该是大学期间的最终目标，是大学毕业的时候经过个人努力可以达

到或者接近的水平。确立长期目标要充分考虑个人自身条件和环境因素,因时因地制宜。在长期目标的指导下,要从横向和纵向上确立阶段性的目标,形成学业目标网络。在制订目标网络的过程中,要注意具体可操作性,尽可能地量化,为阶段性目标的评估自查、总结分析、修订完善提供翔实、准确、可分析的依据。

②要根据目标制订学习计划。制订学习计划就是制订大学期间学习的基本方案,将学习目标落实到实际中去。要从可操作性的角度制订每学年、每学期、每月、每周、每日学习计划。学习计划制订的重点在于可操作性、预见性、相对弹性、超越性和可实现性,难点在于时间把控、具体执行。

③要利用好大学平台,充分整合学习资源。大学是一个没有外延的广阔平台,有的人只看见了它可见的内容,未看见它潜在的内容,甚至可见的内容也没有看完全。在大学里,我们可以拥有更多的学习资源,例如:对课本知识的学习已经超越了过去的一门课一本书的边界,要辐射式、发散式地学习知识点,你可能会因为一个知识点牵出一个知识网;图书馆拥有海量的图书资源,还有比实体图书更丰富的电子资源;大学的大门是开放的,拥有了大学生这个身份我们还可以到别的学校去听课、听讲座、参加活动;我们拥有志同道合的学长学姐、同学,还有具备经验的海量校友。只要你敢放飞自我,就会拥有无比浩瀚的蓝天。

(二)规划大学生活

大学生活失去了父母家人的陪伴,也失去了亲人的掌控,业余时间更多更自由了,活动的空间更大了,自己拥有的独立权利也更多了。如何把控自己,度过有意义的、有价值的,能为将来的职业生涯奠定雄厚基础的大学生活是我们务必要考虑清楚的。上大学之前的10多年,我们为了一纸录取通知书奋斗过多少日日夜夜,放弃了多少娱乐放松的时间,我们挺过来了,大学4年是不是该松口气了呢?答案是否定的,我们要用这4年的时间来换取将来几十年的幸福生活,这个账我们不能算错了,也不能让前面的辛苦化作泡影。因此我们要好好规划自己的大学生活。

要养成良好的生活习惯,主要做好习惯的养成:良好的作息、健康饮食、锻炼身体、阳光心态、劳逸结合。

要培养健康的兴趣,寻找自我内驱力,打开以往固有的思维局限,让自己接触更多的健康的新鲜事物,培养自己多样化的兴趣视野,让自己成为兴趣广泛的高情商人才。

要扩大交友圈,结识更多志同道合的朋友。当今信息社会,结交的朋友会带给我们不一样的生活感受,让我们更多地了解周围的世界和周围的信息,通过朋友再扩大我们的朋友圈,就会让我们的生活圈层越来越丰富。当然,在结交朋友的时候要注意甄别,结交能够促进自己成长发展的真心朋友,不要结交促成恶习形成的不良之友。

拓展阅读

孔子论交友

1. 子曰："益者三友，损者三友。友直，友谅，友多闻，益矣；友便辟、友善柔、友便佞，损矣。"

译文：

孔子说："有益的朋友有三种，有害的朋友有三种。结交正直的朋友，诚信的朋友，知识广博的朋友，是有益的。结交谄媚逢迎的人，结交表面奉承而背后诽谤人的人，结交善于花言巧语的人，是有害的。"

2. 子曰："益者三乐，损者三乐。乐节礼乐，乐道人之善，乐多贤友，益矣。乐骄乐，乐佚游，乐宴乐，损矣。"

译文：

孔子说："有益的快乐有三种，有害的快乐也有三种。以节制礼乐为快乐，以宣扬别人的优点为快乐，以广交贤良的朋友为快乐，是有益的。以骄纵恣肆为快乐，以纵情游荡为快乐，以宴饮纵欲为快乐，是有害的。"

要学会理财，合理消费。大学生作为行为主体比在高中时有了更多的"财权"，可以自己协调自己的日常用度，由于个体行为的差异性，有的学生控制不住自己花钱的欲望，过度消费甚至贷款消费，这是极端危险的，也会对将来的职业生涯造成不良影响。大学生有必要对自己的花费用度做好规划，避免大手大脚，同时还应利用大学的业余时间寻求"开源"渠道，自己为自己的生活买单。

（三）规划实习实践活动

大学生要为将来求职增添更多更重的砝码就必须接受实际工作的检验，在没有正式工作之前可以通过实习实践机会认知社会、掌握职业技能技巧。

通过社团活动提升自己的人际交流能力、语言表达能力、逻辑思维能力、临场应变能力、组织策划能力。大学生要根据自己的兴趣积极参加社团活动，在活动中增长才干，提升能力。但在选择社团的时候切忌贪多或者频繁更换社团，这些做法都不利于个体全面科学地提升自己的社会活动水平。

通过社会实践了解社会状态，掌握经济社会发展动向，了解社会需求。社会实践是非常切合大学生深入社会、锻炼自我、增长才干的平台，能够将理论和实践紧密地结合起来，让学生在实践的过程中不断增加敏锐的观察力、判断力、分析力，提升解决问题、克服困难的能力。

通过实习实训提升自己的专业技能和水平。在实习实训阶段，大学生能够接触和认识真实的工作场景，承担真实的工作责任和压力，在完全参与的情况下，了解自己今后的工作环境，体验职业要求对自己的考察、考核，这个过程是最能够增强学生对职业的认知，有的放矢地增强自己的核心竞争能力和职业适应力的,必须认真对待。

拓展阅读

幸运的小明

小明是一所民办高校的学生,他从进入大学的那一天起就立志要进入百强企业工作,令他担心的是这样的企业一般都要求“985”“211”资质的大学毕业生,有的甚至只招研究生。他分析了一下自己的情况,仔细研究了很多大型企业的招聘简章,发现这些企业的招聘要求上都有一条“具备行业工作经验”,他认为自己可以在这方面做做文章。于是,每一个假期包括春节他都放弃了休息放松的机会,到大型企业去寻找实习机会,他不计报酬,只寻求一个积累工作经验的机会。不知道遭了多少白眼,低声下气地跟项目负责人说了多少好话,还真让他在每一个假期都获得了锻炼自己的机会。

随着他积累的工作经验越来越多,他找实习单位也越来越顺利,到大三的暑假,他竟然在不到半个月的时间里当上了项目部的负责人,这让他越来越有信心,越来越有干劲。就这样大学生活充实地过去了,小明以优异的成绩毕业了,也收获了别人无法收获的经验。

找工作的时候,在别人还在浑浑噩噩无所适从的时候,他就盯上了一家大型的建筑集团,这是他梦寐以求的企业。虽然他做了精心准备但是还是遇到了困难,招聘单位连面试的机会都不给他。但是,靠着他找实习单位的那股韧劲和软磨硬泡,终于人事部的专员帮他争取到了一个直接接受人事经理面试的机会。在他递上简历开始自我介绍时,人事经理从最开始的不屑一顾到最后兴致盎然,他又创造了一个奇迹,人事经理竟然放弃了同批面试的“985”“211”大学的学生而选择了他。

当他拿着录用通知离开宿舍时,大家都觉得他是因为运气好,可是谁知道他在别人四处游玩享受假期时艰苦的付出呢?

你们觉得小明幸运吗?

第三节　大学生职业生涯规划的策略与方法

大学生要科学规划自己的职业生涯并不是一个简单的过程,需要进行科学的准备和运筹。职业规划不仅考验人的思维智力,还需要综合归纳的技巧,只有充分的考虑、完善的布局才能让自己做到最好,而不会成为一颗摆错位置的棋子。我们无法掌握生命当中的诸多因素,但是最起码可以全力以赴做得更好,这就需要我们掌握职业生涯规划的策略与方法。“工欲善其事,必先利其器”,只要我们策略正确、方法得当,就一定能规划好自己的职业生涯。

一、职业生涯规划的理论

职业生涯规划的理论能够为我们做好职业生涯规划奠定坚实的理论基础,能够帮助我们理清思路，帮助我们确认、描述和理解所面临的生涯问题，并制订可行的规划方案。这里介绍职业类型理论、职业发展理论、职业决策理论和职业认知理论。

(一)职业类型理论

职业类型理论又称为“人—职匹配理论”，主要观点在于择业时要尽量做到职业与个人相匹配。

1. 帕森斯的特质因素论

帕森斯的特质因素论是最早的职业辅导理论，1909 年美国波士顿大学教授弗兰克·帕森斯在其《选择一个职业》的著作中提出了人与职业相匹配是职业选择的焦点的观点。他认为，个人都有自己独特的人格模式，每种人格模式的个人都有其相适应的职业类型。

所谓“特质”，是指个人的人格特征，包括能力倾向、兴趣、价值观和人格等，这些都可以通过心理测量工具来加以评估。

所谓“因素”，则是指在工作上要取得成功所必须具备的条件或资格，这可以通过对工作的分析而了解。

该理论认为，在选择职业的过程中，包括 3 个步骤。

第一步是评价求职者的生理和心理特点(特性)。通过心理测量及其他测评手段，获得有关求职者的身体状况、能力倾向、兴趣爱好、气质与性格等方面的个人资料，并通过会谈、调查等方法获得有关求职者的家庭背景、学业成绩、工作经历等情况，并对这些资料进行评价。

第二步是分析各种职业对人的要求(因素)，并向求职者提供有关的职业信息。包括职业的性质、工资待遇、工作条件以及晋升的可能性；求职的最低条件，诸如学历要求、所需的专业训练、身体要求、年龄、各种能力以及其他心理特点的要求；为准备就业而设置的教育课程计划，以及提供这种训练的教育机构、学习年限、入学资格和费用等；就业机会。

第三步是人—职匹配。指导人员在了解求职者的特性和职业的各项指标的基础上，帮助求职者进行比较分析，以便选择一种适合其个人特点又有可能得到，并能在职业上取得成功的职业。

2. 霍兰德兴趣类型理论

霍兰德职业理论可以概括为 6 项基本原则、4 个核心假设和 4 个辅助假设。

6 项基本原则：选择一种职业是人格的表现；兴趣量表就是人格量表；职业刻板印象有着可靠而重要的心理学和社会学意义；从事某个职业的成员有着相似的人格和个人发展史；同一职业团体内的人有相似的人格，有着相似的问题处理方式，他们将创建特有的人际环境；职业满意度、稳定性和成就取决于个体人格与工作环境之间的匹配度。

4 项核心假设如下。

一是大多数人可以被归纳为 6 种类型：现实型(Realistic)、研究型(Investigative)、艺术型(Artistic)、社会型(Social)、企业型(Enterprising)和常规型(Conventional)，如表 5.1 所示。

表 5.1　霍兰德职业倾向

类型	喜欢从事的工作	看重的价值观	自我评价	他人评价	避免
现实型（R）	使用机器、工具及物件	看重看得见的成就、金钱、奖励、诚实	重视实践、保守、动手操作能力优于社交技巧	谦虚、坦诚、独立、坚定	与他人的互动
研究型（I）	探索、理解事情或物体	看重知识、学习、成就、独立	善于分析、有智慧、有怀疑精神、学术技巧优于社交技巧	有智慧、内向、独立的学者型	游说他人或向他人推销产品
艺术型（A）	阅读、音乐、写作、艺术活动	看重创意、表达、自我、审美	开放、富于想象力、高智能，创作技巧优于文书或办公室技巧	不平常、不重视常规、具有创作才能、敏感	例行公事及清规戒律
社会型（S）	帮助、教导、辅导或服务他人	看重社会公益、服务和理解	富有同情心、有耐心，社交技巧优于动手操作技巧	乐于助人，喜欢与人相处，富有耐心	机械操作及技术性的活动
企业型（E）	游说或指挥他人	看重财富、在社会上的成功、冒险精神和责任感	信心十足、喜欢交际、销售及游说能力优于科研能力	有动力、精明、外向、有野心	科研的、学术的或复杂的课题
常规型（C）	依照已有规定办事，符合清楚的标准	看重准确、效率、借鉴，在商务或社会事务上的权力	尽职、踏实，在商业和生产方面的技能优于艺术创作技能	谨慎、循规蹈矩、有效率、有秩序	缺乏清晰指导的工作

二是社会环境中也有相对应的 6 类职业（RIASEC）。

三是人总是寻找适合个人人格类型的环境，锻炼相应的技巧与能力，从而表现出各自的态度及价值观，面对相似的问题，扮演相似的角色。

四是一个人的行为表现是由他的人格与他所处的环境交互作用决定的。

这六大类型的关系如图 5.1 所示。

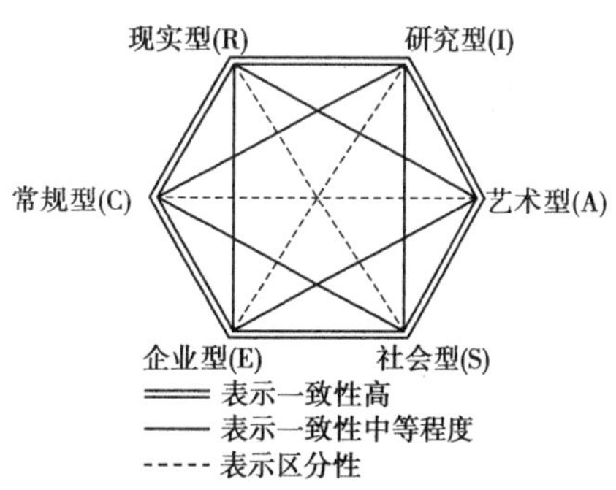

图 5.1　霍兰德六角形模式

此图说明，劳动者和职业可分别划分为 6 种类型，图形的 6 个角分别代表 6 种人格类型和相对应的 6 种职业类型；每种人格类型与职业个性的相关性大小可以通过图形的边长和对角线表示；连线越短表示人格类型与职业类型相关性越大，则适应性越高；连线为零即人格类型与职业类型完全适配，例如 RR 型、CC 型、AA

型等，此时人—职配置最适宜，职业选择最理想。

4 个辅助假设如下。

①一致性，指各类人格类型或各种职业环境之间的一致程度。霍兰德提出的 6 类人格特质或 6 种职业环境中，某两类型之间的一致程度也许较其他两类型特质或职业环境之间的一致程度要高。

②分化性，指个人人格特质发展或者其他偏好与职业环境的清晰程度。有些人的人格特质较接近某一类型而与其他类型较不相似，这种情况表示分化性良好；有些人的人格特质发展或某些职业环境的定义并不十分明确，跟 6 个类型中的多个类型都很接近，这种情况表示分化性较低。

③适配性，指个人人格特质与其所处职业环境之间的配合情形，如表 5.2 所示。

表 5.2　霍兰德人格特质与职业类型的适配

类　型	人格特质	职业类型
现实型（R）	顺从、坦率，喜欢具体的工作任务，缺乏社交技巧	技术性职业，如水电工人、技师、建筑工人等职业
研究型（I）	聪明、抽象，喜欢分析，个性独立	天文、物理、数学、化学、计算机等科学家
艺术型（A）	想象、美感，喜欢借由艺术作品表达自己	美术设计、音乐、戏剧、文学作家、编辑等
社会型（S）	关心社会问题，喜欢与他人互动，对教育活动有兴趣	教师、教育行政人员、社会工作人员、咨询员、护士
企业型（E）	外向、进取、冒险，具领导能力，能说服他人	人事经理、买卖推销、律师等
常规型（C）	实际、保守、顺从，喜欢结构性的活动	办公室业务员、银行收银员、秘书、电话接线生

④统整性，在人格类型部分，主要指个人在目标、兴趣以及能力各方面的清楚及稳定程度。在职业环境部分，则指某一类型环境是否有清楚稳定的目标或报酬。

（二）职业发展理论

1. 金兹伯格的阶段发展理论

金兹伯格认为个体职业心理的形成与发展与他的心理的发展是同步的。随着个体心理由低级到高级，由简单到复杂，其职业心理也由低级到高级，由简单到复杂。因此，个体在选择职业时，不仅要考虑自己兴趣、能力与价值观的发展，还要与社会需要之间实现平衡。

金兹伯格职业心理发展三阶段。

①空想阶段(11 岁以前)。本阶段的儿童,其职业心理完全被他的各种欲求所左右,因此情感色彩十分浓厚,且极其不稳定,具有很强的情境性。他们看电影时认为长大当一个电影放映员很好,可以随时看电影,吃零食时又想当食品店营业员,玩球时又想当一个运动员,他们的职业心理带有明显的空想色彩。

②尝试阶段(11 ~ 17 岁)。本阶段的学生,其主观因素左右了他的职业心理。其中,11 ~ 12 岁的学生处于兴趣期,兴趣在他的职业心理中起主导作用。他希望未来所从事的职业总与他的兴趣爱好相联系。13 ~ 14 岁的学生处于能力期,能力在他的职业心理中起主导作用。他在思考未来职业时已跳出兴趣的范围,还兼顾自己的能力大小,使未来职业与自己能力相称。15 ~ 16 岁的学生处于价值期,社会价值在他的职业心理中起主导作用。他不仅根据自己的兴趣与能力,还按照自己的社会价值观挑选职业。

③现实阶段(17 岁至成人)。本阶段的学生,其职业心理不仅受到他的兴趣、能力和价值观等主观因素的制约,更被当时的客观因素所左右。他们力求使择业的主观因素与客观因素相互协调,开始尝试把自己的职业选择与社会的需要联系起来。他们的职业目标已基本确定,并为实现自己特定的职业目标而准备考入相应的高一级学校或接受专业训练。

2. 舒伯的生命全程和生活空间理论

①职业发展五阶段。

舒伯根据自己"生涯发展型态研究"的结果,参照布勒的分类,也将生涯发展阶段划分为成长、探索、建立、维持与退出 5 个阶段,其中有 3 个阶段与金兹伯格的分类相近,只是年龄与内容稍有不同,舒伯增加了就业以及退休阶段的生涯发展,具体分述如下。

成长阶段:出生至 14 岁,该阶段的孩童开始发展自我概念,开始以各种不同的方式来表达自己的需要,且经过对现实世界不断地尝试,修饰他自己的角色。

这个阶段发展的任务:发展自我形象,发展对工作世界的正确态度,并了解工作的意义。这个阶段共包括 3 个时期:一是幻想期(4 ~ 10 岁),它以"需要"为主要考虑因素,在这个时期幻想中的角色扮演很重要;二是兴趣期(11 ~ 12 岁),它以"喜好"为主要考虑因素,喜好是个体抱负与活动的主要决定因素;三是能力期(13 ~ 14 岁),它以"能力"为主要考虑因素,能力逐渐具有重要作用。

探索阶段:15 ~ 24 岁,该阶段的青少年,通过学校的活动、社团休闲活动、打工等机会,对自我能力及角色、职业做了一番探索,因此选择职业时有较大弹性。

这个阶段发展的任务:使职业偏好逐渐具体化、特定化并实现职业偏好。这阶段共包括 3 个时期:一是试探期(15 ~ 17 岁),考虑需要、兴趣、能力及机会,做暂时的决定,并在幻想、讨论、课业及工作中加以尝试;二是过渡期(18 ~ 21 岁),进入就业市场或专业训练,更重视现实,并力图实现自我观念,将一般性的选择转为特定的选择;三是试验并稍做承诺期(22 ~ 24 岁),生涯初步确定并试验其成为长期职业生活的可能性,若不适合则可能再经历上述各时期以确定方向。

建立阶段:25 ~44 岁,由于经过上一阶段的尝试,合适者会谋求变迁或做其他探索,因此该阶段较能确定在整个事业生涯中属于自己的“位子”,并在 31 ~40 岁,开始考虑如何保住这个“位子”,并固定下来。

这个阶段发展的任务:统整、稳固并求上进。这个阶段细分又可包括两个时期:一是试验—承诺稳定期(25 ~30 岁),个体寻求安定,也可能因生活或工作上若干变动而尚未感到满意;二是建立期(31 ~44 岁),个体致力于工作上的稳固,大部分人处于最具创意时期,由于资深往往业绩优良。

维持阶段:45 ~65 岁,个体仍希望继续维持属于他的工作“位子”,同时会面对新进人员的挑战。

这一阶段发展的任务:维持既有成就与地位。

退出阶段:65 岁以上,由于生理及心理机能日渐衰退,个体不得不面对现实从积极参与到隐退。这一阶段往往注重发展新的角色,寻求不同方式以替代和满足需求。

在上述舒伯的生涯发展阶段中,每一阶段都有一些特定的发展任务需要完成,每一阶段需达到一定的发展水准或成就水准,而且前一阶段发展任务的达成与否关系到后一阶段的发展。

在以后的研究岁月中,舒伯对发展任务的看法又向前跨了一步。他认为在人一生的生涯发展中,各个阶段同样要面对成长、探索、建立、维持和衰退的问题,因而形成“成长—探索—建立—维持—退出”的循环。

举例来说,一个大学一年级的新生,必须适应新的角色与学习环境,经过“成长”和“探索”,一旦“建立”了较固定的适应模式,同时“维持”了大学学习生活之后,又要开始面对另一个阶段——准备求职。原有的已经适应了的习惯会逐渐退出,继而对新阶段的任务又要进行“成长”“探索”“建立”“维持”与“退出”,如此周而复始。

②舒伯的生涯彩虹图。

舒伯认为生涯发展是一个在众多个人因素和社会因素之间不断交融、相互影响的动力性过程,起调节作用的是个人的自我概念,这个动力性过程的发展结果,决定了个人在不同生涯阶段中所要扮演的生涯角色,个人在各类工作或生活角色间的选择,影响其一生的发展。这些生活角色的自发性组合形成了个人的“生活风格”,而序列性的组合缔造了“生活空间”和“生活循环”,其整体的结果就是“生活组型”,如图 5.2 所示。

舒伯从个人的自我概念、年龄和生活角色的角度来强调生涯发展,帮助我们更清楚地理解了生涯发展和决策制订所涉及的内容。很明显,职业生涯规划不是简单的线性单项选择,而是包含了我们自身和我们在生活中扮演的所有角色的综合分析。

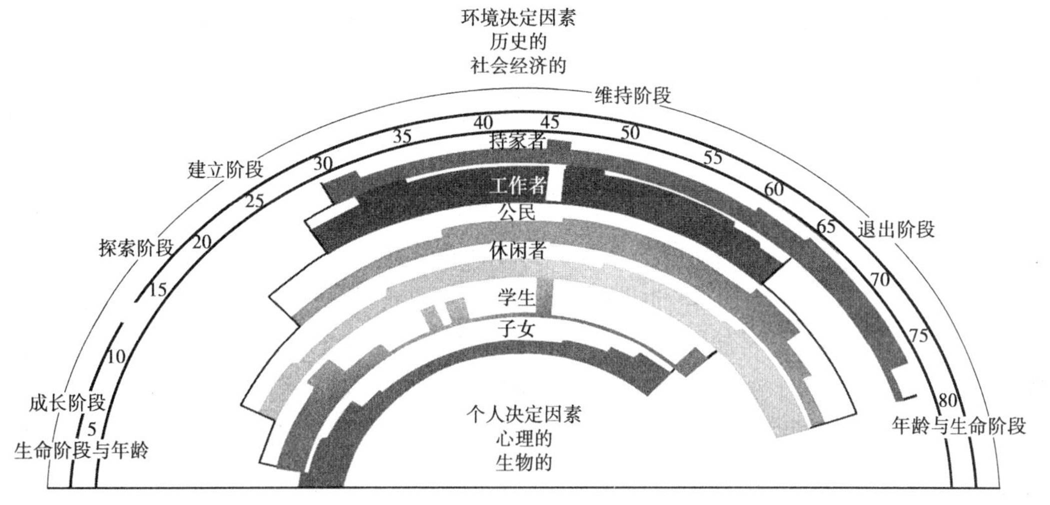

图 5.2 舒伯的生涯全程彩虹图

(三)职业决策理论

1. 盖缇的逐项排除模型

盖缇认为在生涯抉择的初始阶段,决策者并非如传统决策模式所预期的,会深度探索每一个选项,而是依据自己设定的考虑标准,删除不符合标准的选项,直到范围变小时,才进入探索阶段,将生涯选项依据考虑标准一一检验,最后做出生涯选项的决定。生涯决策的步骤如下。

①界定决策或问题,并对它们进行组织。

②确认相关的因素。

③根据重要性对这些因素进行评价,并进行等级排列。

④确定提议的解决方案或备选方案的最佳或可接受的满意水平。

⑤排除与偏好不相符的职业。

⑥检验偏好改变的敏感度。

⑦收集额外的信息。

⑧根据整体愿望对备选方案进行等级排列。

⑨拟订步骤来实现最偏好的选择。

⑩逐项删除法对协助个人缩小选择面最为适用,因为这种方法符合人类认知处理信息的有限性,决策的流程也容许个人主观直觉的反应。

2. 凯兹的决策分析模型

凯兹认为职业价值观是职业选择中知觉、需要及目标的综合。好的决策应该是选择具有最大期望值的选择对象。价值是追求满意的目标和需求的状态,决策者应列出自己主导价值的清单,并依据它们相对价值的大小进行量化。对每一种选择,决策者要估计其“回报强度系数”,即每种选择满足主观上各种价值需求的可能性。这样,每种职业决策都会有一个与各种价值相关联的回报强度系数。用回报强度系数与各种价值大小相乘,其结果即可显示每一种选择的回报价值。显然,那些最大限度满足最重要价值的选择对象将会有最大的总数。回报价值与客观可能性的乘积即期望价值。决策策略便是挑选具有最大期望价值的选择对象。

后来为了职业决策程序化、可操作,凯兹在原有的期望价值理论的基础上,借助电脑经过3次重大修改,开发了电脑辅助职业辅导系统SIGI系统。

该系统分为9个部分:简介(SIGI PLUS是什么)、自我评估(我要做什么,我的专长是什么)、搜寻(我喜欢的职业可能有哪些)、信息(我喜欢的职业有哪些特征)、技能(我行吗)、准备(我行吗)、理由(我行吗)、决策(什么才是对的选择)、下一步(如何实行计划)。

凯兹模式强调职业价值观对职业决策的影响,并且将价值观数量化,进行精细的推算,同时借助电脑辅助系统训练并增强决策能力,对当代大学生具有很强的实用性。

(四)职业认知理论

1.哈克特和贝兹的职业自我效能理论

哈克特和贝兹把班杜拉的自我效能理论与职业辅导结合起来,创立了职业自我效能理论。职业自我效能理论沿3条线展开。

第一条线是职业自我效能与有关职业的选择性行为问题的研究。包括两条次线:一是沿着自我效能与学业选择的行为、学业坚持性和学业成就的关系的研究发展;二是职业自我效能与有关职业选择、职业决策问题的研究。

第二条线是更为具体的职业和专业领域中的职业自我效能的研究。

第三条线是职业自我效能与职业调整问题的研究,即职业自我效能与个体职业发展问题的研究。

2.克鲁姆·波尔茨的生涯社会学习理论

克鲁姆·波尔茨根据社会学习理论的内涵,结合职业生涯发展的研究提出生涯社会学习理论,该理论的主要观点是个人的人格与行为主要受到独特的学习经验的影响,而由日常生活事件来解释生涯决定及其过程。

克鲁姆·波尔茨将影响个人生涯决定过程的因素归纳为4个:遗传天赋与特殊能力、环境条件与事件、工具性学习经验和任务取向技巧。

生涯决策阶段可分为以下7个步骤。

①界定问题,确定明确目标。

②拟订行动计划,规划达成目标的流程。

③澄清价值,界定个人的选择标准。

④搜集资料,找出可能的选择。

⑤依据自己的标准,评价各种可能的选择。

⑥系统地删除不适合方案,评价各种可能的选择。

⑦开始执行行动方案。

克鲁姆·波尔茨认为个体在一生中所获得的学习经验会发展成影响生涯选择的基本力量,认知、环境与个体独特性在个人生涯发展与选择的过程中发挥着极其重要的作用。

生涯社会学习理论认为个人与环境实践的互动中,对事件的结果产生认知性分析而学得新的经验。个人的兴趣、信念、价值观与人格特质均可透过这种独特的学习经验加以改变和拓展。克鲁姆·波尔茨等人还强调个人能依据自己的行为目标与需要适当控制环境,每个人一生中的独特学习经验所发展出来的基本力量会影响个人的基本决定。

二、职业生涯规划的原则和要素

(一)职业生涯规划的原则

1. 系统性原则

职业生涯的规划是一个需要细致谋划的过程,必须站在全程的高度对生涯发展的整个历程做考虑,形成环环相扣的网络体系,使之成为一个严密而科学的系统,不能是零散的、毫无关联的简单步骤,正如下棋一般,落一子而动全局。

2. 可行性原则

制定职业生涯规划时要充分考虑实施的目标、路径、方法是否可行,方案措施是否合理,个人与环境条件是否充分,确保目标可以达成,强调生涯规划的客观性。

3. 挑战性原则

规划既要符合实际情况,又不能没有提升,具有一定的高度,具有挑战性,这样才能发掘潜力促成进步,让我们在职业发展的过程中具有更强的获得感,得到更多的成就和收获。

4. 动态性原则

要根据事态发生的变化辩证地思考我们的职业生涯规划,适时做出调整,在实践中验证,在实践中完善。

5. 阶段性原则

职业规划的目标不能一步到位,必须循序渐进,在总体目标的导引下对目标进行分解,根据每一个时期的特点和重点制订阶段性的目标和完成目标的方案和措施,只有这样我们才能积少成多、集腋成裘,在实现每一个小目标的过程中达成一生的职业愿望。如果我们整天拿着自己现有的状态比对未来的预期,就会陷入困局惶惶不可终日,永远不可能实现自己的鸿鹄之志了。

6. 可评估性原则

制定职业规划要目标明确、措施具体,完成的时间要做出限定,对可量化的内容要尽可能数据化,以便检查评估,为随时根据情况对自己的规划进行调整修订提供完整科学的依据。

下面根据职业规划的原则,结合大学期间的特殊情况了解一下大学生职业生涯规划的原则。

①职业生涯规划要与社会需要相结合。

②职业生涯规划要与所学专业相结合。

③职业生涯规划要与兴趣、能力相结合。

④职业生涯规划要与身心素质相结合。

(二)职业生涯规划的要素

1. 知己

知己就是要了解自身的情况，对自我进行全面而充分的了解和认知，明确自己的兴趣、能力、性格、价值观、气质等各方面的条件。

2. 知彼

要对自己职业发展的外部环境进行探知，明确自己所具备的外部环境因素，探索职业特性、组织环境、能力需求、发展规律、行业趋势等各方面的情况。

3. 抉择

在知己知彼的基础上做出选择，确定符合自己内外条件的职业目标。

4. 目标

抉择之后就是确定目标，建立自己的目标体系。

5. 行动

所有的分析过程和决策过程已经完成，接下来就是付诸实践，如果没有行动，一切的愿望都是空谈。

6. 评估

在行动的过程中，对自己的分析结果、决策战略、目标的客观性和行动方案的科学性进行效果评估，通过实际效果来检验职业规划的合理性，并根据评估结果进行相应调整。

三、职业生涯规划的常用方法

(一)SWOT 分析法

美国旧金山大学管理学教授韦克里于 20 世纪 80 年代提出了 SWOT 分析法，这种方法是一种综合考虑企业内部条件和外部环境的各种因素，进行系统评价，从而选择最佳经营战略的方法。S 是指组织内部的优势，W 是指组织内部的劣势，O 是指组织外部环境的机会，T 是指组织外部环境的威胁。

对自身的职业或职业发展问题进行 SWOT 分析时有以下 5 个步骤。

①评估自己的长处和短处。

②找出自己的职业机会和威胁。

③提纲式地列出今后 3 ~5 年的职业目标。

④提纲式地列出一份今后 3 ~5 年的职业行动计划。

⑤寻求专业帮助。

(二)个人职业发展档案

个人职业发展档案是一种有效的职业生涯规划方法,制作完善的个人职业发展档案可以对个人工作经历进行连续性的参考,它既指出了个体当前的目标,也指出了未来的目标和可能达到的目标。在档案中还可以了解到要达到自己的目标在每一个阶段所应该具备的能力、技术和其他条件。

个人职业发展档案的主要内容包括个人情况、现在的行为、未来的发展 3 个主要部分,记录着个人职业成长的每一步。个人职业发展档案既可以用于大学生未来的职业规划与管理,也可用于大学生大学阶段的职业规划和管理,如表 5.3 所示。

表 5.3　个人职业发展档案

个人情况	A. 个人简历	包括个人的生日、出生地、部门、职务、住址等
	B. 文化教育	初中以上的校名、地点、入学时间、主修课程、课题等,是否取得学历,在校负责过何种社会活动等
	C. 学历情况	填入所有的学历、取得时间、考试时间、课题以及分数等
	D. 曾接受过的培训	曾接受过哪种与工作有关的培训。如在校、业余还是在职,培训的课题、形式、开始时间、所获证书等
	E. 工作经历	按顺序填写工作过的单位名称、工种、工作地点等
	F. 有成果的工作经历	列出以前有成绩的工作经历,不要写现在的
	G. 以前的行为管理论述	对工作的评价以及关于行为管理的事情
	H. 评估小结	对档案里所列的情况进行自我评估
现在的行为	A. 现在工作情况	现在的工作岗位、岗位职责等
	B. 现在行为管理文档	现在的行为管理文档记录,可以在这里加一些注释
	C. 现在目标行为计划	设计一个目标,同时列出和此目标有关的专业、经历等。这个目标是有时限的,要考虑到成本、时间、质量和数量的记录。如果有问题,可以立刻和你的上司探讨解决
未来的发展	A. 职业目标	今后的 3 ~ 5 年里,准备在单位里做到什么职位
	B. 所需要的能力、知识	为了达到目标,应该拥有哪些新的技术、技巧、能力和经验等
	C. 发展行动计划	为了获得这些能力、知识等,采用哪些方法和实际行动,其中哪一种是最好、最有效的,谁对执行这些行动负责,什么时间能完成
	D. 发展行动日志	发展行动计划的具体活动安排,所选用的培训方法,如听课、自学、所需日期、开始时间、取得的成果等

（三）自我规划五步法

许多职业咨询机构和心理专家进行职业咨询和职业规划时常常采用“5W”法，即我们所说的五步法。

①Who are you？——你是谁？这个问题要面对自己真实地写出每一个想到的答案，写完了再想一下有没有遗漏，然后按照重要性进行排序。

②What do you want？——你想干什么？这是对自己职业发展的一个心理趋向的检查。

③What can you do？——你能干什么？这是对自己能力与潜力的全面分析。对于一个人的潜力的了解应该从对事物的兴趣、做事的韧劲、遇事的判断力以及知识结构是否全面、是否及时更新等来分析。

④What can support you？——你能获得哪些支持？这个问题包含两个方面的内容，首先是“环境支持或允许我干什么”，想明白、想全面，然后按重要性排序。其次是我做某项职业还缺乏什么素质和能力。

⑤What can you be in the end？——你的职业和生活规划是什么？对前面 4 个问题的回答会让我们找到对实现有关职业目标的有利和不利条件，列出不利条件最少的、自己想做而且又能够做到的职业目标，就对我们的第 5 个问题有了清楚明了的认识。

认真比较第一至第四题的答案，将内容相同或相近的答案用一条横线连起来，就会得到几条线，而不与其他连线相交的又处于最上面的线，就是最应该去做的事情，职业生涯就应该以此为方向。在此方向上以 3 年为单位，提出近期、中期、长期目标，再在近期目标中提出今年的目标，将今年的目标分解为每季度目标、每月目标、每日目标。这样，每天结束的时候对照目标进行反省，总结当日的成就与失误、经验与教训，修正明天的目标与措施，循环往复、日积月累，我们的规划就不可能实现不了。

延伸案例

阿诺德·施瓦辛格的故事

一个 10 多岁的穷小子，身体非常瘦弱，却在日记里立志长大后做美国总统。如何实现这样宏伟的抱负呢？经过思索，他拟订了一系列目标。

做美国总统首先要做美国州长—要竞选州长必须得到雄厚的财力后盾的支持—要获得财团的支持就一定得融入财团—要融入财团最好娶一位豪门千金—要娶一位豪门千金必须成为名人—成为名人的快速方法就是做电影明星—做电影明星前得练好身体，练出阳刚之气。

按照这样的思路，他开始行动。某日，当他看到著名的体操运动主席库尔后，他相信练健美是强身健体的好点子。他开始刻苦而持之以恒地练习健美，他渴望成为世界上最结实的壮汉。3 年后，他拥有了发达的肌肉，一身似雕塑的体魄。在以后的几年中，他收获了各种世界级的“健美先生”称号。

22 岁时，他踏入了美国好莱坞。在好莱坞，他花费了 10 年时间，利用自身优势，刻意打造坚强不屈、百折不挠的硬汉形象。终于，他在演艺界声名鹊起。当他的电影事业如日中天时，女友的家庭在他们相恋 9 年后，也终于接纳了这位“黑脸庄稼人”。他的女友就是赫赫有名的肯尼迪总统的侄女。

2003 年，年逾 57 岁的他退出影坛，转而从政，成功竞选为美国加州州长。他的下一个目标就是美国总统。他就是阿诺德·施瓦辛格。

他的经历告诉我们，科学规划，行动有力，就能成功。从这个职业规划案例可以看出：职业规划制定得越早、步骤越详细，越能早日实现自己的梦想。不管这个目标多么艰难、自己的现实和理想之间相差多远，只要有恒心，有切实可行、细致的计划，并一步一个脚印踏踏实实地去完成，就一定能实现自己远大的理想！

延伸案例

小夏的创业故事

小夏一直想做一名成功的企业家，但是在大学填志愿的时候不得已填报了父母希望他从事的土木工程专业。从上大学的那一天开始，他就发誓要继续坚持自己的梦想。

大学期间他一方面认真学习专业知识，他认为学好专业，一是要拿到大学文凭，二是能够锻炼自己的学习能力，三是能够为将来创业积累资源。另一方面，积极实践积累创业的经验。他经常走出校园去参加创业讲座和创业活动，认真学习别人的创业经验和创业知识，还利用一些机会去磨炼自己。他曾经用 50 元钱从武汉到海南去游历，曾经想办法去结识一位餐饮业的知名企业家，不仅让那位企业家接受了他的拜访，还让其对他大加赞赏。

大二开始他利用自己的业余爱好——骑行，与好友一起在学校的创业基地开办了一家自行车租赁门店，开始了自己的创业之旅。在他和朋友的经营下，门店生意出奇地好，他们还吸引了很多同学建立起骑行的爱好，同时为自己的车行获取了更多的客源。他们还组建了骑行社会实践团队，宣传绿色出行、保护环境的理念。这样让更多的人认识了他，实现了更大的社会价值，得到了更多的锻炼。

大四的时候，他将自行车行转给了学弟，自己开始寻求更大的发展空间。他只身一人前往内蒙古考察清洁能源项目，在毕业季与快递公司合作为毕业生提供优质物流服务。毕业时，他带着满满一火车柚子回到了家乡，经历了人生中第一次大的挫折，这也促使他动起了水果的脑筋……

毕业后的一年时间里，他都在摸索水果市场，去新疆、去武汉，去越南、去泰国，他的足迹一直在延伸，他的步伐从未停止。3 年后，他终于在新疆建立了自己的葡萄园，站在千亩葡萄架前开始了崭新的人生！

其实，人生的成功很简单，照着你的目标，做好规划往前走，千万不要停歇，不要彷徨，不要摇摆。我们做职业规划的时候一定要坚持可行性和挑战性相结合的原则，一定要有阶段性地去布置我们的职业生涯,根据实际情况做出调整,向着大方向坚定不移地去奋斗,就一定能够实现自己的职业理想。

互动体验

签订学习合约

1. 开学以来你是否一直有一个学习目标还没有实现?那么仔细想一想,再认真考虑一下接下来10天的学习目标和学习任务。

2. 注意:这10天的学习任务要切实可行,同时要符合你的实际情况,目标不要定得太高而完成不了,也不要定得太低而没有挑战性。

3. 所制订的学习计划和学习任务要具体,如每周去两次图书馆,每天记15个单词,10天看完一本专业书籍等。

4. 仔细考虑接下来10天的学习计划和目标,将这份"我的学习合约"认真填写好。

5. 将填写好的合约交给你的老师或者同学保管,10天后再将合约返还给你,同时邀请你的同桌或者好友对你的学习情况进行监督。

6. 每天记录好自己的学习情况,以便填写和检查你的学习合约的实施情况。

7. 10天之后填写合约的执行情况,反思你对自己的学习合约的实施情况。

说明:合约的期限可以改变,为了便于集体讨论和评估,建议整个班级统一期限。

这份合约是我对自己的一个承诺,我会遵守我的学习合约,如期保质保量地完成学习合约中所规定的学习内容。

合约的期限是10天,在这10天中,我将完成以下学习任务。

表5.4 我的学习合约

学习目标		具体完成情况 (10天后根据自己的学习记录填写)	原因
学习目标1	具体项目1		客观: 主观:
	具体项目2		
学习目标2	具体项目1		客观: 主观:
	具体项目2		
学习目标3	具体项目1		客观: 主观:
	具体项目2		
说明:你的学习目标和需要完成的具体学习项目根据你自身的实际情况而定。			

合同制订者:(签名)

年　　月　　日

制作一份职业生涯规划书并在小组内互相分享。

本章小结

本章内容从职业生涯规划的基本概念入手，为厘清职业生涯规划的基本认知奠定了基础，帮助大学生真正了解什么是职业生涯规划，与我们的大学生活和未来职业发展有什么具体关系，为进一步引导大学生思考职业预期，科学规划职业生涯奠定了基础。

了解大学生职业生涯规划的主要步骤，促使大学生理解不同阶段需要掌握的知识、具备的基本能力和需要采取的措施和方法是本章内容的要点之一。大学生可以通过这部分内容的学习理清思路，明确方向，确定开展职业生涯规划的整体战略。

职业生涯规划的策略与方法是本章内容的重点和难点，掌握和领会这部分内容具有十分重要的意义。本章从职业规划的基本理论入手，将职业生涯规划的理论根源加以介绍，能够促进大学生辐射式地学习关于职业心理和职业生涯发展方面的更多知识，让学生“知其然也知其所以然”，从而更好地为科学规划职业生涯奠定理论基础。职业生涯规划的原则和要素是在开展职业生涯规划过程中所要遵循的基本规律，遵从基本规律就能够保证我们在建立职业生涯规划体系的过程中不走弯路。职业生涯规划的具体方法因人而异，本章介绍的方法都是结合大学生目前的基本特点而挑选的，大学生可以根据自己的基本情况和自己所适应的方式选择不同的方法来开展自己的职业生涯规划，也可以采取多种方法更加全面准确地确定自己的职业生涯规划体系。

职业生涯规划是一个庞大的系统工程，需要我们有更多细致的准备、更科学的方法、更全面的视角、更完善的框架来最终为我们铺就一条通往理想职业的星光大道。

思考题

1. 影响大学生做好职业生涯规划的因素有哪些？
2. 做好大学生职业生涯规划应该遵从哪些原则？
3. 如何用 SWOT 分析法做自我分析？

作 业

目前我处于职业生涯的哪个阶段？为什么？
大学生应该如何着手制定一份完整的职业生涯规划？

第六章　就业政策与就业权益

［学习目标］

1. 了解大学生就业政策。
2. 掌握大学生就业权益的相关内容。
3. 掌握寻求就业权益保护的途径。

［案例导入］

小王毕业后，进入一家公司上班，在签订劳动合同时，该公司要求他签署一份书面承诺，表明小王自愿放弃该公司为其缴纳社会保险金，公司将社会保险金作为工资的组成部分，直接支付给小王。小王本也不想交社保，他觉得自己不会在北京长留，交了以后自己回老家工作了，又要转，麻烦，并且还要从工资里再扣几百元交社保，不如不交，拿到钱才最实在，于是签字确认了。之后，双方因工资调整问题发生争议，小王打算从公司离职。公司认为，小王自愿放弃公司为其缴纳社会保险金，无权以此为由请求解除劳动合同。于是，那份承诺书被提上了桌面，公司说是小王自己不愿意交，小王说是公司一开始就写好的，让签字的，是公司不给交，双方各执一词。

目前大学毕业生就业已成为一个全社会高度关注和亟待妥善解决的问题，随着就业形势的日益严峻，大学生就业的竞争也日趋激烈，部分大学生在就业过程中的合法权益被侵害的现象越来越严重，影响了社会的和谐与稳定。所以，毕业生应了解目前国家关于毕业生就业的有关方针政策，知晓毕业生在就业过程中的权利和义务，这是毕业生有效地进行就业权益保护的前提。

第一节　就业政策概述

一、就业政策的内涵

就业政策（Employment Policy）是指政府和社会群体为了解决现实社会中劳动者就业问题制定和推行的一系列方案及采取的措施。而大学生就业政策是国家就业政策中的一个重要组成部分，是专门针对大学生就业而制定的、规范相关部门行为，为大学生创造就业机会、规范就业服务的一系列制度、规则及法规的总称。

二、就业政策的特点

(一)就业政策的普遍特点

1. 公开性

公开性包括就业政策公开、就业信息公开、制度公开、程序公开、纪律公开。

2. 公平性

《中华人民共和国劳动法》(以下简称《劳动法》)第十二条规定:"劳动就业者,不因民族、种族、性别、宗教信仰不同而受歧视。"《劳动法》第十三条规定:"妇女享有与男子平等的就业权利。"

3. 公正性

用人单位应根据工作岗位的要求,建立科学的考评、录用体系,运用科学的方法,对应聘者进行认真的考核和选拔,充分体现公平竞争的原则。

(二)大学生就业政策的特点

近年来,大学生就业政策在不断完善,内容也在不断丰富,大学生就业政策除了以上就业政策的共性特点外,还呈现出以下独特之处。

1. 就业政策内容越来越丰富

从2003年国务院办公厅提出了"大学生志愿服务西部计划"以来,政府部门不断颁布促进大学生就业的各种政策。如2006年教育部提出了"三支一扶计划"和"农村义务教育阶段学校教师特设岗位计划",2008年人力资源和社会保障部提出了"三支一扶计划"、对应征入伍服义务兵役的高校毕业生实行学费补偿和助学贷款代偿、实施"一村一社区一名大学生工程"等。这些就业政策的出现都说明了国家颁布的大学生就业政策的内容越来越丰富,对缓解大学生就业压力的作用也越来越明显。

2. 针对去艰苦地区就业的大学生的奖励政策在不断量化,越来越具有可执行性

2003年国务院办公厅提出了在艰苦地区工作两年或两年以上者,报考研究生应优先予以推荐、录取,报考党政机关和应聘国有企事业单位的,在同等条件下,应优先录用。但该文件没有明确怎样优先以及照顾程度等具体问题,在实际操作中就有了一定的难度。于是,2004年,团中央、教育部、财政部、人事部联合明确了10项优惠政策,如服务期满考核合格,报考研究生的总分加10分,报考西部地区公务员的笔试总分加5分。这些政策说明了国家颁布的大学生就业政策不断由定性向定量转化,越来越具有可执行性。

3. 就业政策趋于公平化和公开化

近年来"考公"的大学生比例越来越高,"考公"也成为众多大学生就业非常重要的一条途径。2003年国务院办公厅发文指出,党政机关录用公务员应公开招考或招聘,择优录用。也就是说,从2003年起公务员选拔除招考外还有招聘,由于招聘条件的限制,这显然对刚毕业的大学生来说不公平。于是在2004年,国务院办公厅又发文提出,各级党政机关特别是

地（市）县、乡级机关录用公务员，要严格坚持"凡进必考"制度，该项政策为高校毕业生公平参与公务员选用提供了更多的机会。

4. 就业政策逐步趋向法制化

近年来，国家几乎每年都要就大学毕业生的就业问题下发专门文件，在鼓励大学毕业生充分就业的同时，还强调保护大学毕业生的合法权益。特别是 2007 年 8 月 30 日，第十届全国人大常委会第二十九次会议表决通过了《中华人民共和国就业促进法》（自 2008 年 1 月 1 日实施）。该法的制定和实施标志着我国大学毕业生的就业政策已趋向法制化。

第二节　大学生就业的基本政策

国家教育部门每年都会就做好高校毕业生就业工作下发专门的通知和文件。各地区和学校就业主管部门依据这些文件的规定，从实际情况出发，相应制定一些就业政策以及实施办法。因此，毕业生在就业时，一定要了解这些文件和规定，只有这样，才能做出正确的职业选择，避免在就业中走弯路。2009 年 1 月 19 日，国务院办公厅下发了《关于加强普通高等学校毕业生就业工作的通知》（国办发〔2009〕3 号，以下简称《通知》），要求把高校毕业生就业摆在当前就业工作的首位，采取切实有效措施，拓展就业门路，鼓励高校毕业生到城乡基层、中西部地区和中小企业就业，鼓励自主创业，鼓励骨干企业和科研项目单位吸纳和稳定高校毕业生就业，并提出了一系列政策措施。

一、鼓励和引导高校毕业生到城乡基层就业

鼓励高校毕业生积极参加社会主义新农村建设、城市社区建设和应征入伍。围绕基层面向群众的社会管理、公共服务、生产服务、生活服务、救助服务等领域，大力开发适合高校毕业生就业的基层社会管理和公共服务岗位，引导高校毕业生到基层就业。对到农村基层和城市社区从事社会管理和公共服务工作的高校毕业生，符合公益性岗位就业条件并在公益性岗位就业的，按照国家现行促进就业政策的规定，给予社会保险补贴和公益性岗位补贴，所需资金从就业专项资金列支；对到农村基层和城市社区其他社会管理和公共服务岗位就业的，给予薪酬或生活补贴，所需资金按现行渠道解决，同时按规定参加有关社会保险；对到中西部地区和艰苦边远地区县以下农村基层单位就业，并履行一定服务期限的高校毕业生，以及应征入伍服义务兵役的高校毕业生，按规定实施相应的学费和助学贷款代偿；对具有基层工作经历的高校毕业生，在研究生招录和事业单位选聘时实行优先，在地市级以上党政机关考录公务员时也要进一步扩大招考录用的比例。

继续实施和完善面向基层就业的专门项目，扩大项目范围。相关项目由各有关部门继续加强组织领导，省级人民政府负责做好各类基层就业项目之间的政策衔接。2009 年，中央有关部门继续组织实施"选聘高校毕业生到村任职"、"三支一扶"（支教、支农、支医和扶

贫)、“大学生志愿服务西部计划”、“农村义务教育阶段学校教师特设岗位计划”等项目,各地也要因地制宜开展地方项目,鼓励和引导更多的高校毕业生报名参加。鼓励高校毕业生在项目结束后留在当地就业,今后相对应的自然减员空岗全部聘用服务期满的高校毕业生。对参加项目的高校毕业生给予生活补贴,所需资金按现行资金渠道解决,同时按规定参加有关社会保险。各专门项目相关待遇政策的衔接办法,由人力资源社会保障部、财政部、教育部、中央组织部、共青团中央等有关部门另行研究制定。

二、鼓励高校毕业生到中小企业和非公有制企业就业

各类中小企业和非公有制企业是高校毕业生就业的主要渠道。要进一步清理影响高校毕业生就业的制度性障碍和限制,为他们提供档案管理、人事代理、社会保险办理和接续、职称评定以及权益保障等方面的服务,形成有利于高校毕业生到企业就业的社会环境。对企业招用非本地户籍的普通高校专科以上毕业生,各地城市应取消落户限制(直辖市按有关规定执行)。企业招用符合条件的高校毕业生,可按规定享受相关就业扶持政策。劳动密集型小企业招用登记失业高校毕业生等城镇登记失业人员达到规定比例的,可按规定享受最高为200万元的小额担保贷款扶持。

三、鼓励骨干企业和科研项目单位积极吸纳和稳定高校毕业生就业

鼓励国有大中型企业特别是创新型企业创造条件,更多地吸纳有技术专长的高校毕业生就业。充分发挥高新技术开发区、经济技术开发区和高科技企业集中吸纳高校毕业生就业的作用,加强人才培养使用和储备。各地在实施支持困难企业稳定员工队伍的工作中,要引导企业不裁员或少裁员,更多地保留高校毕业生技术骨干,对符合条件的困难企业可按规定在2009年内给予6个月以内的社会保险补贴或岗位补贴,由失业保险基金支付;困难企业开展在岗培训的,按规定给予资金补助。承担国家和地方重大科研项目的单位要积极聘用优秀高校毕业生参与研究,其劳务性费用和有关社会保险费补助按规定从项目经费中列支,具体办法由科技、教育、财政等部门研究制定。高校毕业生参与项目研究期间,其户口、档案可存放在项目单位所在地或入学前家庭所在地人才交流中心。聘用期满,根据工作需要可以续聘或到其他岗位就业,就业后工龄与参与项目研究期间的工作时间合并计算,社会保险缴费年限连续计算。

四、鼓励和支持高校毕业生自主创业

鼓励高校积极开展创业教育和实践活动。对高校毕业生从事个体经营符合条件的,免收行政事业性收费,落实鼓励残疾人就业、下岗失业人员再就业以及中小企业、高新技术企业发展等现行税收优惠政策和创业经营场所安排等扶持政策。在当地公共就业服务机构登

记失业的自主创业高校毕业生，自筹资金不足的，可申请不超过5万元的小额担保贷款；对合伙经营和组织起来就业的，可按规定适当扩大贷款规模；从事当地政府规定微利项目的，可按规定享受贴息扶持。有创业意愿的高校毕业生参加创业培训的，按规定给予职业培训补贴。强化高校毕业生创业指导服务，提供政策咨询、项目开发、创业培训、创业孵化、小额贷款、开业指导、跟踪辅导的“一条龙”服务。各地要建设完善一批投资小、见效快的大学生创业园和创业孵化基地，并给予相关政策扶持。鼓励支持高校毕业生通过多种形式灵活就业，并保障其合法权益，符合规定的，可享受社会保险补贴政策。

五、强化高校毕业生就业服务和就业指导

充分发挥人力资源市场配置资源的作用，强化公共就业服务的功能。人力资源社会保障、教育等部门及高校要加强协作，采取网络招聘、专场招聘、供求洽谈会和用人单位进校园等多种方式，大力开展面向高校毕业生的就业服务系列活动，为应届高校毕业生提供更多、更快、更好的免费就业信息和各类就业服务。高校要强化对大学生的就业指导，开设就业指导课并作为必修课程，重点帮助毕业生了解就业政策，提高求职技巧，调整就业预期。加强高校就业指导服务机构建设，落实人员、场地和经费。加强人力资源市场管理，严厉打击违法违规行为，加强招聘活动安全保障，维护高校毕业生就业权益。

六、提升高校毕业生就业能力

大力组织以促进就业为目的的实习实践，确保高校毕业生在离校前都能参加实习实践活动。完善离校未就业高校毕业生见习制度，鼓励见习单位优先录用见习高校毕业生。见习期间由见习单位和地方政府提供基本生活补助。拓展一批社会责任感强、管理规范的用人单位作为高校毕业生实习见习基地。从2009年起，用3年时间组织100万未就业的高校毕业生参加见习。加强高等职业院校学生的技能培训，实施毕业证书和职业资格证书“双证书”制度，努力使相关专业符合条件的应届毕业生通过职业技能鉴定获得相应职业资格证书。人力资源社会保障部门根据高校毕业生需要，提供专场或其他形式的职业技能鉴定服务，教育部门及高校要给予积极配合。对符合就业困难人员条件的高校毕业生，按规定给予鉴定补贴。

七、强化对困难高校毕业生的就业援助

对困难家庭的高校毕业生，高校可根据实际情况给予适当的求职补贴。各级机关考录公务员、事业单位招聘工作人员时，免收困难家庭高校毕业生的报名费和体检费。对离校后未就业回到原籍的高校毕业生，各地公共就业服务机构要摸清底数，免费提供政策咨询、职业指导、职业介绍和人事档案托管等服务，并组织他们参加就业见习、职业技能培训等促进

就业的活动。对登记失业的高校毕业生,各地要将他们纳入当地失业人员扶持政策体系。对就业困难的高校毕业生和零就业家庭的高校毕业生,实施一对一职业指导、向用人单位重点推荐、公益性岗位安置等帮扶措施,按规定落实社会保险补贴、公益性岗位补贴等就业援助政策。

八、加强领导，明确责任

各地要加强对高校毕业生就业工作的组织领导,将高校毕业生就业纳入当地就业总体规划,统筹安排,确定目标任务,实行目标责任制,加强工作考核和督查。各有关部门要切实发挥职能,落实工作责任。各级人力资源社会保障部门要牵头制定和实施高校毕业生就业政策,并做好高校毕业生离校后的就业指导和就业服务工作。教育部门要指导高校大力加强在校生的就业指导和服务工作,并继续深化高等教育改革。财政部门要根据高校毕业生就业形势和实际需要,统筹安排资金用于促进高校毕业生就业。其他有关部门要认真履行职责,加强协调配合,共同推动工作。要大力开展高校毕业生就业工作的宣传,引导高校毕业生树立正确的就业观和成才观,形成全社会共同促进高校毕业生多渠道就业的良好舆论环境。各地要按照本通知要求,结合本地实际,制定切实有效的政策措施,创造性地开展工作,千方百计促进高校毕业生就业。

我国还出台了一系列特殊就业政策,如:大学生志愿服务西部计划、特岗教师计划、“三支一扶”计划、选聘村官政策、应征入伍政策、报考公务员政策等。

第三节　就业权益

案例

2012 年,某市某大学 10 名学生集体到广西的一家民营企业做食品检验工作。当时该企业给学生的口头承诺是:月薪 4 000 元,外加年终分红;工作满 1 年,分房;工作满 3 年,配车。学生们都以为遇到了天上掉馅饼的好事,于是这 10 人在没有和该企业签订任何的书面协议或合同的情况下,就去了广西。

到了广西的工作单位之后,兴奋的学生们没有仔细看合同,而是草率地与该企业签订了就业合同。一个月之后,所有人都大呼上当。原因是什么呢?他们的月薪确实是定在了 4 000元,但是在工作中他们会经常违反合同上的“霸王条款”。例如,迟到一次罚款 500 元;在食堂吃饭,剩饭、剩菜罚款 100 元。结果,大家一个月工作下来,扣掉各种罚款,实际发到手的工资只有可怜的三四百元。于是学生们集体抗议,说要辞职不干,该企业拿出他们签订的就业合同,要求每个学生交付 8 000 元的违约金。学生们表示,在学校招聘谈条件的时候可不是这么说的,该企业则要求学生们拿出证据来,众学生木然。

大学生的就业权益被侵犯的事件时有发生,为更好地维护大学生的就业权益,我们首先要了解就业权益的相关概念和内容。

一、就业权益的内涵

在市场经济体制逐步完善的今天,毕业生在就业过程中享有哪些权益?毕业生的就业权益如何维护?大学生如何在就业中行使自己的权利和义务?在自己的就业权益受到损害时,如何运用法律来维护自己的合法权益呢?为了有效地维护毕业生的就业权益,我们首先必须明确就业权益的内涵。

就业权益是指劳动者在就业过程中所拥有的权利和所应该获得的利益。就业权益是一种合法的权益,劳动者在国家法律允许的范围内所实现的就业及其权益应当受到法律保护。众所周知,任何权益和责任与义务都是连接在一起的,权利、责任、义务是相等的。劳动者的就业权益也是和劳动者的就业责任、就业义务相互联系的。《中华人民共和国宪法》第四十二条规定:"中华人民共和国公民有劳动的权利和义务。国家通过各种途径,创造劳动就业条件,加强劳动保护,改善劳动条件,并在发展生产的基础上,提高劳动报酬和福利待遇。"第四十二条还规定:"国家提倡公民从事义务劳动。国家对就业前的公民进行必要的劳动就业训练。"

二、就业权益包含的内容

大学毕业生作为就业的一个很重要的主体,在就业过程中享有诸多的权益,根据目前国家相关法律、法规的规定,大学毕业生在就业过程中享有的权利以及用人单位给予毕业生的主要权利表现在以下 6 个方面。

(一)获取就业信息权

获取就业信息权是指大学毕业生拥有及时全面获得各种应该公开的就业信息的权利。就业信息是毕业生择业成功的前提和关键,只有在充分获得信息的基础上,才能做出结合自身情况选择适合自身发展的职业选择。这里讲的毕业生获取信息权包含以下 3 个方面的含义:一是信息公开。即所有用人信息面向全体毕业生公开。二是信息及时。即毕业生获取的信息必须是及时有效的,而不是过期的无价值的信息。三是信息全面。即毕业生有权获取准确、全面的就业信息,用人单位不能仅公开符合自身要求或利益的内容。这样才能让毕业生对用人单位有全面地了解,做出符合自身发展的选择。

(二)接受就业指导权

接受就业指导权是指大学毕业生有权从学校、社会、国家获得及时、有效的就业指导与就业信息服务的权利。就业指导工作会直接影响毕业生的就业方向、就业能力、就业意识、就业技巧等。我国《高等教育法》规定:"高等学校应当为毕业生、结业生提供就业指导和服务。"因此,现在各高校都成立了专门的就业创业指导中心,安排专门人员对大学毕业生进行就业创业指导，包括向毕业生宣传国家关于毕业生就业的有关方针、政策，对毕业生进行择业技巧的指导，引导毕业生根据国家和社会需要，结合个人实际情况进行就业和择业，使毕业生通过接受就业指导，掌握相关的知识和技能，准确定位，合理择业。

(三)被推荐就业权

被推荐就业权是高校毕业生拥有被高校如实、公正、及时推荐到用人单位就业的权利。虽然现在国家的就业政策是自主择业，但很多用人单位基于对学校的信任，为了提高招聘效率和招聘质量，会要求高校向其推荐优秀的毕业生。因此，学校在就业工作中的一个重要职责就是向用人单位推荐毕业生。历年工作经验证明，学校的推荐往往在较大程度上影响到用人单位对毕业生的选用。

(四)就业自主选择权

就业自主选择权是指在国家就业方针、政策的指导下，高校毕业生有按照自己的意愿选择职业的权利。根据国家有关规定，大学毕业生在国家就业方针、政策指导下自主择业。毕业生只要符合国家的就业方针、政策，可以自主地选择用人单位，学校、其他单位和个人均不得干涉。任何个人或者组织强令大学毕业生到某单位就业的行为就是侵犯毕业生的就业自主选择权的行为。这充分体现了高校毕业生在人才市场自主就业择业的权利。

(五)公平待遇权

用人单位录用毕业生的过程中，应公平、公正。毕业生在就业过程中应享有公平待遇权利。但在当前的就业环境中，毕业生的公平受录用权受到很大的挑战，这也是广大毕业生比较关注和担忧的一个问题。由于各项配套措施滞后，完全开放、公平的就业市场尚未真正形成，用人单位录用毕业生还存在不同程度的不公平、不公正现象，如性别歧视、关系就业、地域限制等。因此，公平待遇权也是目前广大大学毕业生迫切需要得到维护的权益。

(六)违约求偿权

违约求偿权是指高校毕业生在与用人单位签订就业协议后，如果用人单位无故违约或解约，毕业生有权要求用人单位进行相应的赔偿的权利。毕业生、用人单位、学校三方签订协议后，任何一方不得擅自毁约。如用人单位无故要求解约，毕业生有权要求对方严格履行就业协议，签订劳动合同，否则用人单位应对毕业生承担违约责任，支付违约金，毕业生有权要求用人单位对其进行补偿。

第四节　就业权益的维护

一、就业协议与劳动合同

(一)就业协议书的概念

“就业协议书”是“全国普通高等学校毕业就业协议书”的简称，通常称为“三方协议”，是普通高等学校毕业生和用人单位在正式确立劳动人事关系前，经双向选择，在规定期限内确立就业关系、明确双方权利和义务而达成的书面协议，是用人单位确认毕业生相关信息真实可靠以及接收毕业生的重要凭据，也是高校进行毕业生就业管理、编制就业方案以及毕业生办理就业落户手续等有关事项的重要依据。毕业生到达就业单位报到时，三方协议就自动终止了。就业协议一般由教育部或各省、自治区、直辖市就业主管部门统一制表。这个三方协议不是劳动合同而是一个意向合同，不受劳动法调整而受民法调整。

2019 年 4 月 28 日，教育部办公厅印发《教育部办公厅关于进一步加强高校毕业生就业状况统计核查工作的通知》（教学厅函〔2019〕22 号）要求各高校要严格执行“四不准”规定，即不准以任何方式强迫毕业生签订就业协议和劳动合同，不准将毕业证书、学位证书发放与毕业生签约挂钩，不准以户档托管为由劝说毕业生签订虚假就业协议，不准将毕业生顶岗实习、见习证明材料作为就业证明材料。

（二）就业协议书的内容

毕业生如实向用人单位介绍自己的情况，包括：姓名、性别、身份证号码、专业、学制、毕业时间、学历、联系方式等。了解用人单位的使用意图，表明自己的就业意见，在规定的时间内到用人单位报到，如遇特殊情况不能按时到用人单位报到，需征得用人单位同意。

第一，用人单位要如实介绍本单位的情况，包括：单位名称、组织机构代码、单位性质、联系人及联系方式、档案接收等，对毕业生的要求及使用意图，做好各项接收工作。

第二，学校如实向用人单位介绍毕业生的情况，用人单位同意录用后，经学校审核列入建议就业计划，报主管部门批准，学校负责办理毕业生的派遣手续。

第三，各方应严格履行协议，任何一方若违反协议，应承担违约责任。

第四，其他补充内容。

（三）劳动合同的概念及包含内容

根据《劳动法》第十六条第一款的规定：“劳动合同是劳动者与用人单位确立劳动关系、明确双方权利和义务的协议。”劳动合同是劳动者与用人单位建立劳动关系的凭证，是确立劳动法律关系的形式，是调整劳动关系的手段，也是处理劳动争议的重要依据。所有劳动者，无论是初次就业的应届毕业生，还是非应届毕业生，只要与用人单位建立劳动关系都应当订立劳动合同（或者聘用合同）。订立和变更劳动合同，应当遵循平等自愿、协商一致的原则，不得违反法律、行政法规的规定。劳动合同依法订立即具有法律约束力，当事人必须履行劳动合同规定的义务。

《劳动法》第十六条规定：“建立劳动关系应当订立劳动合同。”根据规定，劳动者加入企业、个体经济组织、事业组织、国家机关、社会团体等用人单位，成为该单位的一员，承担一定的工种、岗位或职务工作，并遵守所在单位的内部劳动规则和其他规章制度；用人单位应及时安排被录用的劳动者工作，按照劳动者提供劳动的数量和质量支付劳动报酬，并且根据法律、法规规定和劳动合同的约定提供必要的劳动条件，保证劳动者享有劳动保护及社会保险、福利等权利和待遇。

1. 劳动合同的内容

劳动合同的内容可分为两方面，一方面是必备条款的内容，另一方面是协商约定的内容。必备条款的含义就是合同中必须具备的条款，若缺少其中之一，此合同都将被视为无效合同。

《劳动法》第十九条规定了劳动合同的法定形式是书面形式，并具备以下7个条款。

①劳动合同期限。

②工作内容。

③劳动保护和劳动条件。

④劳动报酬。

⑤劳动纪律。

⑥劳动合同终止的条件。

⑦违反劳动合同的责任。

按照法律规定，用人单位与劳动者订立的劳动合同除上述7项必须具备的条款内容外，当事人可以协商约定其他内容。我们一般简称为协商条款或约定条款。

这类约定条款的内容，是当国家法律规定不明确，或者国家尚无相关法律规定的情况下，用人单位与劳动者根据双方的实际情况协商约定的一些随机性的条款。当然，这些约定条款有效的前提是不能违反国家法律的规定。劳动行政部门印制的劳动合同样本，一般都将必备条款写得很具体，同时留出一定的空白由双方约定一些内容。例如：可以约定试用期、培训、保守用人单位商业秘密、补充保险和福利待遇以及其他经双方当事人协商一致的事项等。随着社会的发展，法律制度的完善，人们的法律意识、合同观念会越来越强，劳动合同中的约定条款的内容也越来越多。这是提高劳动合同质量的一个重要体现。

2. 就业协议与劳动合同的区别

就业协议是高校毕业生与用人单位确立劳动关系明确双方在毕业生就业工作中权利和义务的协议。教育部颁布的《普通高等学校毕业生就业工作暂行规定》要求："经供需见面和双向选择后，毕业生、用人单位和高等学校应当签订毕业生就业协议书，作为制定就业计划和派遣的依据。"劳动合同是劳动者与用人单位确立劳动关系，明确双方权利和义务关系的协议。《劳动法》第十六条规定："建立劳动关系应当订立劳动合同。"两者的主要区别包括以下几个方面。

①适用的法律、法规不同。

国务院没有颁布有关毕业生就业方面的法规，因此就业协议只能适用教育部颁布的《普通高等学校毕业生就业工作暂行规定》和有关政策。劳动合同适用《劳动法》《中华人民共和国劳动合同法》（以下简称《劳动合同法》）及劳动人事部门颁布的有关劳动人事方面的规章。

②适用主体不同。

就业协议目前除毕业生与用人单位双方签字、盖章外，还需学校作为见证人参与。即就业协议的主体是毕业生、用人单位和学校三方。劳动合同是劳动者与用人单位之间确立劳动关系的协议，只要双方当事人协商一致，符合国家的法律、政策、法规，无欺诈、胁迫等手段，经双方签字盖章，合同即生效。即劳动合同只有劳动者和用人单位两个主体。

③内容不同。

就业协议的条款比较简单，主要是毕业生如实向用人单位介绍自身情况，愿意在规定期限内到用人单位报到，用人单位如实向毕业生介绍本单位情况，同意录用该毕业生等，另外还有一些简单条款。劳动合同的内容依据《劳动合同法》规定比较详细，依法必须明确劳动合同期限、工作内容、劳动保护和劳动条件、劳动报酬、劳动纪律、劳动合同终止的条件、违反劳动合同的责任 7 个必备条款。缺少其中任何一款，此合同都是无效合同。

④适用的人员不同。

就业协议只适用于高校毕业生。而劳动合同可以适用于各类人员，即凡是中华人民共和国公民只要有劳动能力并符合法律规定的条件，经过供需见面，双向选择，一经录用都可以与用人单位签订劳动合同。

⑤签订时间不同。

一般来说，就业协议一般是在学生毕业离校前签订的，如果毕业生与用人单位在工资待遇、住房等方面事先有约定，可以在就业协议的约定条款中注明，附后补充，日后订立劳动合同时对此约定内容应予以认可。而劳动合同是毕业生毕业后到用人单位报到后订立的。

⑥效力不同。

就业协议的效力始于签订之日，终于毕业生与用人单位签订劳动合同之时。劳动合同的有效期，是劳动者与用人单位以合同方式确定的，除法律规定的情形外，双方不得随意变更、中止。

二、劳动争议的处理

劳动争议是社会生活中经常发生的一类纠纷，发生劳动纠纷如何解决呢？争议处理程序是专门处理劳动争议的程序。根据劳动争议所具有的特点，处理劳动争议不采用处理一般民事纠纷的程序，而是采用行政程序和诉讼程序相结合的特别程序。根据《劳动法》第七十七条规定："用人单位与劳动者发生劳动争议，当事人可以依法申请调解、仲裁、提起诉讼，也可以协商解决。调解原则适用于仲裁和诉讼程序。"根据上述规定，劳动者与用人单位可以选择下列程序解决劳动争议。发生劳动争议后，当事人可以向行政部门投诉；向相关调解组织申请调解；自劳动争议调解组织收到调解申请之日起 15 日内未达成调解协议的，当事人可以向劳动仲裁机构申请仲裁。达成调解协议后，一方在协议约定期限内不履行调解协议的，另一方当事人也可以依法申请仲裁。此外，当事人也可以直接向劳动仲裁机构申请仲裁。

1. 协商程序

协商是指劳动者与用人单位就争议的问题直接进行协商，寻找纠纷解决的具体方案。与其他纠纷不同的是，劳动争议的当事人一方为单位，一方为单位职工，因双方已经发生一定的劳动关系而使彼此之间相互有所了解。双方发生纠纷后最好先协商，通过自愿达成协议来消除隔阂。但是，协商程序不是处理劳动争议的必经程序。双方可以协商，也可以不协商，完全出于自愿，任何人都不能强迫。

2. 申请调解

调解程序是指劳动纠纷的一方当事人就已经发生的劳动纠纷向劳动争议调解委员会申请调解的程序。《劳动法》第八十条规定："在用人单位内，可以设立劳动争议调解委员会。劳动争议调解委员会由职工代表、用人单位代表和工会代表组成。"他们具有法律知识、政策水平和实际工作能力，又了解本单位具体情况，有利于解决纠纷。除因签订、履行集体劳动合同发生的争议外均可由本企业劳动争议调解委员会调解。但是，与协商程序一样，调解程序也由当事人自愿选择，且调解协议也不具有强制执行力，如果一方反悔，同样可以向仲裁机构申请仲裁。

3. 仲裁程序

仲裁程序是劳动纠纷的一方当事人将纠纷提交劳动争议仲裁委员会进行处理的程序。该程序既具有劳动争议调解灵活、快捷的特点，又具有强制执行的效力，是解决劳动纠纷的一个重要手段。劳动争议仲裁委员会是国家授权、依法独立处理劳动争议案件的专门机构。申请劳动仲裁是解决劳动争议的选择之一，也是提起诉讼的前置程序，即如果想提起诉讼打劳动官司，必须要经过仲裁，不能直接向人民法院起诉。

4. 诉讼程序

《劳动法》第八十三条规定："劳动争议当事人对仲裁裁决不服的，可以自收到仲裁裁决书之日起十五日内向人民法院提起诉讼。一方当事人在法定期限内不起诉又不履行仲裁裁决的，另一方当事人可以申请人民法院强制执行。"诉讼程序即我们平常所说的打官司，诉讼程序的启动是由不服劳动争议仲裁委员会裁决的一方当事人向人民法院提起诉讼后启动的程序。诉讼程序具有较强的法律性、程序性，做出的判决也具有强制执行力。

为解决有些证据属于用人单位掌管，而劳动者无法提供的问题，《中华人民共和国劳动争议调解仲裁法》（以下简称《劳动争议调解仲裁法》）规定："劳动者无法提供由用人单位掌握管理的与仲裁请求有关的证据，仲裁庭可以要求用人单位在指定期限内提供。用人单位在指定期限内不提供的，应当承担不利后果。"

《劳动争议调解仲裁法》规定："劳动争议申请仲裁的时效期间为一年。仲裁时效期间从当事人知道或者应当知道其权利被侵害之日起计算。劳动关系存续期间因拖欠劳动报酬发生争议的，劳动者申请仲裁不受本条第一款规定的仲裁时效期间的限制；但是，劳动关系终止的,应当自劳动关系终止之日起一年内提出。”

案例

2019 年 5 月,河南某大学与某市某企业签订了实习协议,双方约定:该大学向这家企业提供实习学生 58 名,企业对实习学生进行实习教学,实习期限为 2019 年 5 月 8 日至 11 月 7 日。郑某等 3 人被学校安排到该企业实习,从事技术员工作。7 月 1 日,3 名学生在学校正常领取了大学毕业证书。随后 3 人提出,他们已经属于毕业生,而不再是学校委派的实习生,企业应当给予他们正常劳动者的待遇,但 3 人的这个要求遭到企业拒绝。企业认为只有实习期满才能获得正式员工的待遇。9 月 24 日,3 名毕业生决定离开该企业,但该企业坚持不向 3 人发放 9 月份工资,双方为工资支付等问题产生了劳动争议。此后,3 名毕业生向该市劳动争议仲裁委员会申请仲裁,该委员会认为此案不属于其受理范围,于 10 月 23 日发出不予受理通知书。10 月 26 日,3 人向该市人民法院提起诉讼。受理案件后,办案法官最终使双方达成调解协议。12 月 27 日,郑某等 3 名毕业生拿到了应得的工资。

案例解析

1995 年原劳动部颁发的《关于贯彻执行〈中华人民共和国劳动法〉若干问题的意见》第十二条规定:“在校生利用业余时间勤工助学,不视为就业,未建立劳动关系,可以不签订劳动合同。”这一条文实际上明确否认了实习生的劳动者地位,因此在我国,实习生不享受正式劳动者地位、一般没有工资也就成了大家默认的一条“潜规则”。本案中,3 名大学生从 2009 年 5 月到 2009 年 6 月 30 日属于实习生,企业不按正式员工为其发放工资并不违法。但自 2009 年 7 月 1 日 3 名大学生拿到毕业证之日起,他们就属于毕业生,不再是学校委派的实习生,如果他们继续为该企业工作,那么该企业就必须给予他们正常劳动者的待遇。

《劳动合同法》第七条规定:“用人单位自用工之日起即与劳动者建立劳动关系。”《劳动合同法》第十条规定:“建立劳动关系,应当订立书面劳动合同。已建立劳动关系,未同时订立劳动合同的,应当自用工之日起一个月内订立书面劳动合同。”这一规定改变了以往以签订劳动合同作为建立劳动关系的标志,而以用工事实发生作为劳动关系的起始时间。因此,只要企业用工开始,即认为劳动者与企业已经确定了劳动关系,不管双方是否签订书面劳动合同,劳动者都应享受正式员工的待遇。

实习期是大学生学习工作能力和适应社会环境的关键时期。但是在这个关键时期内,很多大学生都受到不同程度的“侵权”,也有不少企业看中大学生这个实习期,把大学生当作廉价劳工,在实习期内以各种理由把大学生辞退。而很多大学生法律意识不强,法律知识不够扎实,往往不能主动维护自己的权利。所以要维护大学生的就业权利就要认定大学生劳动者的主体资格,这不仅是对大学生劳动者合法权益的保护,而且对推动我国法制的进步也具有十分重要的意义。

扩展阅读

一、大学生志愿服务西部计划

大学生志愿服务西部计划，是团中央、教育部根据国务院常务会议、《国务院办公厅关于做好2003年普通高等学校毕业生就业工作通知》和2003年全国高校毕业生就业工作电视电话会议精神的要求而实施的，财政部、人社部给予相关政策、资金支持。该项计划从2003年开始实施，根据国务院常务会议精神，团中央与教育部、财政部、人力资源和社会保障部联合实施大学生志愿服务西部计划。按照公开招募、自愿报名、组织选拔、集中派遣的方式，每年招募一定数量的普通高等学校应届毕业生，到西部基层开展为期1～3年的教育、卫生、农技、扶贫等志愿服务。截至2013年，共选派11批9万名高校毕业生到中西部22个省（区、市）及新疆生产建设兵团2 100多个县服务。加上地方项目，西部计划实施总规模超过16万人，先后有1.6万人扎根西部。西部计划实施以来，得到了党中央、国务院的亲切关怀，党和国家领导人多次对此项工作做出重要批示。另外，西部计划还被列入国家重大人才工程"高校毕业生基层培养计划"子项目及中央财政绩效考核项目，各项工作持续、健康发展，取得了积极成效。

选拔资格：

1. 具有志愿精神。

2. 学分总绩点（或学业成绩）排名在本院系同年级学生总数前70%之内。

3. 通过毕业体检和西部计划体检。

4. 获得毕业证书并具有真实有效居民身份证。

5. 全日制大专以上学历优先。

6. 优秀学生干部和有志愿服务经历者优先。

7. 西部急需的农、林、水、医、师、金融、法学类专业者优先。

8. 入学前户籍所在地在西部地区者优先。

9. 已录取为研究生的应届高校毕业生和在读研究生优先。

10. 参加基层青年工作专项行动的志愿者应累计1个月以上的基层工作、志愿服务经历或者曾获校级以上表彰奖励、担任过各级团学生组织主要负责人。

11. 鼓励已被录取为研究生的应届高校毕业生和在读研究生报名参加西部计划。

服务内容：

1. 支教。本专项行动志愿者主要在西部地区贫困县的乡镇中小学校从事为期1～2年的教育和教学管理工作。

招募对象：应届高校毕业生、在读研究生，师范类专业优先选拔。

2. 支医。本专项行动志愿者主要在西部地区贫困县的乡镇卫生院以及部分县级医院、防疫站从事为期1～2年的医疗卫生工作。

招募对象:医学类专业应届高校毕业生、在读研究生。

3. 支农。本专项行动志愿者主要在西部地区贫困县的乡镇农业(林业、水利)技术站从事为期1 ~2 年的农业科技、扶贫工作。

招募对象:农业、林业、水利等专业的应届高校毕业生、在读研究生。

二、特岗教师计划

特岗教师是中央实施的一项对中西部地区农村义务教育的特殊政策,通过公开招聘高校毕业生到中西部地区"两基"攻坚县、县以下农村学校任教,引导和鼓励高校毕业生从事农村义务教育工作,创新农村学校教师的补充机制,逐步解决农村学校师资总量不足和结构不合理等问题,提高农村教师队伍的整体素质,促进城乡教育均衡发展。

2020 年中央"特岗计划"实施范围与 2019 年相同。具体为:集中连片特殊困难地区和中西部地区国家扶贫开发工作重点县,省级扶贫开发工作重点县,西部地区原"两基"攻坚县(含新疆生产建设兵团的部分团场),纳入国家西部开发计划的部分中部省份的少数民族自治州以及西部地区一些有特殊困难的边境县,少数民族自治县和少小民族县。

主要包括下列地方:河北、山西、内蒙古、吉林、黑龙江、安徽、江西、河南、湖北、湖南、广西、海南、重庆、四川、贵州、云南、陕西、甘肃、宁夏、青海、新疆。

实施原则:

1. 坚持范围,严格条件。纳入"特岗计划"的县(市、区),必须是教师总体缺编,结构性矛盾突出,财力比较困难,但工作基础好、积极性高的县(市、区),"特岗计划"实施期内原则上不得再以其他方式补充新教师。各设岗县要在核定的编制总额内招聘聘期已满、考核合格、愿意继续留在当地任教的"特岗计划"教师。

2. 中央统筹,地方实施。教育部、财政部、人事部、中央编办制定总体规划和年度计划,提出"特岗计划"教师总量指导性意见。

招聘条件:

1. 2020 年特岗教师招聘不将教师资格作为限制性条件,具体要求按照人力资源社会保障部、教育部等 7 部委《关于应对新冠肺炎疫情影响实施部分职业资格"先上岗、再考证"阶段性措施的通知》(人社部发〔2020〕24 号)有关规定执行。

2. 符合招聘岗位要求。

3. 以普通高校本科及以上毕业生和师范专业专科毕业生为主,年龄不超过 30 周岁。

三、"三支一扶"计划

"三支一扶"计划是人力资源社会保障部牵头,中组部、教育部、财政部、农业部、卫生部、扶贫办、共青团中央共同组织开展的高校毕业生到农村基层从事支教、支农、支医和扶贫工作的简称。

引导和鼓励高校毕业生面向基层就业,是党中央、国务院着眼党和国家事业发展全局做出的一项重大战略决策。2005 年 6 月,中央办公厅、国务院办公厅印发了《关于鼓励和引导高校毕业生面向基层就业的意见》(中办发〔2005〕18号),号召高校毕业生到西部去、到基层去、到祖国最需要的地方去。“实施高校毕业生到农村服务计划”:从2005年起连续5年,每年招募2万名左右高校毕业生,主要安排到乡镇开展支教、支农、支医和扶贫工作,时间一般为2~3年,工作期间给予一定生活补贴。2006年3月,中组部、人事部、教育部、财政部、农业部、卫生部、扶贫办、共青团中央等8部委按照中办发〔2005〕18号文件精神,下发了《关于组织开展高校毕业生到农村基层从事支教、支农、支医和扶贫工作的通知》(国人部发〔2006〕16号),正式提出实施高校毕业生“三支一扶”计划,决定“按照公开招募、自愿报名、组织选拔、统一派遣的方式,从2006年开始连续5年,每年招募2万名高校毕业生,主要安排到乡镇从事支教、支农、支医和扶贫工作。服务期限一般为2~3年。招募对象主要为全国普通高校应届毕业生”。

2011年,中央组织部、人力资源社会保障部、教育部、财政部、农业部、卫生部、国务院扶贫办、共青团中央联合下发《关于继续做好高校毕业生三支一扶计划实施工作的通知》(人社部发〔2011〕27号),决定继续组织开展高校毕业生“三支一扶”计划,从2011年起,每年选拔2万名,5年内选拔10万名高校毕业生到基层从事“三支一扶”服务。

招募对象主要为全国普通高校应届毕业生,并应具备以下条件:政治素质好,热爱社会主义祖国,拥护党的基本路线和方针政策;学习成绩合格,具有相应的专业知识;具有敬业奉献精神,遵纪守法,作风正派;身体健康。

就业推荐:

各级人事、教育、财政、农业、卫生、扶贫、团委等部门要积极制定优惠政策,鼓励服务期满的“三支一扶”大学生扎根基层。原服务单位有职位空缺需补充人员时,应优先考虑接收服务期满考核合格的“三支一扶”大学生。县、乡各类事业单位,有职位空缺需补充人员时,也应拿出一定职位专门吸纳这部分毕业生。服务期满自主创业的大学生,可享受行政事业性收费减免、小额贷款担保和贴息等有关政策。应届毕业生自愿到国家需要的艰苦地区、艰苦行业基层工作,服务达到国家规定年限,并符合相应条件的,可享受国家助学贷款代偿政策,具体办法另行制定。

服务期满考核合格的“三支一扶”大学生,报考党政机关公务员的,可以通过适当增加分数以及其他优惠政策,优先录用。到西部地区和艰苦边远地区服务两年以上,服务期满后3年内报考硕士研究生的,初试总分加10分,同等条件下优先录取。对于已被录取为研究生的应届高校毕业生参加“三支一扶”项目的,学校应为其保留学籍。

各级人事、教育、农业、卫生、扶贫等部门要制定切实有效措施,采取多种手段,充分挖掘本系统就业岗位,积极吸纳“三支一扶”大学生进入本系统工作。各级人事部门要为“三支一扶”大学生建立专门的人才库,广泛收集各类用人单位的岗位需求信息,动员各类用人单位接收“三支一扶”大学生,有针对性地提供就业指导和推荐,帮助其落实就业单位。

服务期满考核合格的“三支一扶”大学生,根据本人意愿可以回到原籍或到其他地区工作，凡落实了接收单位的，接收单位所在地区应准予落户。进入国有企事业单位的，由接收单位按照所任职务比照同等条件人员确定其职务工资标准；其服务期限，计算为工龄。在今后晋升中高级职称时，同等条件下优先评定。

要求加大政策落实力度，全力做好服务期满人员就业服务工作。

1. 落实“三支一扶”大学生报考公务员相关政策。各地要按照《关于开展从大学生“村官”等服务基层项目人员中考试录用公务员工作的通知》（人社部发〔2010〕52 号）规定，加强协调，切实落实定向考录等政策，组织好服务期满考核合格的“三支一扶”大学生报考公务员工作。

2. 加大事业单位吸纳“三支一扶”大学生就业力度。各地要按照人社部发〔2009〕42 号等文件要求，落实好各类事业单位吸纳“三支一扶”大学生就业的相关政策。鼓励服务期满“三支一扶”大学生留在基层就业，采用拿出一定比例定向招录的办法，切实将事业单位公开招聘与服务期满考核合格“三支一扶”大学生就业结合起来。

3. 支持“三支一扶”大学生自主创业。各地要积极鼓励支持服务期满“三支一扶”大学生自主创业，按照《关于实施 2010 高校毕业生就业推进行动大力促进高校毕业生就业的通知》（人社部发〔2010〕25 号）等文件要求，将其纳入“大学生创业引领计划”，提供相关政策帮扶和创业就业服务。

4. 扶助“三支一扶”大学生自主择业。各级“三支一扶”工作协调管理办公室要认真摸清底数，建立服务期满未就业人员信息库，切实帮助落实就业岗位。各级公共就业、人才服务机构要安排专门人员，设立专门窗口，为服务期满人员提供就业创业服务。在各类就业专项服务活动中，要将帮助促进各项目参加人员就业作为重要内容，切实开展有针对性的就业服务，做好“三支一扶”大学生参加就业服务活动的组织工作。各地尤其是县级人力资源社会保障部门对服务期满后仍长期失业的就业困难“三支一扶”大学生要确立“一对一”的帮扶工作机制，按规定提供及时的就业援助。

5. 做好相关政策衔接。各地要注重政策配套衔接，做好“三支一扶”计划与执业医师资格考试和培训管理、升学考研、学费补偿和助学贷款代偿、工龄计算等相关政策的衔接。其户籍、档案转移接续手续按《关于做好 2008 年高校毕业生“三支一扶”计划实施工作的通知》（人社厅发〔2008〕6 号）的规定执行。服务期满考核合格回生源地就业的“三支一扶”大学生，凭“高校毕业生‘三支一扶’服务证书”同等享受生源地相关优惠政策。

四、选聘村官政策

大学生村官即选聘高校毕业生到村任职。大学生村官工作是十七大以来党中央做出的一项重大战略决策，主要目的是培养一大批社会主义新农村建设骨干人才、党政干部队伍后备人才、各行各业优秀人才，江苏同时设立了“985 村官计划”。2014 年 5 月 30 日，中央组织部召开全国大学生村官工作座谈会，进一步明确了大学生村官工作的定位。

大学生村官工作是国家开展的选派项目。大学生村官岗位性质为“村级组织特设岗位”,系非公务员身份,其工作、生活补助和享受保障待遇应缴纳的相关费用由中央和地方财政共同承担。大学生村官的工作管理及考核比照公务员有关规定进行,由县(市、区)党委组织部牵头负责、乡镇党委直接管理、村党组织协助实施;人事档案由县(市、区)党委组织部管理或县(市、区)人力资源和社会保障部门所属人才服务机构免费代理,党团关系转至所在村。

大学生村官工作从无到有,快速发展,大体经历了3个阶段。一是“各地自发探索”阶段。从1995年江苏省实施“雏鹰工程”开始,到2004年,有10个省区市启动了选派大学生到村任职工作。二是“局部探索试验”阶段。各地认真落实中央办公厅、国务院办公厅印发的《关于引导和鼓励高校毕业生面向基层就业的意见》精神,探索开展选聘大学生村官工作,到2008年初已有17个省区市启动了这项工作。三是“全面发展推进”阶段。2008年3月,中组部和教育部、财政部、人力资源社会保障部联合下发《关于选聘高校毕业生到村任职工作的意见(试行)》,在31个省区市和新疆生产建设兵团部署开展了大学生村官工作。经过6年多的扎实推进,这项工作得到长足发展,取得显著成效。

选聘对象原则上为全日制本科及以上的学生党员或优秀学生干部。选聘的基本条件:思想政治素质好,作风踏实,吃苦耐劳,组织纪律观念强;学习成绩良好,具备一定的组织协调能力;自愿到农村基层工作;身体健康。选聘对象和选聘条件的具体规定,由省(区、市)党委组织部根据实际情况确定。

大学生村官选聘工作由省(区、市)组织人事部门定期、统一组织实施,或者由省、市两级组织人事部门共同组织实施。选聘工作一般通过发布公告、个人报名、资格审查、考试、组织考察、体检、公示、决定聘用、培训上岗等程序进行。由县(市、区)组织、人力资源和社会保障部门与大学生村官签订聘任合同,聘期一般为2~3年。

本章小结

我国就业市场供大于求的矛盾较为突出,这种现象在当前以及今后相当长的时间内都依然存在。大学毕业生缺乏社会阅历和工作经验,加之每年人数众多、市场几近饱和,他们所面临的就业形势和环境十分严峻。大学毕业生现已成为就业领域的弱势群体,在现实中侵犯其合法权益的现象时有发生,这就需要广大毕业生了解大学生就业的基本政策,做出正确的职业选择,避免在就业中走弯路,同时,学习相关法律知识以维护自身的就业权益。

本章概括介绍了就业政策及大学生就业政策的特点;详细分析了国家鼓励高校毕业生到城乡基层、中西部地区和中小企业就业,鼓励自主创业,鼓励骨干企业和科研项目单位吸纳和稳定高校毕业生就业等一系列具体政策措施;明确了就业权益的内涵及其具体内容。本章的重点及落脚点就在于使学生了解与大学生有关的权益保障政策和法律,树立维护就业权益的意识,具备维护自身合法权益的基本能力。难点在于准确把握就业协议与劳动合同以及劳动争议的处理程序。

国家关于就业的政策和法律法规不是一成不变的,会随着时代和社会形势的发展而不断变化。大学生要养成主动关注并不断学习的意识,这对于维护自身的合法权益是十分重要的。

思考题

1. 大学生就业政策有什么特点?
2. 就业权益包含哪些内容?
3. 劳动合同的必备条款有哪些?
4. 就业协议与劳动合同有哪些区别?
5. 用人单位与劳动者发生劳动争议可以用哪些程序解决?

第七章　就业前的准备

［学习目标］

1. 了解大学生就业前求职材料的准备及撰写求职信、简历的注意事项。
2. 认识大学生进行准确定位的意义，求职材料准备的形式。
3. 掌握大学生就业心理调适的途径与方法、就业信息搜集的方法及求职信简历的制作。

［案例导入］

记得朱德庸先生的漫画里说："人生总是比我们准备的要早一步，我还没有准备好出生就出生了；我还没有准备好上学就上学了；我还没有准备好毕业就毕业了；我还没有准备好上班就上班了；我还没有准备好恋爱就恋爱了；我还没有准备好结婚就结婚了；我还没有准备好做爸爸就做爸爸了；还没有准备好死亡，它已如期而至……"

你的人生，准备好了吗？

社会竞争加剧，加上近几年大学生的就业危机，毕业生在求职应聘、职业选择以及在职业发展上，将面临更多的困难。那么，大学生应该如何进行就业前的准备呢？怎样做好个人的求职材料？如何做好一份简历？怎样做好心理、知识、能力、技能等各方面的准备？本章将介绍大学生就业前准备环节的理论知识与方法，希望为大学生就业提供帮助。

第一节　就业的心理准备及心理调适

一、就业必须具备的心理准备

就业是关系毕业生个人前途和命运的大事，求职择业又是大学生人生道路上的一次重大选择，成功与否有可能会影响人的一生。求职择业不仅需要大学生具有良好的思想品德素质、科学文化素质和身体素质，还应具备良好的心理素质。大学生在择业过程中往往会遇到比以往任何时候都严峻的问题、复杂的矛盾和深深的困惑。每个人都要接受各种考验，如自荐、笔试、面试、竞争等，这是对大学生心理素质的一次重大检验。做好就业的心理准备，保持健康的心态，是毕业生成功就业的第一关。

（一）做好主动参与竞争的心理准备

大学生就业实行用人单位与毕业生"双向选择"，这为大学生就业提供了公平、公开的良好竞争环境。由于毕业生人数的剧增，大学生就业已经由“卖方市场”转向了“买方市场”，用人单位几乎占据着大学生择业中的主导地位。现在用人单位对毕业生的素质要求越来越高，而提供的就业岗位相对有限，特别是一些待遇优厚的岗位更是有限，“僧多粥少”是客观现实，竞争择业、竞争就业也就成为无法回避的事实。

当今世界，政治、经济、科学技术、教育等各个领域都充满竞争，竞争是社会发展的加速器。只有竞争才能促进事物的发展和社会的进步，人力资源才能优化配置，劳动人事制度才能充满生机活力。一个人如果没有强烈的竞争意识，没有做好竞争的心理准备，就会落伍，也不可能成就一番事业。大学生是接受了系统、正规的高等教育的一个群体，应该具备比其他社会群体更优良的心理素质，坚决摒弃“等、靠、要”的陈旧就业观念，不要怨天尤人，勇敢面对竞争择业的现实，充分做好就业竞争的心理准备。敢于竞争、勇于竞争，通过择业竞争充分展示自己、推销自己，在竞争中赢得胜利。

（二）做好遭遇挫折的心理准备

当代大学生基本是在顺境中长大的，许多人还是独生子女，在“众星捧月”下成长，缺乏社会生活、工作阅历，加上没有经受过多少挫折，致使部分毕业生抗挫折的能力较差。但求职择业的竞争确实是激烈的，甚至是残酷的，遭受挫折和失败也是在所难免的。在择业过程中，大多数毕业生都会出现投简历无回音、面试被拒绝、多次择业失败的经历，或者出现想去的单位去不了、不想去的单位争着要的情况，这些都会给毕业生求职择业造成困惑。面对严峻的就业形势，每个毕业生都要做好多次择业的心理准备，切不要因一两次择业失败而丧失信心、自暴自弃。要客观分析失败的原因，找出问题的症结，“只为成功找方法，不为失败找理由”，练就不畏惧、不逃避、不消极、不放弃的良好心理状态，克服依赖心理和畏难情绪，尽快调适心态为下一次的择业做好准备。同时要相信“天生我材必有用”，努力挖掘自己的潜力，发挥自己的优势和特长，培养自己坚忍不拔的意志，并经过自身不懈的努力，定能找到适合自己的工作岗位，找到最能施展自己才华、实现人生理想的职业舞台。总之，当代大学生既要正视现实，又要放眼未来，做敢于竞争、不怕挫折、耐挫力强的择业者。

（三）做好长远发展的心理准备

过去，在计划经济体制下，受各种因素和挑战的限制，大多数人的工作岗位始终固定在一个单位，一步到位，从一而终。这种用工体制限制了各类人才的合理流动交流，一定程度上阻碍了人的潜能的发挥。随着社会主义市场经济的确立，用人制度的改革和人才市场的建立，一个单位，一个岗位，一次就业定终身的现象已成为历史。人才的市场化，择业与上岗的竞争化，必将使就业与再就业成为大学生一生经常遇到的事情，大学生必须做好多次择业、多次就业的思想准备。俗话说，“吾生也有涯，而知也无涯”。即便是就业参加工作后也要随时进行知识的更新、经验的积累、能力的提升，一旦条件成熟，根据自己的实际状况可以重新选择更理想的工作岗位。

二、就业心理调适

就业心理调适能够帮助毕业生客观合理地认识自己。只有对自身有了更充分的认识才能知道自己到底适合做什么,愿意做什么,以及能做什么,这样才能顺利适应就业、理性面对有关就业的诸多问题,集中精力寻找最合适的就业岗位或者职业。当毕业生遇到就业心理问题时,可以尝试从以下方面进行自我调适。

(一)客观准确地认识自我

在求职过程中,如果对自己的主观评价与社会对自己的客观评价趋于一致,就容易成功;如果主观评价高于社会客观评价,往往会导致碰壁、失败;如果主观评价低于社会客观评价,往往会信心不足,犹豫不决,很可能会坐失良机。因此,客观准确地认识自我是成功走向社会的必要条件。毕业生应先了解自己的性格、兴趣和能力等,以便确定切合实际的求职目标。

1. 通过自我剖析认识自己

求职者要经常对自己的心理行为进行剖析,从而使自我评价逐步接近客观实际。自负者要经常做自我批评,并通过不懈努力来弥补自身不足;自卑者要看到自己的长处,从而不断增强自信心。

2. 通过比较认识自己

有比较才有鉴别。事实上,人们往往是通过与别人的比较来认识自己的。一是与同学比较来认识自己,不仅比考试分数,更应注重比实际操作能力。通过比较可以认识自己的长处和不足,认清自己在相比较的人群中所处的位置,以便扬长避短。二是通过别人的态度来认识自己,当然,别人的态度不一定能全面评价一个人,但大多数人的态度多少能说明一些问题。一个求职者如果不注意与共同竞争者相比较,就很难判断出自己成功的概率。

3. 通过咨询来了解自己

可向就业指导老师、辅导员咨询,也可征求同学、家长和熟悉自己的人的意见。长期学习、生活在一起的人对自己的评价一般会相对公正、客观一些。

总之,毕业生在就业过程中要先了解自己的个性心理,明确自己的专业发展方向。不仅要知道自己喜欢什么样的工作、需要什么样的职业,还要知道以自己目前的能力能做什么样的工作,什么样的工作更适合自己。只有了解自己的优势所在,了解自己能力的大小以及在哪方面表现得突出之后,才有助于求职的成功,并确保在今后的工作中扬长避短,取得较大的成就。

(二)培养自信心

古人云:“自知者明,自信者强。”自信心是一个人对自身价值和能力的充分认识和评价。它是激励人们自强不息地实现理想的动力,是一个人求职成功所必备的良好心理素质和健康的个性品质。古今中外,凡是有所成就的人,尽管各自的出身、经历、思想、性格、兴趣、处境等都不同,但他们对于自己的才能、事业和追求都充满了必胜的信心,相信能积极适应环境,以艰苦卓绝的奋斗改变自己的命运,实现自己的人生价值。可以从以下两个方面来增强自信心。

1. 相信自己的能力

一个人面临求职,就显得忧心忡忡,担心失败,多半不是自己真的不行,而是怀疑自己能力不够。要认识到尽管自己条件可能并不过硬,但别人也不见得比你强。每个人都有自己的优势,都有可能在求职竞争中占据主动地位。

2. 积累自信的资本

自信要有扎实的基础、良好的素质做资本,以雄厚的实力做后盾。如果具备了真才实学就自然会对自己的选择充满信心。

(三)提高求职中的受挫能力

挫折对理智型的求职者来说,往往是求职成功的先导,"失败是成功之母"讲的就是这个道理;对非理智型的求职者来讲,挫折往往是灾难性的,可能使其从此一蹶不振。事实上,求职受挫后,产生紧张状态、焦虑情绪等行为反应是正常的现象,求职者应该理智对待,以积极进取的心态,不断努力、反复尝试、改变行为,最终实现职业生涯目标。

1. 视挫折为鞭策

古今中外多少仁人志士,哪一个不是从坎坷与挫折中走过来的。一时受挫并不能说明永远失败,挫折是一种鞭策,它对失败者并不是淘汰和鄙视,相反能促进失败者振作起来。面对挫折,正确的态度应该是具有面对失败的不屈精神,勇对挫折、笑对挫折、智对挫折,成为战胜挫折的强者,把挫折看成是锻炼意志、提高能力的机会。

2. 进行心理调节

求职者遇到挫折后,要运用控制、激励自己的方法和技巧进行心理调节与控制,尽快摆脱不良情绪,重新树立信心。建议参加一些有意义的娱乐活动,换换环境放松一下自己;或者向亲人和朋友倾诉苦衷,合理宣泄,听取他们的劝慰,这样可以较快地恢复;或者进行积极的心理调节,使用心理暗示的方法进行自我激励。对于落聘,要有"天生我材必有用"的洒脱精神,用自己的成功事例来激励自己。这些行之有效的方法和技巧,毕业生都可以进行学习和效仿。

(四)保持良好的心态

毕业生在求职时往往带有很重的心理负担,其结果自然不会理想。越想找到好工作就越怕失败,越怕失败心理压力就越大,许多毕业生都陷入了这样的恶性循环。从这个意义上说,大家要想顺利地完成求职过程,找到工作就必须解决上述问题,使自己能够保持良好的心态。要实现这个目标,大家应该做到以下几点。

1. 客观认识当前的就业形势,树立正确的择业观

全国大学扩招后,大学生就业难的问题已经是一个不争的事实,而且有可能走向越来越

难的趋势。这种现象一方面和国际经济形势有很大关系,另一方面和中国经济结构体制和教育改革落后有关,更和当今大学生的择业观滞后有关。目前,我国经济体制改革与经济结构调整过程中富余人员下岗分流,农村剩余劳动力加快向城市和非农产业转移,机关事业单位进行机构改革和人员精简,使得展现在大学生面前的是一个并不宽松的劳动力市场。这种情况导致的就业难现象,从根本上讲属于前进中的问题、发展中的问题,属于结构性就业难题,是高等教育改革和发展必须经历的过程。所谓结构性就业难题,简单来说就是有的人没地方去,有的地方没人去。受家庭和社会各方面因素的影响,大学生在就业时往往期望值过高,一些急需人才的基层岗位没有人去,这就需要大学生树立正确的择业观。择业观是对择业的目标和意义比较稳定的看法和态度。树立正确的择业观的核心是坚持社会的择业取向,择业取向要以社会需求为重,以社会利益为前提,要正确认识社会需要与个人价值的关系,把个人的理想和国家的利益紧密结合,以国家需要、社会需要和人民需要为重。

2. 正确把握就业期望值,适时调整心理定位

毕业生求职时希望获得理想的职业是可以理解的,但要使期望变为现实,必须认清形势,正确把握就业期望值。毕业生只有不断地调整自己的就业期望值,才能确定合适的择业角色。在求职时,要了解社会对该专业的需求情况,根据自己的职业兴趣、专业特长、实际能力、性格气质特点、家庭情况等确定就业期望值,并根据自己的实际情况学会在择业中不断调整自己的期望值,把远大的理想落到现实的努力之中。通过分析自身的原因,意识到自己的特色与优势,适时调整自己的心理定位。

3. 做好面向基层艰苦奋斗的准备

毕业生要认清就业形势,摆正自己的位置。如果择业时还是一味地坚持非大城市不去、非事业单位不去、非公务员不当,势必会影响自己的就业前景。相反,农村、边远地区、基层、艰苦行业急需人才,只要毕业生有了面向基层就业、创业的准备,就业问题就会迎刃而解。

4. 做好勇于竞争的心理准备

竞争是市场经济的法则,毕业生要做好勇于竞争的思想准备。竞争上岗就意味着谁有竞争力,谁就能在市场竞争中站稳脚跟,取得主动权。因此,实力是求职成功的资本,包括学习成绩、工作能力、社交能力、处事能力等。毕业生既要勇于竞争,还要善于竞争,掌握竞争的方法和策略,成功地推销自己,最终获得用人单位的青睐。

因此,毕业生在求职过程中应保持健康稳定的心理和积极进取的态度,遇到挫折不要消极退缩,要冷静分析导致择业失败的原因:是主观努力不够还是客观要求太高,是主观条件不具备还是客观条件太苛刻。经过认真分析才能做到心中有数,及时调整好心态。千万不要一次落聘就灰心丧气,一蹶不振。落聘只代表失去一次选择职业的机会,并不等于择业无望、事业无成。遇到挫折后应放下心理包袱,调整好目标,脚踏实地、积极乐观、奋发向上,以便争取新的机会。

三、进行准确的个人定位

按照惯例,每年毕业生在进行自我分析,了解就业政策、形势的同时,还应提前考虑自己的就业基本目标,自己可以到哪些地域就业?可以在哪些行业就业?可以在哪些单位就业?对自己的未来就业目标进行预判,初步确定自己就业的目标和方向,这样可以使自己的择业活动有的放矢、有条不紊、临“危”而不乱。需要强调的是,我们这里所说的职业目标不是具体的职业岗位,而是一个宽泛的概念。

(一)确定就业目标需考虑的内容

1. 就业的地域

就业必然涉及就业地域的选择,这是毕业生求职过程中必然面临的一个现实问题。毕业生择业时,首先要考虑的是自己就业的地域问题。既要在沿海城市就业或内地就业做出选择,又要在本地就业或外地就业做出选择。同时,就业者在选择就业地域时,不仅要考虑是否符合就业政策规定,还要考虑生活习惯、今后发展等因素。

2. 就业的行业范围

从事什么行业是大学生就业不可回避的问题。虽然我们一直鼓励毕业生选择与自己专业有关的工作岗位去最大限度地发挥自己的专长,但是社会现实是很多高校毕业生并没有从事与自己专业一致的工作。面对巨大的就业压力,毕业生应提前思考是在本专业范围内就业,还是跨出本专业到其他行业就业?是从事技术管理工作,还是从事基层操作工作?选择行业范围应充分考虑个人综合素质、能力、特长及供求比例等情况。

3. 就业单位类型

随着社会主义市场经济的发展,我国经济所有制形式发生了深刻的变化。由单一经济所有制发展成为多种经济所有制,高校毕业生就业渠道也由单一向多样化发展。新的大学生就业体制为高校毕业生开辟了广阔的空间,提供了多种选择,毕业生应确定是去大企业还是小公司?是选择国有企业还是选择三资企业或民营企业?选择单位就要考虑工资福利、社会保险等因素,也要考虑今后个人的发展。

(二)确定就业目标的注意事项

虽然就业目标只是意向性的,但对于大学生求职择业却有一定的影响。一个人职业生涯目标是否成功,取决于诸多因素,但有无正确适当的就业目标是一个非常重要的因素,一个人确定了自己的就业目标,也就确定了自己职业奋斗目标。

1. 根据自身条件选择职业目标

职业目标的确定,绝非臆想出来的,每个人都必须根据自身的条件来确定就业目标。人与人在道德品质、气质性格、职业兴趣、个人爱好、能力特长等方面都不尽相同,因而每个人的职业素养不同,每个人的职业目标也不可能完全一样。这就要求大学生在选择自己的职业目标时,必须对自己有一个正确的认识和准确的评价。“知人者智,自知者明”,只有充分了解自己，才知道自己能干什么，最适合干什么，这样自己的职业目标才有针对性，减少盲目性，才有可能实现人职匹配的最佳效果。

2. 及时调整职业目标

虽然确定目标是个人的事，但职业目标的选择和实现不仅取决于个人因素，它还受到国家就业政策、社会需求、经济发展等多种外部因素的影响。所以，职业目标不可能一成不变，一旦外部环境发生了变化，个人的职业目标也应进行适当调整。另外，经过一段时间的检验，若发现当初自己制订的职业目标出现偏差难以实现，也必须进行及时调整重新修订。

3. 避免盲目从众

每个人的情况不同，职业目标也就不同，根据职业素质确定自己的职业目标，这是一个最基本的原则。但在现实生活中，一部分毕业生没有遵循这一原则，不从自己的实际情况出发，不考虑自身的条件，人云亦云，结果找到的工作并不适合自己。如有的毕业生看见本班同学到某单位就业，就盲目跟从到同一单位，工作一段时间后发现并不适合，就只能重新找工作，耽误不少时间。

第二节　就业的知识能力准备

对每个毕业生来说，选择一个好的起点非常重要，而这一切都取决于自己各项准备工作是否做到位。古人云:“居安思危，思则有备，有备无患。”认真做好知识、能力、技能等各方面的准备，迎接即将到来的择业挑战。机遇永远属于那些有准备的毕业生。

一、重视专业积累，优化知识结构

科学技术的迅猛发展，对劳动者的综合素质提出了更高的要求。现代社会求职者必须具有合理的知识结构和实践能力。一个人的文化素质如何，将决定他在求职择业过程中的成功率和取得岗位的层次，所以大学生求职择业的竞争实质就是知识与能力的竞争，只有以扎实的基础和娴熟的技术作为后盾，才能从容地面对职业竞争的挑战，用人单位在招聘录用员工时，都会十分看重毕业生的知识和能力，把其作为是否录用的重要指标，做好知识和能力的准备，是大学生求职择业的基础。

当今世界技术的发展突飞猛进，各种知识浩如烟海，各门学科交叉渗透，一个人想要百事皆通，掌握各方面的知识是不可能的。作为一个优秀的大学生必须掌握和具备如下知识和技能。

(一)夯实专业基础知识

专业基础知识是现代科学技术的理论基础。基础知识具有稳定性、再生性和牵引性等特点，基础知识对大学生建立合理的知识结构有着举足轻重的作用。但每个学科、专业对学生学习掌握基础知识的侧重面不尽相同。一般来说，工科专业毕业生应该学习和掌握数学、物理、化学、计算机等基础知识；文科专业毕业生应多学习掌握语言、写作、人文、计算机等基础知识。

（二）优化专业知识结构

专业知识是指大学生所学专业的知识。专业知识是现代人才必须具备的知识主体，是大学生接受专业培养要掌握的主要知识内容，也是大学生今后走上工作岗位的一技之长，是赖以生存的资本。由于专业知识具有学以致用的运用性特点，这就决定了专业知识在大学生知识结构中的重要地位。用人单位招聘大学生，大多数单位首先考虑的是他的知识专业，即按专业招聘。一项最新的调查表明，在“所学专业、学习成绩和实际经验”3 个选项中，85% 的用人单位认为学生所学专业最重要，这在国企尤为突出。这就要求大学生对自己所学专业知识达到一定的深度，有一定程度的学习研究和了解把握。知识必须转化为现实生产力，才能显示出力量所在，不能用于实践的知识是没有任何价值的。精通专业、掌握专业、运用专业知识是大学生成功就业之本。

二、增强实践体验，积累实践经验

民办高校人才培养目标是为社会一线输送技能型、应用型人才，着力培养大学生的实际操作能力，也就是动手能力，这是民办高校的一大特色。在一切社会经济活动中，特别是在生产第一线，没有熟练的操作能力是很难胜任本职工作的。

毕业生增强实践体验，提高操作技能主要体现在以下两个方面。首先，要考取职业资格证书。获取职业资格证书，是国家认定大学生通过考试、考核具备某种职业技能的凭证，也是获得从事某些技术复杂、通用性广的职业（工种）的准入凭证。其次，大学生要通过多想、多看、多学、多练等途径提高自己的动手能力和技巧，掌握了过硬的实际操作本领，一定会受到用人单位的青睐，在求职择业的过程中就会占有先机。近几年，民办高校一些毕业生参加了国家、省、市、学校等组织的职业技能大赛，取得了优异的成绩，不但提高了自己所学专业的职业技能水平，也成为许多用人单位争先招录的人才。

大学生就业过程就是个人融入社会的过程，要积累实践经验，提高自己的社会适应能力，这也是大学生必须具备的一种能力。大学生长期生活在校园中，养成了安逸的生活方式，而校园的生活学习环境、管理制度与大学生未来工作的企业在工作环境、管理制度等方面存在着巨大差异，这对大学生转变角色、提高适应能力是一次考验。如果大学生及早做好充分的心理、思想准备，到企业工作岗位以后，就能很快地适应企业工作环境，顺利完成职业角色的转换，也就能够胜任工作岗位；如果大学生思想准备不充分，适应能力差，不能顺利完成职业角色的转换，就难以安心做好工作，甚至会被淘汰。“物竞天择，适者生存”，这条法则同样适合大学生择业、就业活动。作为新时代的大学生必须着力培养自己适应社会的能力，缩短自己的适应期，最大限度地发挥自己的聪明才智。在校期间，大学生适应能力的培养可以通过参加寒暑假社会实践、暑期“三下乡”社会实践及到企业实习等活动来培养。

三、其他能力培养

对民办高校大学生来说，求职既是一种人生的自我选择和自我“推销”，也是对个人能力及素质的考验，还需要积极的策略应对，除上述能力外，还应培养以下能力。

（一）人际交往能力

人际交往能力，也称为社交合作能力，是指与他人交往、相处、合作的能力。人际关系在社会关系中无处不在，它反映了一个人的能力、人格和品德。能否正确处理协调好职业生活中人与人之间的各种关系，不但影响大学生对工作环境的适应状况，还影响到工作的效率、身心的健康、生活的质量和事业的成功。所以建立和谐的人际关系是大学生职业发展的重要社会基础。建立和谐的人际关系，既是一门科学，也是一门艺术。大学生应注重提高自己的人际交往能力，通过参加学校各社团组织的各种活动、参加社会实践的方式来提升。

（二）团队协作能力

团队协作能力，是指建立在团队的基础之上，发挥团队精神，互帮互助以达到团队最大工作效率的能力。随着社会分工越来越细，机械化、自动化程度越来越高，个人单打独斗的时代已经成为过去。社会劳动越来越需要集体的合作。个人的能力再强、工作做得再出色，也离不开团队的协作。现代社会中，无论是社会组织，还是各企事业单位，都十分强调发挥集体的智慧和力量，越来越多的工作需要团队合作来完成，需要团队合作来提高效率。一个人如果不喜欢与人合作，不喜欢和同事沟通，事事亲力亲为，游离集体之外，是无法发挥团队精神的，也不会受到当今任何用人单位的认可。

（三）创新能力

创新是一个社会发展的原动力，只有创新，社会才能发展。人类社会发展史就是一个不断创新的历史。对国家和民族来说，一个没有创新能力的民族，将是没有希望、没有前途的民族。对人来说，创新是个人价值的最高体现，是人的最高层次的需求。大学生是掌握现代知识的特殊社会群体，是创新活力的主力军。培养大学生的创新意识和能力对于振兴国家和民族具有深远的战略意义。大学生创新能力主要包括：强烈的好奇心、细微的观察力、大胆设想、勇于探索的精神以及提出问题、研究问题、解决问题的能力等。

第三节　求职信息的准备

身处信息爆炸时代，每个求职者都希望能更快捷、更广泛、更有效地获取比别人多的求职信息，从而更好地把握就业机会。

一、求职信息的收集方法

大学生求职择业，不仅取决于整个社会的政治、经济状况以及自身的能力素养，而且也取决于是否拥有大量的就业信息。应该说，就业信息是毕业生求职择业的基础和必备条件，谁能及时获取信息，谁就能掌握求职的主动权。因此，毕业生应当及时全面地掌握有关就业方面的种种信息，并认真地对这些信息进行分析、筛选和整理，最终做出正确的判断。

（一）搜集相关就业信息

就业信息是指择业者事先不知道的，经过加工处理后能被择业者接受并具有一定价值的有关就业的资料和情报。就业信息也是高校毕业生求职择业前必须了解的一项重要任务。就业信息的内容主要包括以下 3 个方面。

1. 地方政府出台的就业政策

政府是对社会进行统一管理的权力机构，任何组织、个人都必须服从政府依据法律和法规对整个社会的统一管理。如果能了解政策、遵循政策并能有效地利用政策提供的条件，那么就能使个人顺利就业；反之，政策不明，或与之违背，将妨碍个人顺利就业，因此必须收集和研究国家和各级地方政府的政策与规定。就业工作是一项政策性很强的工作，例如《关于2022 年上海市引进非上海生源高校毕业生进沪就业工作的决定》明确指出进沪条件包括：品行端正，无违法违纪行为，身心健康，学习成绩优良（无不及格课程，且获得相应学位），具备一定的外语、计算机能力（大学英语四级以上，非计算机专业理工科学生为二级，文科专业学生为一级）；一般为毕业研究生或上海高校，国务院各部、委、局、办划转地方的高校和列入“211 工程”建设计划地方高校的本科毕业生；已与上海市用人单位签订就业协议。

2. 国家有关就业的法律法规

国家通过法律法规来调节和规范组织和个人的活动，调解组织之间的纠纷，制裁违法行为。法律法规既赋予了组织和个人进行各项活动的权利，又赋予了组织和个人同一切侵犯自己合法权益做斗争的权利。如果依法办事，不仅可以取得合法效益，而且可以捍卫自己的正当权利，减少不必要的损失。由于我国人才市场机制尚不完善，因此出现了不少违法犯罪的现象，作为大学生来说就必须清楚地了解有关就业法规、法律，学会用法律来保护自己。目前已出台和执行的法律主要有《劳动法》《劳动合同法》等。

3. 用人单位的相关信息

高校毕业生在选择用人单位时，往往会出现这样一些错误：对用人单位情况不甚了解，又没有一定的对比，于是在择业时带有很大的随意性和盲目性，如只挑选大城市，不问用人单位的性质、业务范围，盯着有“关系”的单位，企图靠“关系”得到提拔和重用，还有的只图单位名称好听就盲目拍板等。这些都是片面的。如何才能避免一些假象，做到对用人单位有个客观的评价呢？关键取决于是否掌握了用人单位的信息。

掌握用人单位的信息，不仅是在招聘广告和职业信息中筛选出自己的求职机会，而且还应包括在初步确定自己想应聘的职业和岗位后，对该招聘单位及应聘岗位工作要求有所了解。对招聘信息多掌握一点，求职的机会就多一点，对招聘单位多了解一点，求职成功的希望才会多一点，掌握和了解用人单位的信息量越多，判断准确率就越高；反之，则越低。

对于用人单位的信息，可以从该单位的资料介绍中获得，也可以从当地的工商管理部门和企业的主管部门了解。如果能认识一些该单位的员工，从他们那里也许能获得更多更有价值的信息。亲自到单位去社会实践、实习和参观考察将会对单位有更多的感性认识，以便做出适合自己的职业抉择。对用人单位信息的了解可以从以下方面进行。

①企业必须在工商部门注册登记。

②企业没有濒临倒闭的风险。

③企业的规模、占地面积、固定资产、职工人数、人均收入等。

④主导产品市场占有率、生产总量与销售总额。

⑤企业领导人的学历与人品。

⑥企业是否有自己感兴趣的工作岗位。

⑦晋升的机会。

⑧现企业职工对企业的评价。

⑨企业效益是呈上升趋势还是下降趋势。

⑩企业的社会知名度。

⑪企业的工资、福利等。

⑫工作的劳动强度。

⑬工作环境，包括设备条件、安全保护、污染等。

（二）就业信息的收集方法

就业信息越多，择业的视野就越宽阔；就业信息质量越高，择业的把握就越大。而高质量的就业信息存在于广泛的信息之中，因此，必须利用各种渠道、各种手段，广泛地全面地收集与择业有关的各种信息，为就业做好充分的准备。

1. 广泛与重点相结合

当今社会科学技术迅猛发展，边缘学科、交叉学科不断地出现，知识的渗透性更加明显。社会行业也由过去的专项性向综合性方向发展。所以在收集信息时不要仅仅局限于专业对口单位，对非对口的需求信息也要注意收集。但是在广泛收集的基础上，要确保重点，应全面了解专业对口单位的需求，因为它们对相关专业人才的需求量更大。

2. 纵向与横向相结合

市场经济的发展，要求地域之间加快人、财、物的流动和流通，取长补短，相互促进，形成合理完善的人才机制。所以在收集就业信息时，一方面，要把本省、市的就业信息需求收集起来；另一方面，也要注意收集不同省份、不同市场的就业信息需求。

3. 动态与静态相结合

社会各行业对人才的需求方面具有相对的连续性和稳定性，需要我们及时稳定地获取当年的需求信息（静态）；同时，各行业又是在竞争中生存，随着经济的发展、市场的调节而变化，因此，必须同时了解、掌握、预测社会各行业在一段时期内对各类人才需求的动态信息，增强就业指导的预见性和主动性。

4. 注重用人单位对毕业生招聘要求的信息收集

社会上对人才的需求，既有数量的限制，也有质量的要求，当前则更注重质量。在收集就业信息时，尤其要注意各单位对毕业生的要求。总的来看，社会上急需德才兼备的人才。改革开放的今天，对大学生提出了更新、更高的要求，从政治素质、知识、实际工作能力，乃至身体状况，都要求适应时代的发展，需要毕业生不仅要有远大的理想，还要有丰富的专业知识，较强的竞争意识，勇于开拓和脚踏实地的苦干精神。

随着人才市场信息化进程的加快和入网人数的增加，网上求职、网上招聘已成为一种常态。目前，我国的求职网站比较多，优秀的求职网站可以从专业的“求职网站大全”的站点上获取，如“教育部就业信息网站”“网上求职一站通”；也可以搜索门户网站，如“中文雅虎”“搜狐”“网易”等，通过关键字，如“求职”“人才市场”等来搜索信息。

目前较有影响力的就业人才网站有以下几个。

①中国高校毕业生就业服务信息网。

②中国国家人才网。

③中国人力资源开发网。

④中青在线。

⑤前程无忧。

⑥中华英才网。

⑦智联招聘网。

⑧应届生求职网。

⑨国际人才网。

⑩数字英才网。

⑪南方人才网。

⑫中国人才热线。

⑬中国招聘热线。

⑭Boss 直聘。

二、就业信息的筛选

在已经收集到的大量的就业信息中，由于信息的来源和获得方式不尽相同，内容可能是杂乱的，相互矛盾的，也难免有虚假不实的。求职者可结合自己的实际情况对获得的信息进行去粗取精、去伪存真的分析、筛选、整理、鉴别，使信息具有准确性、全面性和有效性，更好地为自己选择服务。进行就业信息的筛选和处理可把握以下 4 点。

（一）有针对性地进行比较选择

把那些从“小道”得来或几经转达而未经证实的信息与有根据的信息区别开来。前者有待于进一步证实,后者则可作为自己择业的参考依据。当然在对信息进行比较的过程中,要根据自己的兴趣、性格、特长来分析,看自己更适合哪些就业信息,哪个单位对自己的发展更有利。

(二)对有关信息按不同内容进行整理分类

就业信息不仅是用人单位的需求信息,它涉及的范围很广。比如,有的是关于就业方针、政策方面的信息,有的是与自己所学专业有关的信息,有的是用单位对需求人员的素质要求方面的信息等,因此,进行信息分类整理是必要的。

(三)对所获得信息进行分析

分析就业信息有 3 个内容:一是要识别真假,做可信程度的分析。一般来说,学校就业指导部门提供的信息可信度比较高,因为用人单位向学校提供的信息都有一定的根据。其他渠道得到的信息,因为受时间或广泛性的影响,还需要进一步核实,才能判断其可信程度。二是要进行效度分析。要对信息的可用性进行鉴别,要看这条信息能否为我所用,比如自己所得到的信息是否是政策允许范围之内的。三是信息的内涵分析。信息的内涵包括用人单位的性质、要求以及限定条件等。

(四)及时反馈

当你收到一条或更多的信息后,一定要赶快分析处理并及时向信息发出者反馈信息。只有及早准备,尽快出击,才能在人才市场的激烈竞争中争取主动。就业信息对毕业生来说十分宝贵,当获得准确有效的信息后若能及时分析,则有助于在择业中做出正确的选择。

第四节　求职材料的准备

随着我国改革开放的进一步深化,大学毕业生的就业作为社会经济发展的一个重要环节,已逐步实现了市场供求规律调节下,供需双方的相互选择。在坚持"市场导向、政府调控、学校推荐、学生和用人单位双向选择"的就业政策指导下,大部分用人单位安排面试的依据是反映毕业生情况的书面材料。对用人单位来说,这些材料就是判断和评价毕业生的学习能力、工作潜力的依据。准备有说服力并能吸引招聘人员注意力的书面材料是赢得竞争的第一步。大学生应充分做好求职材料的准备工作,以获得社会和用人单位的接纳和认可,从而顺利就业,实现自己的价值。

一、毕业生就业推荐表

毕业生就业推荐表(如表 7.1 所示)是指学校发给毕业生填写的并附有学校书面意见的推荐表。其具有较大的权威性和可靠性,所以大部分用人单位把该表作为其他书面材料的证明和接收毕业生的主要依据。

表 7.1 某大学毕业生就业推荐表

学号：　　　　　　　　　　学院：

<table>
<tr><td>姓名</td><td></td><td>性别</td><td></td><td>年龄</td><td></td><td rowspan="4"></td></tr>
<tr><td>专业</td><td colspan="3"></td><td>学历</td><td></td></tr>
<tr><td>政治面貌</td><td colspan="3"></td><td>学制</td><td></td></tr>
<tr><td>联系电话</td><td colspan="5"></td></tr>
<tr><td>家庭住址</td><td colspan="6"></td></tr>
<tr><td>曾任学生工作职务</td><td colspan="6"></td></tr>
<tr><td>在校受奖惩情况</td><td colspan="6"></td></tr>
<tr><td>有何爱好和特长</td><td colspan="6"></td></tr>
<tr><td>求职意向</td><td colspan="6"></td></tr>
<tr><td>学院推荐意见</td><td colspan="6">学院签字盖章
年　　月　　日</td></tr>
<tr><td>学校推荐意见</td><td colspan="6">学校签章
年　　月　　日</td></tr>
<tr><td>备注</td><td colspan="6">毕业生学习成绩以学校教务处提供的凭证为准！此表须先由学院签署推荐意见并盖章，然后由学校毕业生就业指导中心盖章才有效！</td></tr>
</table>

二、求职信

求职信是有目的地针对不同用人单位的一种书面自我介绍，是目前毕业生求职择业的一种比较常用的也是非常重要的手段。有人说求职信是“敲门砖”，是“通行证”，的确如此。因为很多用人单位出于节约人力、物力和时间的考虑，多数不采用大面积直接面试的形式，而是要求求职者先寄送个人材料，由他们进行比较、筛选，然后才通知求职者参加面试，所以一封好的求职信能给招聘单位留下一个很好的第一印象，从而为自己赢得一个竞争的机会。那么如何写好求职信？写好求职信有什么技巧？注意从以下方面去练习，可能很快就会掌握写求职信的技巧。

（一）书写格式

一般来说求职信是属于书信范畴的，因此基本格式应当符合书信的一般要求，主要包括称呼、正文、结尾、署名、日期、附录6方面的内容。

1. 称呼

求职信的称呼往往比一般书信的称呼正规一些，在实际书写时要区别对待。如果写给国家机关、事业单位的人事部门领导，则用“尊敬的某处长（负责人）”称呼；如果对三资企业老板，则用“尊敬的某董事长（或总经理）先生/女士”；如果给各企业厂长经理写求职信，则可以称之为“尊敬的某厂长（或经理）”；如果给大学校长或人事处长的求职信，则称之为“尊敬的某教授（或校长、老师等）”。最好不要使用“敬启事”“某前辈”“某师傅”等不正规的称呼。

2. 正文

这是求职信的中心部分，其形式多种多样，一般都要说明求职者的信息来源、应聘岗位、本人基本情况、工作成绩等内容。

3. 结尾

一般应写明希望对方给予答复，并盼望能有机会参加面试；写上简短的表示敬意、祝愿之类的祝词。如“祝贵公司兴旺发达”“顺祝安康”“深表谢意”等，也可以用“此致，敬礼”之类的通用词。

4. 署名

应注意与信首的“称呼”相一致。在国外一般都在署名前加上一些“您诚挚的某某”“你依赖的某某”“您忠实的某某”之类的形容词，或者写成“您的学生某某”，你可以写上这些形容词，也可以什么也不写，直接签上自己的名字。

5. 日期

一般写在署名右下方，最好用阿拉伯数字写，并把年月日写全。

6. 附录

求职信一般要求同时附上一些有效证明，如学历证、学位证、职称证、身份证、获奖证书复印件及近期照片等，最好将这些信息在正文后一一注明，这样做一是方便招聘单位审核，二是给对方留下一个有条不紊、很负责任、办事周到的好印象。

（二）求职信的主要内容

1. 说明本人基本情况和求职信息来源

首先在正文中要简明扼要地介绍自己，重点是介绍自己跟应聘岗位有关的学历水平、经历、成就等，让招聘单位从一开始就对求职者产生兴趣，但详细的简历应作为附录，注意详略得当，最好能附有近期全身照片。其次，说明招聘信息的来源，做到师出有名。比如："据悉贵公司正拓展海外业务，招聘新人，且昨日又在报纸上读到贵公司的招聘广告，故冒昧地写信前来应聘高级会计师一职。"这样写不仅师出有名，而且还可以让用人单位感受到招聘广告费没有白花。如果心仪的公司并没有公开招聘人才，不能确定该公司是否招聘，可以写一封自荐信去投石问路。比如"久闻贵公司声誉卓著，发展迅速，且产品深受欢迎，据悉贵公司正在拓展新的业务领域，故冒昧写信自荐，热切地希望早日加盟贵公司，我的基本情况是……"。

2. 说明应聘岗位和能胜任本岗位工作的各种能力

这是求职信的核心部分，主要是向对方表明自己有本专业知识和工作经验，有本专业技巧和成就，有与本工作相符的特长、兴趣、性格和有关能力。总之，要让对方感到无论从哪个角度看你都能胜任这个工作，在介绍自己的学历、知识、经验或成就时，一定要突出适合这项工作的特长和个性，不落俗套，起到吸引和打动对方的作用，千万不能写"风马牛不相及"的东西。比如你想去应聘"公关"一职，求职信或简历中你却在大写特写"本人秀气、好静、爱好数学"等与公关工作无关的东西，结果肯定是不会被录取的。

3. 介绍自己的潜力

比如向对方介绍自己曾经做过各种社会实践或兼职工作，并取得了良好的成绩，表明有管理和组织才能，有发展和培养的前途。

4. 表示希望得到答复给予面试的机会

在信的结尾最好表达出希望对方给予一次面试的机会，表明自己希望早日成为公司一员的热切心情，并认真地写明自己的详细通信地址、邮政编码和联系电话。如果让亲朋好友转告，则要注意写明联系方式以及联系人的姓名，以方便联系。

(三)注意事项

①实事求是、恰如其分地介绍自己的能力和专长，既不吹嘘自己也不贬低自己。

②重点突出，有条理，有针对性，篇幅不要太长，最好一页，1 000 字左右为好。过长使人厌烦，过短显得不严肃、不认真，给人印象不深刻。

③文笔要流畅，表达要准确，以下 4 种方法都会引起用人单位的反感，是需要杜绝的。

第一种，为对方限定时间的求职信，如"本人于某年某月某日要赶往外地出差，敬请贵经理务必某月某日前复信为盼"。

第二种，为对方规定义务的求职信，如"本人谨以最诚挚的心情，应聘贵公司的会计一职，盼望得到贵公司的信任、考虑和录用"。

第三种，用以上压下的口气写求职信。如"贵公司的某总经理先生要我直接写信给您或者某部长很关心我的求职问题，特地写信给您，请多多关照"。

第四种，"自以为是"的求职信，如"本人以为贵单位的工作岗位特别适合我"。

④学会用多种文字书写求职信。比如中英文对照等，这既表明自己的外语能力，又表示

对招聘单位的尊重。

⑤书写时最好使用签字笔，不要使用红笔和铅笔。

⑥信纸和信封。不要用太薄、太黄、粗糙的信纸和信封，在信封上面最好贴上一张精美的邮票，以引起对方的注意。

(四)求职信范文

为了让毕业生更好地领悟求职信的写作技巧，下面提供一封求职信的范文，供大家参考。

拓展阅读

求职信范文

尊敬的×××公司经理：

您好！

首先非常感谢您在百忙之中抽出时间阅读我的这封求职信。

我叫×××，是武汉工程科技学院2016级会计专业的一名学生。4年的学习生涯培养了我实事求是、积极向上的工作作风，使我树立了正确的人生观、价值观，形成了热情、上进、不屈不挠的性格和诚实、守信、敢于责任担当的人生信条。

在校4年来，我学习刻苦，成绩优异，曾获得校级三好学生、优秀学生干部等荣誉称号。在老师的严格教育和个人的努力下，我学习了专业课程：基础会计、商业会计、企业会计、成本会计等，具备了扎实的专业基础知识。我能够熟练地操作会计相关软件模块，也熟悉手工记账，在校经老师培训，完整地完成了一套手工记账会计毕业实训，同时也掌握了出纳实务知识，以及统计知识。

我利用业余时间广泛地参加社会实践活动。在校4年期间，我参加了学校组织的实习，在武汉市江夏区税务局实习，被评为“优秀实习生”，这不仅使我的专业技能得到了提高，也使我的管理和组织才能得以发挥和进一步地锻炼，更得到了所属部门领导和老师的肯定和表扬。

我一直坚信“只要有恒心，铁杵磨成针”，所以我希望能凭借自己的一技之长拥有一个稳定的职业。如果我有幸被贵公司录用，我将认真钻研业务，力争为公司多做贡献。我有一颗不断上进的心和较强的专业水平，我能吃苦耐劳，服从安排，集体观念强，有奉献精神，我衷心地希望贵公司给我面试和应聘的机会，我将以我的工作表现和工作成果来证明一切。

诚心切切期盼您的回复！

求职人：

日　期：

三、个人简历

简历主要是针对想应聘的工作，将相关经验、业绩、能力、性格等方面的情况简要列举出来,以达到推荐自己的目的。虽然不一定所有的毕业生都必须撰写简历,但一份个性突出、设计精美的简历,能给用人单位留下深刻的印象。

毕业生就业推荐表原件只有一份,而简历可以复印多份,最好用计算机打印,这样可以在参加招聘会、面试、走访招聘单位时,增加一些书面介绍自己的机会,从而取得"普遍开花,重点结果"的效果。

个人简历可以是表格的形式,也可以是其他形式。它主要叙述求职者的客观情况,浓缩大学生活的精华部分,将相关的经验、业绩、能力、性格等简要地列举出来,以达到推销自己的目的。

(一)简历制作的基本要求

对于每一个求职者来说,一份好的简历可能意味着成功了一半,马虎不得。那么,怎样准备一份令人过目难忘、留下良好印象的简历呢?其实,简历不一定非要追求与众不同,只要按照以下基本要求来做,就能制作出一份精彩的简历。

1. 真实

简历最基本的要求就是真实。企业对求职应聘者最基本的要求就是诚实。企业阅历丰富的人事经理,对简历有敏锐的分析能力,遮遮掩掩或夸大其词会露出破绽。

毕业生在求职过程中,不乏以下看似聪明实则不明智之举:如故意遗漏某一段经历,造成履历不连贯;如在见习实践、兼职工作、毕业实习的业绩上弄虚作假;如夸大所任职务的责权和经验。其实,任何一个有经验的招聘人员只要仔细阅读分析,鉴别履历的真实性并不难。过分渲染、天花乱坠的描述会令人反感。因此,与其费尽心机,不如老老实实,只要有真才实学,总会有属于自己的机会。

2. 简练

招聘人员每天要面对大量的求职简历,工作非常忙,一般在粗略地进行第一次阅读和筛选时,每份履历的所用时间不超过 1 分钟,如果简历写得很长,难免会漏看部分内容,甚至会缺乏耐心,不会细致完整地读完,这对求职者来说是很不利的。经常有求职者觉得简历越长越好,以为这样容易引起注意,其实适得其反,这样会淡化阅读者对主要内容的印象。冗长啰嗦的简历,不但让人觉得是在浪费他的时间,还能得出求职者做事不干练的结论。言简意赅,流畅简练,令人一目了然的简历,在哪里都是受欢迎的,也是对求职者工作能力的直接反映。

3. 重点突出

求职简历必须讲求简明扼要,突出重点,让人快速了解你的情况。重点不突出,目标不明确,"什么都会"等于"什么都不会"。因此,简历制作时,要简明扼要、突出重点,与你应聘工作无关的事情尽量不要写,而对你应聘工作有意义的经历和经验绝对不能漏。表 7.2 是用人单位招聘时,查看应聘者简历各部分的百分比。

表 7.2 用人单位招聘时对应聘者的关注情况

项 目	百分比
社会实践和实习兼职情况	57%
专业	44%
毕业院校	28%
英语和计算机水平	21%
性格、爱好、特长的描述	13%

4. 语言精确

不要使用拗口的语句和生僻的字词，更不要有病句、错别字。外文要特别注意不要出现拼写和语法错误，一般招聘人员考察应聘者的外语能力就是从一份简历开始的。同时行文也要注意准确、规范，大多数情况下，作为实用型文体，句式以简明的短句为好，文风要平实、沉稳、严肃，以叙述、说明为主，动辄引经据典、抒情议论是不可取的。有的人写简历喜欢使用许多文学性修饰词，例如，“大学即将毕业，我将毅然走上工作岗位”“大学几年来，我在实习单位勇挑重担，为了企业发展大计披星戴月，周末的深夜，常常还能看到办公室明亮的灯光。功夫不负有心人……”，结尾还不忘加上一句“我热切期望着一个大展宏图、共创辉煌未来的良机！”之类的口号。这样的简历，只能让人一笑置之。

5. 版面美观

一份好的简历，除了以上对内容方面的要求外，版面设计也是一个非常重要的因素，是真正“第一印象”。要条理清楚，标识明显，段落不要过长，字体大小适中，排版大气美观，疏密得当。既不要为了节省纸张，密集而局促，令阅读者感到吃力，也不要出现某一页纸上只有几行字，留下大片的空白。还要注意版面不要太花哨，要有类似公函的风格，这也能体现出求职者的基本职业素养。通常建议使用电脑打印，如果自己的字写得不错，不妨再附上一篇工整漂亮、简短的手写求职信，效果会更好。

6. 评价客观

简历中通常都会涉及对自己的评价，应当力求客观公正，包括行文中所表现出来的语气，要做到 8 个字：诚恳、谦虚、自信、礼貌。既不能妄自尊大，也不能妄自菲薄。分寸的把握非常重要，适当坦诚自己经验等方面的某些不足，反而更能赢得好感。

（二）简历制作的创新途径

掌握了简历制作的基本要求，我们还需要考虑如何使自己的简历脱颖而出，给应聘单位留下深刻印象。这就需要在遵守基本要求的前提下另辟蹊径，用个性化的简历展示出自己的特长和风采，以吸引招聘人员。在这种需求的引导下，一些新型的简历应运而生，为应聘者求职的道路增添了胜利的砝码，让求职赢在起跑线上。

1. 视频简历:“试听”冲击波

所谓视频简历就是事先把求职者的言谈举止用摄像机拍下来,然后刻在光盘上,负责招聘的工作人员只需要把光盘放入电脑光驱,便可以看到应聘者的求职演说、特长表演等。视频简历具有可视性、可听性、直观性,使其在招聘过程中大放异彩,取得许多意想不到的效果。

2. Web 简历:信息时代的“无纸化”求职武器

在信息时代,这种简历在各方面显现出了它的优势,信息细致全面,易于查询,操作快捷,完全摒弃了纸质简历的厚重、烦琐,还可以为自己省下一笔不小的复印费。例如,徐同学以前学的是计算机专业,利用自己的专业知识和兴趣爱好,他和朋友花了两个星期的时间做了一个漂亮的简历网页,里面有自己详细的介绍,包括大学学习成绩查询系统,历年来在各大报纸杂志上发表的专业文章及链接,只需要鼠标轻轻一点,关于自己的各种资料便一目了然。在招聘会上,别人投过去的是一本厚厚的“书”,而他的简历只有一张印有自己主页地址的“名片”,令其他同学都羡慕不已。

3. 卡通简历

在动画中演绎“个性人生”,华中师范大学的卢同学把自己的简历设计成各种卡通形象,即把自己比作漫画人物,个人经历、特长都是用动漫、连环画的形式表现出来,内容详细周密,版面活泼生动,活力和朝气扑面而来,最后她被天津某幼儿园高薪聘用了。该校的校长解释说,我们需要的就是这种富有创意、童心未泯的女生,从她的特色简历中能够看出卢同学会是一个有爱心、爱护学生的好教师。卡通简历并不是适合所有的求职者。专家指出,如果求职的意向是部门主管等较为正式的职位,满纸涂鸦的卡通简历不但不能帮上你一点,反而会让人觉得你过于天真、不成熟,会断送自己的前途。因此对于简历的设置,还是“上什么山,唱什么歌”。

(三)规范简历的注意事项

1. 规范性

要组织好个人简历的结构,不能在一份简历中出现重复的内容。最好用第三人称写个人简历,不要在简历中出现“我”的字样。关于个人经历的顺序,应该从现在开始倒叙,以便招聘单位在最短的时间内了解你最近的经历。

2. 排版整齐

准备求职简历的目的之一是吸引用人单位对求职者的注意,或者让用人单位对求职者感兴趣。因此简历的设计就显得尤为重要。一般来讲,求职择业简历,无论是文字的,还是表格的,均应采用 A4 纸打印或复印,复印件不要放大或缩小,字体最好采用常用的宋体或楷体,切忌标新立异,排得像广告一样,应聘排版工作除外。

3. 杜绝错误

所有的材料都要杜绝一切错误,无论是语法、文字、用词、标点符号,还是打印错误。

(四)简历范文

下面为大家提供一份简历范文,供大家参考学习,如表 7.3 所示。

表 7.3　个人简历

武汉工程科技学院		
姓名:张三	性别:男	相片
出生日期:2000 年 1 月 1 日	婚否:否	
民族:汉	籍贯:江苏省泰州市	
政治面貌:中共预备党员	毕业时间:2007.6	
手机:13999999999	宿舍电话:027-88617777	
联系地址:武汉市江夏区熊廷弼街特 8 号	邮政编码:430200	
E-mail:zhangsan@126.com		
求职意向		
北京(天津、上海)证券公司、基金公司、银行		
教育背景		
2016 年 9 月—2020 年 6 月　武汉工程科技学院人文学院英语专业		
1. 有良好的理论基础,成绩优秀。		
2. 共获得 3 次武汉工程科技学院校内一等奖学金。		
3. 组织能力较强,担任校内社会职务。		
4. 有一定的工作经验,在北京两家公司实习、兼职。		
2013 年 9 月—2016 年 7 月　江苏省泰州市口岸中学		
成绩优秀,每年被评为校级三好学生		
工作经历		
2016 年 11 月	爱心社活动负责人,参与社会组织公益工作	
2017 年 11 月	参加武汉工程科技学院心灵剧大赛,获最佳编剧奖	
2017 年 10 月—2018 年 6 月	学生会体育部部长,负责组织大型体育赛事活动	
个人能力		
外语:英语六级、英语专业四级		
计算机水平:熟悉 Word、PowerPoint、Excel 及网页制作软件,获二级证书		
业余爱好:体育运动、音乐、阅读等		
性格特点:稳重踏实、责任心强、适应能力强、工作勤奋、富有创新精神		

本章小结

就业心理准备的意义在于毕业生就业,牵系毕业生从业。心理调适的途径有 4 个方面:

客观、准确地认识自我,培养自信心,提高求职过程中的受挫能力,保持良好的心态。良好的择业心态一般包括:形成合理的就业期望、选择适当的就业目标、避免从众心理、克服自卑和胆怯心理、树立不怕挫折敢于吃苦的心理。

大学生求职择业竞争的实质就是知识和能力的竞争,只有以扎实的知识和娴熟的技能做后盾,才能从容地面对择业竞争的挑战,用人单位招聘录用员工时都会十分看重毕业生的知识和能力,把其作为是否录用的重要指标。做好知识和能力的准备,是大学生求职择业的基础。

毕业生应当及时全面地掌握有关就业方面的各种信息,并且认真地对这些信息进行分析、筛选和整理,最终做出正确处理。

大学生求职择业,在收集和使用就业信息的同时,应充分做好求职材料的准备等工作,以获得社会和用人单位的接纳和认可,从而顺利就业,实现自身的价值。

思考题

1. 大学生就业心理调适的途径有哪些?
2. 大学生就业能力准备有哪些方面?
3. 大学生就业要准备哪些材料?
4. 从哪些渠道可以搜集就业信息?
5. 为什么要掌握用人单位的信息?主要掌握用人单位信息的哪些方面?

作 业

求职信

第八章　大学生求职指导

[学习目标]

1. 掌握求职面试的技巧。

2. 掌握求职笔试的技巧。

[案例导入]

北京某外资企业招工,报酬丰厚,要求严格。一些高学历的年轻人过五关斩六将,几乎就要如愿以偿了。最后一关是总经理面试。到了面试时间,总经理突然说:"我有点急事,请等我10分钟。"总经理走后,踌躇满志的年轻人围住了老板的大办公桌,你翻看文件,我看来信,没一人闲着。10分钟后,总经理回来了,宣布说:"面试已经结束,很遗憾,你们都没有被录取。"年轻人惊惑不已:"面试还没开始呢!"总经理说:"我不在期间,你们的表现就是面试。本公司不能录取随便翻阅领导人文件的人。"年轻人全傻了。

第一节　求职面试指导

无论你是刚毕业的大学生,还是已经失业,你可能都需要去经历一次面试。面试的经历可能不是那么愉快,但是如果你能够对面试的整个过程有所了解和准备,面试也不都是令人生畏的。面试是一个非常好的机会,是你和用人单位双向选择的机会。

面试和面谈的区别之一,就是面试时对方往往有很多人,其中不乏专家、学者,应聘者在回答一些比较有深度的问题时,切不可不懂装懂,不明白的地方就要虚心请教,或坦白说不懂,这样才会给用人单位留下诚实的好印象。

在准备面试的过程中,大部分应聘者会发现,题目理解起来并不难,发挥不好很多时候是因为表达不清。这就是大部分应聘者都会遇到的语言难题,这同样也是不同于笔试的地方。解决这一难题是顺利通过面试的"敲门砖",也是"必经之路"。

语言表达能力弱有多方面原因。首先,是本身的语言基础就不是很好,在生活中就是"惜字如金"的人,不善于与人交流,尤其是大部分的理科和工科学生。而且当今社会,手机盛行,很多"95后"都是"宅男宅女",缺乏沟通机会。其次,是语言积累不足,大家在生活中的交流比较口语化,沟通内容多是年轻的应聘者们喜欢的领域,比如动漫、游戏、娱乐等,面试聊到社会热点、政府公共管理话题,应聘者们往往哑口无言,"丈二和尚摸不着头脑"。最后，紧张也是症结之一，面对高压的环境、严肃的招聘者和有限的交流时间，即使会说话的人也可能语无伦次。

困难总是要面对的，"越努力就越幸福"。在求职准备的时间里，求职者只有针对自身的语言问题，有针对性地加以解决，才会更好地应对面试。

那么要在面试中取得好成绩，我们努力的方向是什么呢？

一、面试的内涵

面试是指在特定的时间和地点，由面试考官与应聘者按照预先设计好的目的和程序，进行面谈、相互观察、相互沟通的过程。通过面试可以了解应聘者的经历、知识、技能和能力。它主要用于员工的终选阶段，也可以用于员工的初选和中选阶段。面试具有以下特点。

①以谈话和观察为主要方式。

②面试是一个双向沟通的过程。

③面试具有明确的目的性。

④面试是按照预先设计的程序进行的。

⑤面试考官与应聘者在面试过程中的地位是不平等的。

二、面试的类型

（一）根据面试的标准化程度分类

1. 结构化面试

结构化面试即规范化面试，指依照预先确定好的题目、程序和标准进行面试，要求做到程序的结构化、题目的结构化和评分标准的结构化。

2. 非结构化面试

非结构化面试是指事先没有固定的框架结构，也不使用固定问题的面试。

3. 半结构化面试

半结构化面试是介于结构化面试与非结构化面试之间的一种面试形式。

（二）根据面试实施的方式分类

1. 单独面试（序列化面试）

单独面试是指面试考官与应聘者单独交谈的面试形式。

2. 小组面试（同时化面试）

小组面试是指面试考官同时对若干个应聘者进行面试的形式。

（三）根据面试的进程分类

1. 一次性面试

一次性面试是指用人单位将应聘者集中在一起，一次性完成的面试。

2. 分阶段面试

分阶段面试是指用人单位分几次对应聘者进行面试。

（四）根据面试的内容分类

1. 情境性面试

情境性面试是指给定一个情境，看应聘者在特定的情境中是如何反应的。

2. 经验性面试

经验性面试是指提问一些与应聘者过去工作经验有关的问题。

三、企业喜欢什么样的员工

在了解了面试的内涵和类型后，作为一个即将大学毕业的准求职者来说，要想在面试中获得企业的青睐，还要知道企业喜欢什么样的员工，所谓“知己知彼方能百战百胜”。

1. 反应能力

思路敏捷是处理事情成功必备的要素。一件事情的处理往往需要洞察先机，在时机的掌握上必须快人一步，如此才能促使事情成功，因为时机一过就无法挽回。

2. 谈吐应对

谈吐应对可以反映出一个人的学识和修养。好的知识和修养，得经过长时间的磨炼和不间断的充实，才能获得水到渠成的功效。

3. 身体状况

身体健康的人做起事来精神焕发、精力充沛，对前途乐观进取，并能负担起较重的责任，而不至于因体力不济而功败垂成。我们经常可以看到这样的情况：在一件事情的处理过程中，越是能够坚持到最后一刻的人，才越是有机会成功的人。

4. 团队精神

要想做好一件事情，绝不能一意孤行，更不能以个人利益为前提，而必须经过不断地协调、沟通、商议、集合众志成城的力量，以整体利益为出发点。

5. 领导才能

企业需要各种不同的人才为其工作，但在选择干部人才时，必须要求其具备领导组织能力。某些技术方面的专才，虽然能够在其技术领域内充分发挥才能，却并不一定完全适合担任干部的职位，所以人才必须从基层开始培养，经过各种磨炼，逐步由中层迈向高层，使其适得其位，一展其才。

6. 敬业精神

一个有抱负的人必定具有高度敬业的精神，对工作的意愿是乐观开朗、积极进取，并愿意花费较多时间在工作上，具有百折不挠的毅力和恒心。一般而言，人与人的智慧相差无几，其差别取决于对事情的负责态度和勇于将事情做好的精神，尤其是遇到挫折时能不屈不挠地继续奋斗，有不达成功绝不罢休的决心。

7. 创新观念

企业的成长和发展主要在于不断地创新。科技的进步日新月异，社会的竞争更是瞬息万变，停留现状就是落伍。一切事物的推动必以人为主体，人的创新观念才是制胜之道，而只有接受新观念和新思潮，才能促成进一步的发展。

8. 求知欲望

为学之道不进则退，企业的员工需要不断地充实自己，力求突破，了解更新、更现代化的知识，而不能自满，墨守成规，不再做进一步的发展，阻碍企业的成长。

9. 对人的态度

一件事情成功的关键，主要取决于办事者待人处世的态度。对人态度诚恳、和蔼可亲，才容易促使事情成功。

10. 操守把持

一个人再有学识，再有能力，倘若在品行操守上不能把持分寸，则极有可能对企业造成损害。因此，企业在选择用人时必须格外谨慎，避免任用那些利用个人权利的营私者，以免危害到企业的成长，甚至造成无法弥补的损失。

11. 生活习惯

从生活习惯，可以初步判断一个人未来的发展，因为生活习惯正常且有规律，才是一个有原则、有抱负、脚踏实地、实事求是的人。所以从一个人生活习惯的点点滴滴，可以观察到他未来的发展。

12. 适应环境

企业在选择人才时，必须注重其适应环境的能力，避免选用个性极端的人，因为这种人较难与他人和睦相处，往往还会扰乱工作场所的气氛。一个人初到一个企业，开始时必然感到陌生。能在最短时间内了解企业的工作环境，并能愉快地与大家相处的人，才是企业期望的人。反之，处处与人格格不入，或坚持自我本位的人，都可能会扰乱企业前进的脚步，造成个人有志难伸、企业前途难展的困境。

13. 坚定的政治信念

对领导型人才要特别关注其政治坚定性，要求有大局意识。

企业的各种培训，对企业的长远发展起着至关重要的作用。较之知识的培训，更重要的是工作能力的培养。这就需要从组织高层领导到基层干部都要有一种信念，一种行为。人才配置、激励、培养，是企业在人才管理上应注意的问题，如果能够合理地安排，将会发现，人才其实就在身边，依靠身边的人才，企业就可以获得高速的发展，人才就可以迅速成长，也就满足了人才自我实现的最高层次需求。

信息时代、知识经济时代已成为我们这个时代的代名词,新的东西每天都会大量地涌现出来,新的技术、新的经营方式层出不穷,“变化”成为这个时代最重要的特征之一。只有那些灵活地适应了这些变化,且在变化中抓住机会的人和组织,才能在这个时代很好地生存下去。在这样一个变革的时代,一切因循守旧、僵固不化的事物都将被扫荡一清;只有那些从内心深处渴望变化、视变革为机遇的人,他们的职业生命才能如同这个时代一样,充满生机。

四、面试流程

面试是每个求职者都必须面对的一个环节,也是非常重要的一环,即使你的简历做得再完美,面试表现不好,还是不行。因此为了更好地找到理想工作,必须了解面试的整个流程。那么面试的流程是怎样的呢?

不同的公司对面试流程的设计会有所不同,有的公司会非常正式,有的公司则相对比较随意,但一般来说,面试可以分为 4 个阶段,如图 8.1 所示。

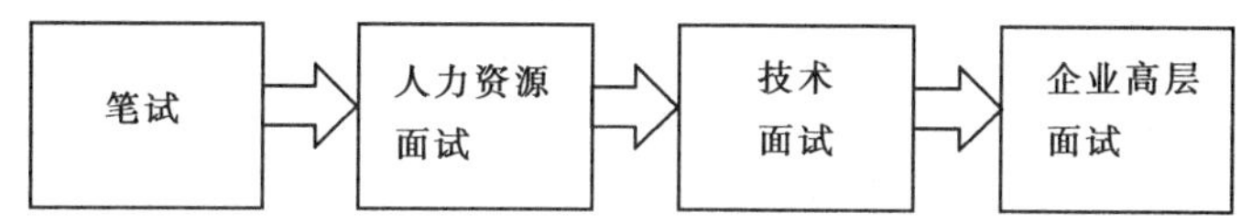

图 8.1　面试的 4 个阶段

(一)笔试

笔试是一种与面试相对应的测试,是以填写的方法考核应聘者学识水平的重要工具。这种方法可以有效地测评求职者的基本知识、专业知识、管理知识、综合分析能力和文字表达能力等素质及能力的差异。

(二)人力资源面试

人力资源部门的初步面试主要是把握应聘者基本素质是否符合企业的用人要求。人力资源部门更关心求职者的性格与岗位匹配性、工作态度、素质能力、工作稳定性等软指标,主要从思维能力、表达能力、沟通能力、综合素质、个人潜力、价值取向、异常状态这几方面来考查应聘者。

应聘者在人力资源部门面试时,需要在人力资源部门关心的内容上详细讲,其他内容粗略讲。

(三)技术面试

技术部门的专业面试主要是考查应聘者的专业素质与技能是否符合用人单位的要求,技术部门主要是对应聘者的工作经验、岗位必需素质和相关技术知识等硬指标进行考查,主要从专业能力、基础素质、学习能力、创新能力、团队合作、执行能力这几方面来考查应聘者。

应聘者在技术部门面试时,需要在技术部门关心的内容上详细讲,其他内容粗略讲。

(四)企业高层面试

在关键岗位及中层干部人员选用上,一般用人单位会再加一、二道面试程序,由高层领导亲自面试。在这里就针对关键岗位和中层干部以上的人员如何进行面试,谈一些体会和经验,有以下4点。

1. 聊

让应聘者放松情绪,观察应聘者真实的思想及动态。

2. 讲

给应聘者时间,让其讲。此环节面试官不仅可以看出应聘者的从业经验和相关行业经历以及资源背景,更重要的是了解应聘者的知识总量和思维宽度、精度,语言组织能力、逻辑能力、概括总结能力和应变能力。

3. 问

面试官提问应聘者在简历和笔试及陈述中没有叙述出来的问题,提问应聘者在陈述中自相矛盾的地方或陈述中和简历相矛盾的地方,提问应聘者陈述的事实以及简历中反映出来的内容与应聘职位不相符的地方。

4. 答

应聘者在回答问题时要有应变能力,实事求是地回答问题,真诚面对面试官的提问。

企业高层领导对应聘者的企业忠诚度和认可度、个人潜能、价值取向、职业规划、原则性、时效性、沟通协调能力等方面比较看重。应聘者在企业高层领导面试时要在职业规划、沟通协调能力、工作胜任能力、对企业忠诚度和认可度上详细回答。

五、面试考核的具体内容

(一)工作胜任程度

面试官提问应聘者能做什么,有以下具体问题。

①你来应聘什么岗位,你为什么要应聘这个岗位?

②如果我录用你,你能够为我们做什么?

③你没有经验,如何让我相信你有这个能力胜任呢?

④你有能力胜任应聘的职位吗?

应聘者如何掌握谦虚的度,实在是一件大有学问的事。“满招损,谦受益”,应聘者一方面想出人头地,一方面又不自觉地受这种思想的影响,不敢大胆地发表自己的意见,礼让过头,贬低自己。这种过谦,特别在应聘外企时很不合时宜,往往弊大于利,适得其反。作为一个企业,理所当然要选择自信敬业的人。

应聘者面试的是什么行业、什么职位?这个很重要。应聘者需要对自己应聘的职位和行业有一定的了解。

应聘者在回答问题的时候可以围绕这是一份我热爱的职业,行业也有比较大的发展空间,个人的性格特征,个人的特长和能力这几点来回答。

一般有关工作胜任程度的问题主要涉及两种面试者。

①应聘者有类似工作经验，可以将过往成绩及突出表现据实回答，以说明自己能胜任此工作。

②应聘者没有类似工作经验或是应届毕业生，招聘单位对应届毕业生提出这个问题，说明招聘单位并不真正在乎“经验”，在乎的是应聘者怎样回答。

对这个问题的回答最好要体现出应聘者的诚恳、机智、果敢及敬业。

如“作为应届毕业生，在工作经验方面的确会有所欠缺，因此在读书期间，我一直利用各种机会在这个行业里做兼职。我也发现，实际工作远比书本知识丰富、复杂。但我有较强的责任心、适应能力和学习能力，而且比较勤奋，所以在兼职时能圆满完成各项工作，从中获取的经验也令我受益匪浅。请贵公司放心，学校所学及兼职的工作经验，使我一定能胜任这个职位”。

可以从自己的性格、兴趣、爱好、人际关系及平时对该工作的关注等方面，侧面说明自己能够胜任此工作，并以自己对此工作的了解，让面试官相信自己能很快适应这份工作。

(二)潜质能力

潜质能力强调个人是否有良好的“潜力”，指学习、分析、思维、创新等综合能力。

潜质能力是评判应聘者在短期内能否培养成有用人才的首要标准。提问具体包括以下几方面内容。

①你是否面对过一些令人左右为难的场合或问题？当你面对这些矛盾的时候，你会怎么做呢？

②你曾经组织过哪些富有创意的活动或项目？这些活动或项目的创新点在哪里？

③你认为你目前欠缺的知识技能是什么？你入职后，希望公司能够提供哪些方面的培训？是知识培训还是技能培训？

④请你讲述一件你成功或失败的事情。

有关潜质能力问题的回答，应聘者要注意面试官问题的侧重点，根据实际情况来回答。

(三)人际关系能力

人际关系能力主要包括处理冲突的能力，建立关系的能力，说服与影响他人的能力，团队合作与协调的能力，倾听与沟通的能力等。

在企业面试的过程中，面试官对应聘者人际的适应性、人际合作的主动性、处理人际关系的原则性与灵活性，以及对组织中权属关系的意识(权限、服从、合作、协调、指导、纪律、监督)等方面进行考查。

生活中人际关系类型是无穷尽的，但具体到企业单位，人际交往范围却有一定的职业侧重性。

1. 按企业单位人际关系重点涉及的主体分类

①与领导的人际交往。例如:你和同学一起入职新单位,你工作勤奋,成绩突出,领导却对你印象不佳,反而同学受到领导信任,并且经常为难你,你怎么做?

②与同事的人际交往。例如:你是在职研究生,一年需要 20 天脱产学习,同事对你去学习有意见,认为你无法很好地完成工作,你将如何处理?

③与下属的人际交往。例如:你们公司有一个重大项目,之前是李某负责,由于李某工作出现重大失误,领导让你来接管项目,让李某担任副手,但李某态度消极,不配合,你怎么办?

④与群众的人际交往。例如:假如你是居委会的工作人员,社区有人反映小李总是玩架子鼓扰邻,你怎么去和小李沟通解决这件事?

⑤与亲朋的人际交往。例如:同事在工作时间离开一会儿,领导批评了他,但是他非常不服气,开始懈怠工作,你作为他的好朋友该怎么办?

⑥多重关系的人际交往。例如:你到一个新单位,同事对你不信任,领导也只是交给你一些琐碎的事情,请问遇到这种情况你怎么办?

2. 人际关系沟通能力问题的五大答题技巧

①保持积极心态。阳光原则,是指在作答面试题时,要善于从积极的角度发现问题并解决问题。"积极的人像太阳,照到哪里哪里亮;消极的人像月亮,初一十五不一样。"心态是积极的还是消极的,直接反映了一个人的人格特征和内在品质,也决定了从什么样的角度思考和回答问题。消极的心态往往会将自己逼入绝境,而积极的心态总是能找到解决问题的方法和回答问题的思路。

②主动沟通交流。多数人际交往问题的根源是沟通不够。因此应聘者应该积极主动地进行沟通交流,并尽快调整自己的工作方式和交往方式,采取相应措施改变现有人际关系的状态。

③自我反思。在回答所有人际关系的问题时,应聘者首先要自我反思,考虑自己做的有什么不足,是沟通不够,还是不注意听取他人的意见或建议等。如果有这些问题,那么就表示自己要及时改正和调整;如果没有,就表示要寻求合适的时机向对方进行解释和说明,或主动征求对方意见,或吸收对方参与自己的工作或活动。

④权属意识。权属意识主要是指在一个组织中对上下级权属关系和服从意识的理解和认同。面试者在遇到涉及上下级关系的问题时,对上级做出的错误决定、提出的不符合实际的要求或提出难以胜任的工作,一般情况下首先应该是服从,然后再寻求时机解释或建议。

⑤回避冲突。回避冲突是指人际关系冲突时,可以采取暂时回避,日后再找恰当的场合和时机进行解释和沟通的办法。比如:因为某件工作引起领导的误解、批评,引起同事的误解和反对,都可以采取暂时回避、日后解释的方法化解。

（四）积极性、驱动力

企业招聘员工，除了考查能力、经验、素质，更重要的是考查应聘者能否持续地为企业服务、热爱企业、适应企业文化，与企业的价值观保持一致。具体面试问题如下。

1. 有关企业认知的问题

请问你了解我们公司吗？

2. 价值观衡量的问题

①请问你认为一份好工作应该是怎样的？

②你希望遇到怎样的老板和同事？

③你喜欢哪种风格的工作环境和工作方式？

3. 有关工作态度的问题

①你怎么看待日常加班？

②你怎么面对工作中的压力？

4. 有关诚信正直的问题

请给出一个你坚持认为做得正确的事情。

应聘者在回答有关积极性、驱动力的问题时，要将自己在面试前做好的准备，充分地展示出来，比如对公司的了解，要充分表达自己的工作态度，让面试官充分感受到你的积极性。

应聘者在面试时，要向面试官充分传达5个重要信息。

①我能充分胜任这份工作。

②我有强烈的工作意愿。

③我是公司未来的有利资产。

④我有明确的求职目标和个人规划。

⑤与同事、团队合作的能力和意愿。

六、面试时不可犯的错误

面试时，大多数应聘者很难给面试官留下深刻的印象。有些行为在面试过程中是非常忌讳的，一旦出现以下情况，面试失败概率在95%以上。

（一）不了解公司

很多职场新人在投简历时都属于普遍撒网，想着逮着一个是一个，往往对应聘公司不会做很多的了解。因此，很多人在面试过程中一问三不知，这是一种对自己不负责、对应聘公司不尊重的表现，企业一般不会选择这样的应聘者。

（二）面试时迟到

说好了10点面试，招聘者打电话过去："请问到了吗？""对不起，鞋跟断了，临时去买鞋。""堵车了，要晚点到。""家里临时有事，你们先面试其他人吧。"这样的借口层出不穷。

面试迟到是大忌，找各种理由搪塞更是大忌，这类应聘者存在"没有时间观念、态度散漫、无责任心”的一级危险信号,以及不够真诚的二级危险信号。企业就需要认真考虑此类求职者是否符合公司入职的基本标准;对于有些知名度高的企业,面对迟到的求职人员,甚至直接“say no”,让应聘者为自己的错误行为付出代价。

(三)找人陪同

有些刚毕业的大学生,第一次参加面试,难免心生恐惧,会找家人或朋友陪同。其实在面试官看来,这类应聘者往往不够自信和独立,依赖性太强,会使面试官怀疑应聘者能否适应高强度和高压力的工作。

因此,提醒求职者们,面试不要怕,要充分展现出自己的自信和活力,切忌找父母、朋友陪同。就算真的找人陪同,也可让其在楼下等待,不要出现在面试官和招聘者面前。

(四)频繁跳槽

一两年内有多次跳槽经历的人,招聘者会谨慎对待。频繁跳槽意味着求职目标不明确,没有合理的规划和准确的定位,盲目进行各种尝试,对自身的价值、优势和能力都没有明确的认识。应聘者也许想不断试错,尝试各种岗位和机会,但成熟的企业更愿意招聘一个能稳定下来的员工,毕竟员工的离职也会给公司造成损失。

(五)伪造简历

几乎每一位招聘者在面试时都遇到过简历造假的求职者,只是造假程度不同。有的求职者为了能够收到面试邀约或者为了面试成功,夸大自己的工作经历,编造一些工作技能。其实在招聘者看来,简历造假是很低级的错误,因为第一,绝大部分造假很容易被揭穿。第二,能力不行还可以培养,人品不行是没救的。

(六)对前任公司满腹牢骚

当招聘者问起在上任公司的离职原因时,有的求职者就忍不住怨气冲天。抱怨不可怕,当抱怨成为一种习惯就很可怕了。喜欢抱怨的求职者会让面试官觉得你事事不从自身寻找原因,一味地抱怨公司、同事、制度,就好像一切问题都是外部因素导致,自己总是没错一样。这种求职者一般不能勇于承担责任,遇到问题只会想办法推卸责任,很难获得职场的成功。

(七)着装风格太糟糕

打造最稳妥的面试着装,关键要遵循“两原则”“两适宜”。“两原则”是简单大方,整齐干净;“两适宜”是唯经典相宜,唯公司文化相宜。经典的才是永恒的,着装也是如此。

参加不同性质公司的面试,着装要求是不同的,因此要有针对性地准备服装。学校、医院等机关单位的面试,如果你穿着低胸露背超短裙这一类的衣服,显然是不合适的;如果是时尚行业,你穿的和时尚一点儿关系都没有,也不合适。

(八)一味地顺从

面试时通常会出现这样一种现象,无论面试官提出什么样的问题,应聘者都只会点头说是。之所以如此,一方面是因为应聘者迫切地需要这份工作,另一方面是应聘者自身不自信,以为一味地顺从会增加他们面试的成功率,其实并非如此,这样做反而会让面试官觉得他们没有什么想法,或者是对自己没有要求。

(九)面试过程中接听电话

面试时一定要把手机关机或者调成静音,这一点非常重要。如果在面试的过程中手机响了,面试官会觉得你很没有礼貌,对这次面试不重视,而且面试容易被打断,就会给面试官留下很差的印象。

(十)不知行情乱开价

谈到薪水多半代表你有很大的概率会被录取,如果你狮子大开口,那么企业怎么敢用一个漫天要价的人?如果你不想吃亏,面试前应多打听相关行情,否则就采取“依公司规定”的保守策略。不知行情胡乱开价,会给公司留下不好的印象。

七、经典面试问题解析

面试是招聘求职过程中必不可少的一个环节,也是企业和应聘者进行双向了解、深入沟通的一个很重要的方式。那么一般招聘者会从哪些方面来了解应聘者各方面的素质和能力呢?应聘者又应该如何回答面试官的问题呢?

下面总结了 10 个经典问题。

问题 1:“请你自我介绍一下。”

面试要点参考:了解应聘者的心理承受能力、逻辑思维能力、演讲能力。

面试建议包括以下几点。

①介绍内容要与个人简历相一致。

②表述方式上尽量口语化,并适当配合一些肢体语言。

③要切中要害,不谈无关、无用的内容。

④条理要清晰,层次要分明。

问题 2:“你在前一家公司离职的原因是什么?”

面试要点参考:应聘者是感恩的心态,还是仇恨的心态。

面试建议包括以下几点。

①避免把离职原因说得太详细、太具体。

②不能掺杂主观的负面感受,如“太辛苦”“人际关系复杂”“管理太混乱”“公司不重视人才”“公司排斥某某员工”等。

③不能躲闪、回避问题,比如回答:“想换环境”“个人原因”等。

④不能表现自己负面的人格特征,比如:不诚实、懒惰、缺乏责任感、不随和等。

⑤尽量让解释的理由为应聘者个人形象添彩,比如:“我离职是因为这家公司倒闭了。我在公司工作了 3 年多,有较深厚的感情。从去年开始,由于市场形势突变,公司的状况急转直下。到眼下这一步我觉得很遗憾,但还是要面对,因此,我想重新寻找能发挥我能力的舞台。”

问题3:“谈谈你的缺点。”

面试要点参考:了解应聘者是否认真思考过自己,分析过自己,反省过自己。如果一个人能认清自己的缺点,并有改进的愿望和方法,他可能是一个不可多得的人才。

面试建议包括以下几点。

①不宜说自己没有缺点,因为人一定是有缺点的。

②不宜说出会严重影响应聘工作的缺点。

③对自己的缺点认真进行剖析,用积极的心态去面对,去修炼。

问题4:“请说出一个你最失败的经历。”

面试要点参考:了解应聘者的胆量和勇气,是否陷入了选择性知觉的陷阱,了解应聘者是否进行了深刻的反省,是否接受了深刻的教训。

面试建议包括以下几点。

①不宜说自己没有失败的经历。

②宜说明失败之前自己信心百倍、尽心尽力。

③不宜说出会严重影响应聘工作的失败经历。

④宜说明失败后自己做了深刻的反省,很快地振作起来,以更加饱满的热情面对之后的学习或工作。

问题5:“你为什么选择我们公司?”

面试要点参考:了解应聘者求职的动机、愿望以及对工作的态度。

面试建议包括以下几点。

①建议从行业、企业和岗位这3个角度来回答。

②参考答案:“我十分看好贵公司所在的行业,我认为贵公司十分重视人才,而且这项工作很适合我,相信自己一定能做好。”

问题6:“对这项工作,你有哪些可预见到的困难?”

面试要点参考:了解应聘者的预测能力,是否有应对方法。

面试建议包括以下几点。

①谈从技术、知识、经验等方面预见到的困难。

②说出自己对困难的态度:“工作中出现一些困难是正常的,也是难免的,但是只要有坚韧不拔的毅力、勤奋的学习态度、良好的合作精神以及事前周密而充分的准备,任何困难都是可以克服的。”

问题7:“在工作中,与上级意见不一致,你会怎么办?”

面试要点参考:了解应聘者的执行力,人际关系的沟通能力和协调能力,对工作的责任感。

面试建议包括以下几点。

①首先给上级私下解释和提醒,在无效又不会给公司造成重大损失的情况下,我会服从

上级的意见。

②如果上级的决定会给公司造成重大损失，而我的解释和提醒无效时，我希望能向更高层领导反映。

问题8:“我们为什么要录用你?”或“你觉得你的优势在哪里?”

面试要点参考:考查应聘者是否能够站在招聘单位的角度来回答问题。

面试建议包括以下几点。

①企业会录用这样的应聘者:基本符合条件、对这份工作感兴趣、有足够的信心。

②说出自己的观点:“我符合贵公司的招聘条件，凭我目前掌握的知识、技能、高度的责任感、良好的适应能力及学习能力，完全能胜任这份工作。我十分希望能为贵公司服务。

问题9:“你对加班的看法?”

面试要点参考:测试应聘者是否愿意为公司多做贡献。

面试建议包括以下几点。

实际上很多公司问这个问题，并不证明一定会加班。回答样本:“如果是工作需要，我会义不容辞地加班。我现在单身，没有任何家庭负担，可以全身心地投入工作。同时，我也会提高工作效率，减少不必要的加班。”

问题10:“如果我录用你，你将怎样开展工作?”

面试要点参考:了解应聘者的心态，是否有克服困难的信心和决心，工作是否有责任心。

面试建议包括以下几点。

①如果应聘者对应聘的职位缺乏足够的了解，最好不要直接说出开展工作的具体办法。

②可以尝试采用迂回战术来回答，比如:“首先听取领导的指示和要求，然后就有关情况进行了解和熟悉，接下来制订一份近期的工作计划并报领导批准，最后根据计划开展工作。”

以上是在面试过程中经常会出现的一些问题总结，但是每个公司的面试都不一样，应聘者应该根据具体情况进行沟通，切忌生搬硬套。

第二节　求职笔试指导

笔试是一种常用考核办法，目的是考核应聘者的文字能力、知识面和综合分析事物的能力。它通常用于一些对专业技术和人员素质要求很高的单位，如一些涉外部门、对技术要求很高的专业公司及国家机关等。

一、笔试的目的

①测试应聘者的智商和反应能力。

②考查应聘者掌握专业知识的程度。

③了解应聘者的文字功底和书写水平。

④考查应聘者理解和分析问题的能力。

⑤通过考试的成绩来决定是否录用或进入下一轮面试。

二、笔试的种类

①心理测试。了解和判定求职者的心理素质、个性差异，以及智力、动机、兴趣等。

②专业测试。了解求职者的专业知识水平。

③论文写作。考查求职者的文字表达能力，分析、归纳问题的能力和思维能力等。

④综合知识测试。了解综合素质。

三、笔试的方法

（一）测试法

①填充法。

②判断法。

③选择法。

④问答法。

（二）论文法

论文测试的内容，主要是让应聘者对职业的具体问题做出回答，对某种现象做出分析或写出感想。

（三）作文法

①提供条件，写限制性作文。

②分项给分，综合评定。

四、笔试的技巧

①先易后难，先简后繁。

②认真审题，字迹清楚。

③积极思考，答题细致。

④认真检查，审后交卷。

五、笔试的注意事项

①知识准备。

②心理准备。

③保持良好的竞技状态。

拓展阅读

特别的简历(一)

应届毕业生小张,在2019年3月收到了一份互联网公司的面试邀请,小张在面试前,为自己制作了一份微信公众号版本的简历,以图、文、视频结合的微信推文形式展示自己的简历,这份简历不仅让面试官眼前一亮,还通过这份简历展示了自己的写作能力、编辑能力、热点抓取能力等软实力,可谓是一举多得。

特别的简历(二)

才到大四,我们就一头扎进了求职大军中。12月中旬,市里组织了一场大规模的毕业生双选会。我们从接到消息就积极投入到准备工作中。准备的工作很多,其中最重要的莫过于准备一份精美的简历。

学校为我们准备了一种蓝色封皮,A4纸大小的简历,封面是由学校最好的教授设计的,样式无可挑剔。我们将创意发挥到简历内容里,一个个都想方设法把内容做得更有特色一些。

那天参加招聘会的路上,我们都拿出自己的简历来展示,猛然看到小涛的简历非常独特,他的简历居然比我们的简历小了整整一号,里面也没有过多的修饰。我们笑了起来,问他:"小涛,你不会连简历都偷工减料吧?"他笑了笑,顺口回答说:"我这叫节省资源!"

我们笑得更厉害了,心想:"这个家伙真是吝啬到家了,连一份简历都偷工减料。"

招聘会现场人山人海,我们很快就被人潮淹没了。当我走过一个个展台的时候,我不禁担心,因为在每一个招聘人员的桌子上都堆着小山般的简历。我每投出一份简历,心里就一阵迷茫,因为总是不出几分钟,我就能看到自己精心准备的简历被新的简历重重地压在下面。我甚至怀疑招聘官是否会在招聘结束后去翻阅我心爱的简历。

我和同学们谈论起自己的担心时,大家的脸上也露出了同样的担忧。

带着这样的失落与好奇,直到招聘会结束,当招聘人员都开始收拾东西准备离去的时候,我们特意到几个抱有期望的公司展台去看我们的蓝色简历处在什么"位置"。这时,我们惊讶地看到一本小一号的简历,几乎都摆在每个简历堆的最上面。我们一眼就认出来,那就是小涛的简历。

我们惊奇地问小涛:"你小子暗地里说了什么好话!招聘人员居然都把你的简历放在最上面,放在第一位!那可是最佳的位置,就是最好机会啊!"

小涛笑着说:"其实也没有说什么啊,就是事先把简历做小了一号,招聘人员大概都觉得不好堆在下面,只好放在最上面啦……"

我们顿时惊讶得目瞪口呆,原来,他把简历做成小一号,根本就不是偷工减料,而是为了得到最好的位置,这是多么聪明的做法啊!

他的创意果然得到了收获,他成了同学们中第一个找到好工作的人。

他以小一号的简历赢得了大一号的机会。

本章小结

在求职过程中,广大毕业生遇到的第一道关便是笔试或面试。掌握专业知识,灵活运用在笔试中,在擅长的领域力争高分;面试时应充满自信,流利应对,方可逐步击破,获得用人单位的青睐。随着时代的进步,各种招聘手段也不断更新,无论是笔试的题型,还是面试的方式,都充满了变化。但核心永远不变,在求职过程中,结合社会热点,紧跟时代步伐,优化应聘技巧,牢牢掌握专业知识,注意工作态度,就能等到合适的机会。

思考题

1. 撰写一封推荐信。
2. "互联网 +"时代,还有什么方式可以向面试官展示自己呢?

参考文献

[1] 黄希庭. 心理学导论[M]. 北京:人民教育出版社,1991.
[2] 格里高力·E.哈苏克苏. 发现你的职业性格[M]. 穆瑞锋,郭岑,钱峰,译. 北京:电子工业出版社,2012.
[3] 周丹. 规划最好的自己:全球职业规划咨询师教你成为职场最受欢迎的人[M]. 北京:中国工商联合出版社,2015.
[4] 郭霖. 自我管理与自我探索[M]. 重庆:重庆大学出版社,2018.
[5] 王艳,刘洁. 大学生职业生涯规划与就业指导[M]. 天津:天津大学出版社,2014.
[6] 万清祥,胡江涛,张延平. 大学生职业发展[M]. 武汉:中国地质大学出版社,2012.
[7] 郭霖. 大学生心理素质拓展[M]. 武汉:湖北科学技术出版社,2006.
[8] 中共中央马克思恩格斯列宁斯大林著作编译局. 马克思恩格斯选集(第3卷)[M]. 北京:人民出版社,1995.
[9] 亨利·戴维·梭罗. 瓦尔登湖[M]. 徐迟,译. 上海:上海译文出版社,1982.
[10] 毕淑敏. 震撼美国一百年的调查[J]. 党建,2007(9):56.
[11] 李践. 高绩效人士的五项管理[M]. 北京:机械工业出版社,2009.
[12] 敬枫蓉. 规划引领人生——走进大学[M]. 北京:科学出版社,2010.
[13] 陆丹,何萍,段春锦. 大学生体验式生涯管理[M]. 北京:机械工业出版社,2013.
[14] 格拉宁. 奇特的一生[M]. 侯焕闳,唐其慈,译. 北京:海燕出版社,2001.
[15] 洛塔尔·赛韦特. 把时间留给最重要的事[M]. 郝湉,译. 北京:中信出版社,2010.
[16] 闫路平,谢小明,唐伶俐. 大学生职业生涯发展规划与就业创业指导[M]. 西安:西安交通大学出版社,2014.
[17] 张文双,张旭东,农智杰. 大学生就业与创业指导教程[M]. 北京:中国传媒大学出版社,2010.
[18] 李业旗,王志宇. 大学生就业指导与创业教育训练教程[M]. 北京:科学出版社,2012.
[19] 严文清. 大学生就业指导[M]. 武汉:湖北人民出版社,2004.
[20] 沈建华. 大学新生必读[M]. 北京:中国水利水电出版社,2005.
[21] 董险锋,周玲,乔喆沅. 大学生活导航[M]. 北京:北京大学出版社,2005.